# BALI MIT LOMBOK

*Zeit für das Beste*

HIGHLIGHTS | GEHEIMTIPPS | WOHLFÜHLADRESSEN

»Denn so hatten die Götter es bestimmt:
dass die Insel ihnen gehörte und den Menschen nur
als Leihgabe gegeben war [...] um alle zu ernähren und
Feste zu feiern und des Lebens froh zu sein.«

Vicki Baum, Liebe und Tod auf Bali (1937)

BRUCKMANN

# BALI MIT LOMBOK

*Zeit für das Beste*

Ulrike Niederer
Christoph Mohr

BRUCKMANN

# INHALT

Begegnung am Fuß des Vulkans Gunung Batukaru, dem zweithöchsten Berg auf Bali.

Das sollten Sie sich nicht
entgehen lassen                        8

Willkommen auf Bali und Lombok 12

## SÜD-BALI

**1** Der Pura Uluwatu                 34
**2** Von Kuta bis Seminyak           42
**3** Denpasar                        50
**4** Die Halbinsel Bukit             54
**5** Jimbaran                        56
**6** Sanur Beach                     58
**7** Sanur                           62
**8** Seminyak                        64
**9** Hinein ins Nachtleben           68
**10** Shoppingparadies Kuta          72
**11** Canggu                         76

**12** Tanah Lot                      80
**13** Nusa Lembongan                 84

## ZENTRAL-BALI

**14** Ubud Monkey Forest             90
**15** Ubuds Tradition und Museen     96
**16** Balinesische Tänze in Ubud    108
**17** Penestanan                    110
**18** Jalan Andong                  114
**19** Ubuds Umland                  118
**20** Tampaksiring                  124
**21** Tegallalang                   128
**22** Susut                         132
**23** Die Green School              136
**24** Bedugul                       138

Kinder beim traditionellen Tanz auf dem Taman-Puputan-Platz in Denpasar.

| 25 | Gunung Batur | 148 |
| 26 | Trunyan | 152 |

## OST-BALI

| 27 | Pura Besakih | 158 |
| 28 | Pura Pasar Agung | 162 |
| 29 | Sidemen | 164 |
| 30 | Tirta Gangga | 168 |
| 31 | Candidasa | 172 |
| 32 | Tenganan | 182 |
| 33 | Padang Bai | 184 |

## NORD-BALI

| 34 | Weinanbau in Nord-Bali | 190 |
| 35 | Pemuteran | 196 |
| 36 | Pemuteran – Dorf | 200 |

## MEHR WISSEN

→ Tanz auf Bali    38

→ Balinesische
   Malerei    104

→ Tauchen vor
   Candidasa    178

→ Weinbau auf Bali    194

→ Der Subak – Reis-
   anbau auf Bali    230

→ Die Sasak auf
   Lombok    260

5

Der Tempel Pura Melanting bei Pemuteran ist ein beliebtes Ziel der Einheimischen.

# MEHR ERLEBEN

→ **Eine Woche auf Bali 28**

→ **Günstig durch Bali und Lombok   144**

→ **Bali und Lombok für Kinder und Familien   280**

**37** Pulau Menjangan                204

**38** Bali Barat Nationalpark        208

**39** Sangsit und  Kubutambahan 212

**40** Singaraja                      214

**41** Lovina                         218

## WEST-BALI

**42** Mengwi                         224

**43** Jatiluwih                      226

**S. 1:** Im Königspalast Puri Agung in Singaraja wird balinesische Geschichte lebendig.
**S. 2/3:** Fischerboote während des Sonnenuntergangs am Strand von Jimbaran
**Linke Seite:** Die Fischer von Jimbaran sind stolz auf ihren Beruf – sie versorgen Balis Süden.
**Rechte Seite:** Die bunte Fischerflotte von Jimbaran zieht hinaus aufs Meer.

**44** Negara 234

**45** Pura Luhur Batukaru 236

## LOMBOK

**46** Die Gilis 240

**47** Kuta auf Lombok 248

**48** Gunung Rinjani 254

**49** Senggigi 264

**50** Nord-Lombok 266

## REISEINFOS

Bali und Lombok von A–Z 270

Kleiner Sprachführer 284

Register 286

Impressum 288

Im Werdhi Budaya Art Centre in Denpasar kann man sich am Gamelan erproben.

### ❶ Jatiluwih (S. 226)

Die Reisfelder auf Bali sind weltbekannt. Ob Jatiluwih, Sidemen oder Tegallalang – man sollte sich die Zeit nehmen zu lustwandeln. Falls der Zugang gerade nicht möglich ist, da die Reisbauern an der Arbeit sind: In der Nähe gibt es garantiert ein Café oder Restaurant, von dem aus man den Blick ins satte Grün genießen kann. Eine gute Adresse ist das Café Dewi in Tegallalang, Selfiemöglichkeit inklusive.

### ❷ Penestanan (S. 110)

Das ganze Dorf hat sich fein herausgeputzt. Schwarz gekleidete Männer tragen auf ihren Schultern goldene Türme und Tierfiguren aus Holz durch die Gassen. Gongs schlagen einen rasenden Rhythmus, während sich die Männer so schnell um die eigene Achse drehen, dass die Türme schier ins Rutschen geraten. Gleichzeitig lacht und johlt das Publikum, lachen die Männer, und irgendwo sitzt ein strahlender Junge stolz auf einer Tierfigur und wird herumgewirbelt. Eine Verbrennungszeremonie auf Bali ist ein eindrückliches Spektakel, Mitmachen ist für Touristen erlaubt und sogar erwünscht.

Bei einer Beerdigungszeremonie auf Bali geht es bunt zu – wie auf Nusa Penida.

Der Pura Besakih am Fuße des Gunung Agung ist der wichtigste Tempel auf Bali.

### ❸ Pulau Menjangan (S. 204)

Der französische Tauchpionier Jacques Cousteau erklärte die Schnorchel- und Tauchgründe rund um die kleine Insel Pulau Menjangan im Norden Balis zu den schönsten der Welt. Allein die beeindruckenden Fächerkorallen sind den Blick durch die Taucherbrille wert. Oder der kunterbunte Coral Garden, den man sich auf keinen Fall entgehen lassen sollte. Nicht nur leidenschaftliche Unterwasserfotografen werden auf ihre Kosten kommen.

### ❹ Tempel, Tempel (S. 80)

Um die 20 000 soll es auf Bali geben. Zum touristischen Programm gehören die Nationaltempel Besakih, Tanah Lot und Uluwatu. Aber auch der Dorftempel, der Pura Desa, vom Hotel aus gesehen links oder rechts um die Ecke, ist einen Besuch wert. Denn jedes Dorf auf Bali hat mindestens drei Tempel. In einem findet wahrscheinlich im Augenblick eine Zeremonie statt, in einem anderen spielt sich ein Gamelan-Orchester warm. Hier üben Kinder im Pavillon balinesischen Tanz, dort bereiten die Frauen des Dorfes Göttergaben vor. Eine Anreise wert ist der Pura Tegen Koripan bei Penulisan, der höchstgelegene Tempel Balis.

### ❺ Gunung Batur (S. 148)

Eine Wanderung auf einen aktiven Vulkan ist eine beeindruckende, wenn auch schweißtreibende Abwechslung zum Strand- und Sightseeing-Programm. Wie wär's also mit einer Tour auf den Gunung Batur und einen Sonnenaufgang in 1717 Metern Höhe? Wer mehr Action braucht: Der Gunung Rinjani auf der Nachbarinsel Lombok lockt mit 3726 Metern und ist der zweithöchste Vulkan Indonesiens – Kratersee inklusive.

### ❻ Kuta Beach (S. 42)

Surfin' Bali: Kuta Beach ist der ideale Ort, um endlich das Wellenreiten auszuprobieren. Seit den 1930er-Jahren wird hier gesurft, etliche Surfshops am Strand bringen Urlauber auf die Wellen. Wer es nicht schafft, nach drei Stunden auf dem Brett zu stehen, der darf den Kurs wiederholen – garantiert und gratis.

### ❼ Die Gilis (S. 240)

Drei wirklich überschaubare Inseln, drumherum feinster Sandstrand, kristallklares Wasser und die eine oder andere Party: Die Gilis sind schon lange kein Geheimtipp mehr. Aber hier findet jeder einen Platz zum Tanzen oder Tauchen, zum Abhängen oder Abspannen. Nicht zu vergessen: die Sonnenuntergänge!

### ❽ Ubud (S. 96)

Ubud ist der kulturelle Mittelpunkt Balis, große Kunst und geniale Künstler sind hier zu Hause. Einen wunderbaren Überblick über das künstlerische Geschehen bieten das ausgezeichnete Puri-Lukisan-Museum, das ARMA und das Neka Art Museum.

### ❾ Gunung Kawi (S. 124)

Wenn man alles zusammennimmt, was Bali ausmacht: Grüne Reisfelder, plätschernde Bäche, dichte Schluchten und verwunschene Tempel, dann kommt Gunung Kawi heraus. Der verwunschene Tempel liegt in der Nähe der Stadt Tampaksiring, und viele Bali-Wiederholungstäter sind überzeugt, dass hier der schönste Ort der Insel sei.

### ❿ Süd–Lombok (S. 248)

Weißer Strand, wenig Menschen, ein schattenspendender Baum, und die nächste Bar ist nicht weit: Kuta im Süden Lomboks ist einen Besuch wert. Denn, so heißt es, hier sei es wie in Balis Süden vor 20 Jahren und es gäbe noch Platz zum Träumen.

### ⓫ Sanur (S. 58)

Angelegt wie ein balinesisches Dorf mit schön eingerichteten Bungalows, das ausgezeichnete Restaurant direkt am Strand, die Atmosphäre entspannt, der Service exzellent: Das Hotel Tandjung Sari in Sanur beherbergt seit 1962 Menschen aus aller Herren Länder und ist darüber kein bisschen alt geworden.

### ⓬ Seminyak (S. 68)

Das Ku De Ta in Seminyak hat nicht nur in Sachen Nachtleben einen klingenden Namen. Auch tagsüber lohnt sich der Weg zum fine dining mit Aussicht. Sehen und gesehen werden ist das Motto.

Weißer Sandstrand und Beachbar auf Gili Air – fast ein tropisches Paradies.

# WILLKOMMEN AUF
## Bali und Lombok

»There's nothing quite like Bali«, schrieb das renommierte US-Reise-magazin Condé Nast Traveler im Oktober 2016. Die Touristik-Website TripAdvisor verlieh der Insel im März 2017 den Travellers' Choice Award als weltbestes Reiseziel – gefolgt von London und Rom. Gleichzeitig besuchten 2017 rund 5,5 Millionen ausländische Besucher die Insel, davon gut 150 000 aus Deutschland. Es muss etwas dran sein an den un-glaublich sattgrünen Reisterrassen, den beeindruckend farbenprächtigen Hindu-Tempelzeremonien, den wunderbar anzuschauenden Tänzerinnen, den tiefen Schluchten und den oft spektakulären Stränden – kurz: am »Mythos Bali«.

Viele Menschen aus vielen Ländern haben mitgearbeitet am »Bali-My-thos«, der die Destination schon in den 1920er-Jahren auf die Agenda von meist gut betuchten Reisenden hob. Sechs Wochen dauerte die Überfahrt mit dem Schiff von Amerika in das frühere Batavia. Die holländische Schifffahrts-gesellschaft KPM schipperte als erste ab 1916 bildungshungrige Touristen nach Bali. Denn hier, so hieß es, sei entweder die letzte Insel der Südsee zu finden

Die Reisterrassen bei Amlapura sind zu jeder Jahreszeit ein schöner Anblick.

oder das hinterste Fleckchen von Asien. Sicher war, dass Bali ein Paradies in den Tropen sein musste. Zumindest hatten sie es so gehört. 1925 baute die KPM das erste Hotel in Denpasar, das Bali Hotel. Jetzt kamen die Reichen, Schönen und Berühmten der Welt, um der Insel ihre Aufwartung zu machen: Maler, Dichter, Fotografen, Schauspieler, Ethnologen, Schriftsteller. Darunter beispielsweise Charlie Chaplin, der sich mit dem deutsch-russischen Maler und Musiker Walter Spies traf, um das wahre Bali zu entdecken. Spies lebte am Königshof von Ubud und sollte bei der künstlerischen und touristischen Entwicklung der Insel eine entscheidende Rolle spielen.

Um 1930 kamen gut 100 Urlauber im Monat nach Bali, 1940 schon 250. Bali, das klang exotisch und paradiesisch. Etliche Bildbände erschienen und zeigten die schönen und wilden Menschen der Insel in einer schönen und wilden Umgebung. Balinesische Frauen und Mädchen mit nacktem Oberkörper, Opfergaben mehrstöckig auf dem Kopf wiegend, und anscheinend alle Menschen im Einklang mit der Natur. Immer ist ein Tempel in der Nähe als Verbildlichung einer tiefen Spiritualität. Das musste man als Europäer oder Amerikaner gesehen haben. Diese exotische Welt schien so viel attraktiver zu sein als das Grau in der Heimat – auch und vor allem in den Jahren

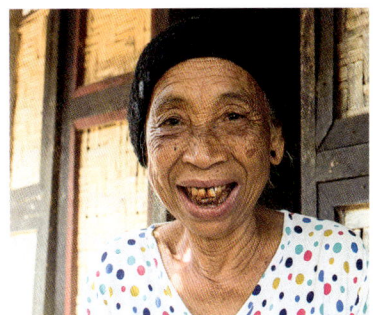

Die Ureinwohner Lomboks heißen Sasak.

nach dem Ersten Weltkrieg. Neben den Bildbänden aus dem Paradies erschienen bald Filme, die auf Bali gedreht worden waren, wie beispielsweise *Insel der Dämonen*, den Victor Baron von Plessen und Friedrich Dahlheim hier drehten. Beide kannten sich auf Bali nicht aus und besorgten sich einen Spezialisten: Walter Spies. Dieser sorgte für eindrückliche Tanzszenen und erfand für den Film kurzerhand den Affentanz *Kecak*, der heute als historischer, balinesischer Tanz in zahlreichen Vorführungen zu erleben ist.

Um 1930 herum eröffnete der US-Amerikaner Robert Koke in Kuta ein Hotel. Der Filmemacher war vorher in Hawaii unterwegs gewesen und hatte das Wellenreiten für sich entdeckt. Kurzerhand brachte er sein Brett mit nach Bali und warf sich vor Kuta in die Wellen. So kam

Der Fischereihafen Pengambengan bei Negara ist bekannt für die bunten Boote.

das Surfen nach Bali – bis heute ein Wirtschafts- und Spaßfaktor, nicht nur bei Urlaubern.

Der Zweite Weltkrieg machte dem Mythos Bali ein Ende. Walter Spies, dessen Homosexualität die Holländer schon vor dem Krieg auf die Palme gebracht hatte, wurde gemeinsam mit anderen Deutschen interniert und sollte nach Colombo verschifft werden. Doch das Schiff wurde am 18. Januar 1942 vor der Küste Sumatras angegriffen und versenkt. Mit ihm verschwand der berühmteste Mentor der Insel. Die Japaner herrschten vier grausame Jahre. Erst etliche Jahre nach dem Zweiten Weltkrieg und der indonesischen Unabhängigkeitserklärung von 1945 kam die Tourismusmaschine wieder in Gang und Bali zurück ins Bewusstsein der Welt. So drehten die US-Amerikaner Bob Hope und Bing Crosby 1953 die Komödie Der Weg nach Bali, neue Bücher und Bildbände folgten, und bald konnte der Bali-Mythos nachhaltig wiederbelebt

werden. Ab den 1960er-Jahren kamen die langhaarigen Backpacker auf dem »Hippie-Trail«, der vom indischen Goa über Bangkok bis Bali reichte. Ihnen folgten die »normalen« Touristen, es entstand eine touristische Infrastruktur, deren Ausbau bis heute nicht beendet ist. Wer ein oder mehrere Mal im Süden der Insel im Stau stand, kann das locker bezeugen.

Zwei Rückschläge gab es: So wurde am 12. Oktober 2002 der Bali-Mythos vorübergehend entzaubert, als 202 Menschen bei einem Bombenattentat in Kuta starben. Kaum waren die Spuren beseitigt und die Gebete für die Toten und Verletzten gesprochen, folgte ein zweiter Anschlag am 1. Oktober 2005. 26 Tote mussten beklagt werden, wieder hatten die Attentäter im Süden der Insel zugeschlagen. Auch wenn die wirklichen Zusammenhänge nie vollständig aufgedeckt wurden, so war die Reaktion der Menschen auf Bali umso bemerkenswerter. Denn sie hielten zusammen, halfen einander bei Trost und Wiederaufbau und ließen sich nicht davon abbringen, weiterhin in den Tourismus zu investieren – bis heute und Millionen Besucher später. Heute braucht es freilich keine sechs Wochen mehr auf dem Schiff, um hierherzukommen. Gut 16 Stunden und ein bis zwei Mal umsteigen, dann ist man da. Und die Anreise lohnt, denn Bali ist und bleibt etwas ganz Besonderes. Das belegt bereits der Blick auf die Geschichte der Insel.

## Der Hinduismus auf Bali

Wer heute nach Bali kommt, sollte sich bewusst sein, dass er im größten muslimischen Land der Welt unterwegs ist. Indonesien mit seinen 17 508 Inseln und mehr als 400 Vulkanen hat rund 260 Millionen Einwohner und ist damit der viertgrößte Staat der Erde. Hauptreligion ist der Islam. 87 Prozent der Indonesier bekennen sich zu seiner sunnitischen Ausprägung. Offiziell gilt in Indonesien Religionsfreiheit. Es werden aber nur solche Religionen anerkannt, die einen einzigen Gott im Mittelpunkt haben. Zehn Prozent der Einwohner sind Christen, und ganze 1,7 Prozent bezeichnen sich als Hindus. Diese 1,7 Prozent wiederum sind gut 90 Prozent der Einwohner Balis und der Balinesen auf anderen Inseln, beispielsweise auf Lombok. Bali verstehen viele Urlauber also als eine Art »hinduistisches Idyll«, umrahmt von einer muslimischen Mehrheit und bis heute religiös, friedlich und spirituell.

Schon zu Beginn unserer Zeitrechnung war der Hinduismus aus Indien nach Indonesien gekommen. Auf der Hauptinsel Java fand er in den herrschenden Fürstenhäusern Aufnahme und wurde von dort aus verbreitet. Wanderpriester begaben sich auf den Weg, um den Hinduismus gen Osten zu tragen. Sie kamen ab dem vierten Jahrhundert auch nach Bali, wo bisher ein animistischer Glaube vorherrschte und eine eigene Götterwelt angebetet wurde. Parallel machten sich buddhistische Einflüsse in der Region bemerkbar. Auf Bali verschmolzen diese drei Einflüsse zu etwas Einzigartigem, zu einer eigenständigen Religion. Um das Jahr 1000 herum war diese Religion eingeführt und akzeptiert. Die folgenden Dynastien installierten sie als Religion für das Volk.

Bali befand sich damals allerdings in einem Abhängigkeitsverhältnis von den Herrschern auf Java. Im 12. Jahrhundert gelang es der Pejeng-Dynastie kurzzeitig, eine Art Unabhängigkeit herzustellen.

Der Tempel Pura Ulun Danu am Batursee

Im Pura Ulun Danu Bratan trifft man durchaus den einen oder anderen Priester.

Doch dem militärischen Zugriff aus Java im Jahre 1284 unter dem dortigen Herrscher Kertanagara konnte sich auch die Pejeng-Dynastie nicht entziehen. Kertanagara allerdings blieb nicht lange an der Macht, 1296 wurde er ermordet. Das herrschende Haus auf Java hieß jetzt Majapahit.

## Der Islam kommt

1343 erhoben sich die Balinesen gegen die Nachbarinsel, der Aufstand wurde von General Gajah Mada niedergeschlagen. Die Abhängigkeit blieb bestehen. Im 15. Jahrhundert aber sollten die Herrscherhäuser auf Java in Bedrängnis kommen. Denn der Islam hatte seinen Weg nach Indonesien gefunden. Mächtige Händler hatten den Glauben von ihren Reisen mitgebracht, und bald war eines klar: Wer gute Geschäfte mit Mus-

lims machen will, der sollte auch einer sein. Also bahnte sich der Islam seinen Weg durch alle Bevölkerungsschichten, alle Städte und die Fürstenhäuser auf Java. Auch das Haus der Majapahit war bedroht, denn 1478 hatte sich ihr letzter König umgebracht. Sein Sohn und sein Hofstaat mitsamt der geistigen und spirituellen Oberschicht Javas mussten fliehen. Priester, Künstler, Lehrer, Heiler, Schriftkundige – alle machten sich auf den Weg nach Bali. Hier siedelten sie sich in Gelgel im Süden Balis an und gründeten die Gelgel-Dynastie. Damit stellte Bali die letzte Zuflucht für den javanischen Hinduismus dar. Dieser verschmolz wiederum mit all seinem Wissen mit der balinesischen Religion. Dabei heraus kam das, was Besucher bis heute auf der Insel erfahren und erleben können – Agama Hindu Dharma, der balinesische Hinduismus. Und mit ihm die Tatsache, dass es keinen Ort in Indonesien gibt, der besucherfreundlicher ist als Bali.

## Balis kleine Schwester

Die Nachbarinsel Lombok übrigens wurde vom Hinduismus nicht berührt. Sie liegt 25 Flugminuten oder eine gut fünfstündige Fähr-Überfahrt von Bali entfernt. Der Name Lombok bedeutet »Chilipfeffer«, und die Insel gilt als »kleine Schwester Balis«, dabei ist sie doch so anders. Bewohnt wird Lombok vorwiegend von muslimischen Sasak, die zum Teil noch einem animistischen Ahnenkult anhängen. Hier sind heute mehr als 90 Prozent der Einwohner Sunniten, es gibt ein paar Balinesen und eine Handvoll Anhänger der Urreligion Wetu Tulu. Wenn man von den mächtigen Moscheen absieht, die mit saudi-arabischem Geld in die Mitte der Dörfer Lomboks gesetzt worden sind, ist der Islam im touristischen Lombok eher von »lockerer« Natur. So ist Senggigi dafür bekannt, dass die Lomboker zwar in die Moschee gehen, um sich dort zu treffen – nach dem Gebet aber das Zwiegespräch durchaus bei einem Bierchen in der nahen Kneipe beschließen.

## Von Gelgel bis zum heutigen Tourismus

Das Geschlecht der Majapahit war also wohlbehalten auf Bali angekommen, wuchs und gedieh, war ungemein selbstbewusst. So nannte sich der balinesische König des 15. Jahrhunderts Dewa Agung. Dewa steht für Gott, Agung für den heiligen Berg Balis, den Gunung Agung – also ein mächtiger Anspruch. Klungkung wurde die Hauptstadt Balis. Kunst und Kultur erlebten ihre Hochzeit. Doch auch das sollte nicht lange anhalten. Bali zerfiel zusehends in kleine Königreiche.

Moscheen gibt es auf Lombok Hunderte, auch im touristischen Hauptort Senggigi.

Deren Herrscher nannten sich Raja und waren sich meist nicht grün. Was den Europäern zugute kam, die im 16. Jahrhundert die Küsten Indonesiens erreichten. Sie machten sich die Streitigkeiten unter den Herrschaftshäusern zunutze. Die Portugiesen waren die ersten Kolonisatoren, dann folgten die Spanier. Denen wiederum waren die Engländer auf den Fersen, die Indonesien aber letztendlich an die Holländer abtreten mussten. 1597 waren diese gelandet, und bis zum 17. Jahrhundert beherrschten sie den weltweiten Gewürzhandel. Indonesien spielte hier eine gewaltige Rolle. Bali hatte anfangs das Glück, dass es keine großen Gewürzvorkommen gab und die Häfen recht klein waren. Hier konnten die gewaltigen Schiffe der VOC nicht anlanden. An der VOC, der »Vereenigde Oostindische Compagnie«, kam keiner vorbei. Denn sie war zwischen 1602 und 1795 mit 1461 Schiffen auf den Weltmeeren unterwegs. Da konnte keine andere (Handels-)Flotte mithalten.

Alles im Blick: Statue des Gottes Bataru Guru in Denpasar

1846 war es vorbei mit der Idylle auf Bali. Die Holländer fielen ein und eroberten zuerst den Norden der Insel. Singaraja sollte ihre Zentrale werden. Die Kolonialmacht einigte sich mit einigen Rajas, und die Kolonialwirtschaft konnte in Sachen Ausbeutung der Ressourcen ans Werk gehen. Die Religion der Einwohner war ihnen egal, Hauptsache der Profit stimmte. Eine Folge dieser Denke war und ist, dass bis heute der Hinduismus in seiner balinesischen Form erhalten geblieben ist.

## Der »Puputan«

1894 versuchten die Holländer, die Nachbarinsel Lombok zu erobern. Hier scheiterte die scheinbar überlegene Streitmacht allerdings. Balis Süden war 1906 dran, und hier war die Streitmacht stärker. Ein chinesisches Handelsschiff war an der Küste aufgelaufen. Die Holländer gaben vor, das Schiff vor Plünderungen schützen zu müssen, daraus entwickelte sich ein Aufstand. Mit Kanonen schossen die Holländer auf die Menschen, die sich mit Kris, ihren Messern, bewaffnet, der Übermacht entgegenwarfen. Was sinnlos war, doch die balinesischen Herrscherfamilien und ihre Untertanen wählten zu Tausenden den Freitod: »Puputan«. Diese unbedingt lesenswerte Geschichte wurde von der Schriftstellerin Vicky Baum in ihrem Roman *Liebe und Tod auf Bali* nachhaltig in Zeilen gegossen. Opportunistisch zeigten sich dagegen die Herrscher von Gianyar und Amlapura, die sich mit den Holländern einließen.

Der Herrscher von Mengwi musste nicht sparen bei der Einrichtung seines Palastes.

# Ende der holländischen Herrschaft

Bis 1941 dauerte die Herrschaft der Holländer, dann folgten die furchtbaren Jahre unter japanischer Besatzung. Hunger grassierte, Menschen litten. Doch der indonesische Widerstandswille ließ nicht nach, und nur zwei Tage nach der japanischen Kapitulation am 17. August 1945 wurde von Yogyakarta aus die Unabhängige Republik Indonesien ausgerufen. Die Indonesier hatten die Rechnung jedoch ohne ihren alten Herrscher gemacht. Denn Holland wollte das Land nicht in die Unabhängigkeit ziehen lassen. Drei Jahre dauerte der blutige Kampf, bis 1948 die Holländer der neuen Regierung von Indonesien die Souveränität zugestehen mussten – unter internationalem Druck allerdings. Erster Staatspräsident wurde General Sukarno, dessen Mutter eine Balinesin war.

Sukarno wurde 1966 von General Suharto abgelöst und dieser 1968 zum Staatspräsidenten gewählt. Seinem Vorgänger wurde zur Last gelegt, dass er den vermeintlich kommunistischen Putschversuch von 1965 und seine Folgen nicht in den Griff bekommen hatte. Hierbei starben allein auf Bali gut 100 000 Menschen, kaltblütig umgebracht von Familienmitgliedern, Nachbarn und Freunden. Es reichte der Verdacht, ein Kommunist zu sein. Bis heute sind Auslöser und Verantwortlichkeiten für das Massaker nicht aufgearbeitet worden. Suharto machte sich stark für die Tourismus-Destination Bali und sorgte für rege Investitionen. Und die Touristen kamen jetzt wieder, von Jahr zu Jahr zahlreicher. Beim Sturz Suhartos im Jahr 1998 griffen die Unruhen in ganz Indonesien nicht auf Bali über. Denn hier hatten alle Beteiligten erkannt, dass der Tourismus ein zartes

Pflänzchen ist, das gepflegt und geschützt werden will. Da war es nur dienlich, dass am 23. Juli 2001 mit Megawati Sukarnoputri eine Halb-Balinesin zum Staatsoberhaupt gewählt wurde.

Am 12. Oktober 2002 war der Sari Club in Kuta Ziel von islamischen Terroristen, 202 Menschen aus 21 Ländern starben. Zu beklagen waren auch sechs deutsche Opfer. Der Tourismus auf Bali und der Nachbarinsel Lombok brach ein, aber die Balinesen gaben nicht auf. Mit Zeremonien reinigten sie die Insel von bösen Geistern und investierten weiter. 2004 kamen bereits mehr als vier Millionen Touristen.

Am 1. Oktober 2005 töteten drei Selbstmordattentäter in Kuta und Jimbaran 26 Menschen. Wieder brach der Tourismus ein, und wieder gaben die Menschen nicht auf. Das Engagement der Verantwortlichen, das schon in den 1920er-Jahren für die Insel Früchte getragen hatte, sollte bis heute erfolgreich sein. Nach einem kurzen Einbruch während der Weltwirtschaftskrise 2008 stieg die Zahl der Besucher aus aller Welt stetig an. Gut 5,5 Millionen waren es 2017, mehr als 150 000 kamen aus Deutschland. Aber richtig voll wird es nur im Süden der Insel und in der Hauptsaison.

## Die ideale Reisezeit

»Südlich des Äquators« als geografische Einordnung für ein Reiseziel klingt gut und ist es auch. Bali und Lombok sind hier zu finden. Das heißt: Gute 30 Grad Celsius während der Tagesstunden können Besucher das Jahr über erwarten. Nachts kühlt es ein wenig ab, je nach Höhe des Aufenthaltsorts. Während im heißen Süden Balis und Lomboks vielleicht 28 Grad Nachttemperatur drin

Kuta Beach im Süden Balis steht für kilometerlangen Sandstrand und Badespaß.

Häufig auf Bali anzutreffen: Ganesha – wie hier in Sanur

von November bis März. Wer also die Möglichkeit hat, die Hauptreisezeit zu vermeiden, der sollte die Inseln in den Übergangsmonaten besuchen. Jetzt fallen die Preise, da die Unterkünfte nicht mehr so gut ausgebucht sind. Natürlich lohnt sich auch ein Besuch in der Regenzeit, Bali und Lombok zeigen sich dann mehr »easy going«. Zu Weihnachten und über den Jahreswechsel allerdings fallen Horden von trinkfesten Australiern im Süden Balis ein. Hier kann eine Tour in den Norden Abhilfe schaffen. Denn es gibt immer einiges zu sehen.

## Glauben, Hingabe, Lächeln

Wirklich jeder Aspekt des Alltags in Bali ist durchdrungen vom Glauben: Denn, das wissen die 4,2 Millionen Balinesen, ihre persönlichen Götter und Dämonen leben unter den Menschen. Sie sind verantwortlich für das Wohl und Wehe, daher muss man sich gut stellen mit ihnen. Mit morgendlichen Göttergaben am Straßenrand, mit Gebeten, mit Tempelfesten und vor allem mit Hingabe. Und so ein Tempel muss gepflegt werden, denn der Stein wird porös und das Holz modert. Also macht sich das Dorf in regelmäßigen Abständen auf, um den oder vielmehr die Tempel in Schuss zu halten. Da wird gefegt, geschnitzt und poliert. Jedes Mitglied der eng zusammenhaltenden Dorfgemeinschaft, dem Banja, muss mitmachen und stellt sich normalerweise geschickt an. So wird jeder Balinese und jede Balinesin zum Künstler. Zur Gottesanbetung gehören auch Tanz, Musik, Schattenspiel und

sind, können es in Ubud oder am Hang des Vulkans Rinjani deutlich unter 25 werden. Auch ist es in der Höhe tagsüber frischer. Jahreszeiten gibt es in unserem Sinne keine. Das Wetter wird definiert über den Wechsel von Trocken- und Regenzeiten. Das ist die Theorie. In der Praxis hat die weltweite Klimaveränderung dazu beigetragen, dass es in der Regenzeit trockener sein kann als in der Trockenzeit und umgekehrt.

April bis September gelten als Trockenzeit. In diesen Monaten kommen auch die meisten Urlauber, Höhepunkt der Reisezeit sind Juli und August. März und Oktober gelten als Übergangsmonate zur Regenzeit. Hier kann Regen fallen. Aber wenn, dann normalerweise nicht ausgiebig. Richtig feucht wird es

Zeit für eine Andacht im prächtigen Tempel Pura Kertha Kawat in Pemuteran.

eben die zahlreichen Zeremonien. Ihnen kann man als Urlauber in der Tat nicht entgehen, denn irgendwo ist immer ein Tempelfest, eine Prozession zieht vorbei, oder ein Tanz mitsamt Gamelan-Begleitung wird geprobt. Bali erschließt sich daher am besten, wenn man sich Zeit nimmt, Spaziergänge macht, das Leben der Einheimischen betrachtet und sich vor allem unter die Menschen begibt. Also raus aus der Hotelanlage und einmal um die nächste Ecke laufen. Hier beginnt das balinesische Leben. Egal, ob man als Urlauber seine Zelte im dicht bevölkerten Kuta, dem stylishen Seminyak, dem gediegenen Sanur oder dem kulturprächtigen Ubud aufgeschlagen hat.

Lombok mit seinen drei Millionen Einwohnern ist nicht nur von der Wahrnehmung her anders. Der größte Teil der Einwohner gehört zur Volksgruppe der Sasak, die wahrscheinlich aus Malaysia eingewandert sind. Im Gegensatz zu den immer lächelnden Balinesen sind die Sasak in der Mimik eher ruhiger. Wer aber einmal ein Lächeln bekommt, dem öffnet sich häufig auch die dazugehörige Haustür. Bis auf die Gilis, die drei Inseln zwischen Bali und Lombok, und dem touristischen Hauptort Senggigi, bewegt man sich als Besucher in Dörfern, denen der Tourismus noch nicht viel anhaben konnte. Hier ruft der Muezzin zum Gebet, Frauen können durchaus verschleiert sein, Alkohol gibt es nur in Bars, und es wird erwartet, dass sich Touristen den muslimischen Regeln entsprechend verhalten. Doch die Menschen sind ungemein freundlich. Und wer noch ein paar Brocken Indonesisch mitbringt, wird schnell Freunde finden. Und ein Ort, um mit den Menschen in Kontakt zu kommen, ist der Warung.

## Essen und Trinken

Warungs, das sind meist kleine Stände oder kleine Lokale am Straßenrand, die gar nicht den Anspruch erheben, Restaurants zu sein. Hier stehen ein paar überschaubare Tische, umrahmt von ein paar Plastikhockern. Im Warung nach Makasan-Padang-Tradition werden auf einer Theke die verschiedenen, vorgekochten Speisen präsentiert. Auf den Teller kommt erst mal Reis, dann alles Weitere. Was gut für Urlauber ist, denn man kann einfach auf die Speise zeigen, die man gerade probieren möchte. Fisch, Gemüse, alles da. Abgerechnet wird nach der Menge, die auf den Teller kommt. Dazu ein Glas Wasser oder ein frisch gepresster Saft sowie der neueste Klatsch aus dem Dorf.

Die Mahlzeiten werden meist geschmackvoll angerichtet.

Mancher Warung hat sich selbst upgegraded Richtung Restaurant und bietet eine Speisekarte, den Blick in die Küche und mindestens ebenso gute Gespräche bei einem Teller Mie Goreng oder Nasi Campur. Beides sind Klassiker der indonesischen Küche: Gebratene Nudeln oder gemischter Reis, davon könnte man sich wochenlang ernähren. Denn die Beilagenauswahl ist groß. Die balinesische Küche bereichert die indonesische dadurch, dass auch Schwein auf den Teller kommt. Und Babi Guling, knusprig gebratenes Spanferkel, gehört zum Pflichtmenü von Bali-Urlaubern. Wer Schwein nicht mag, der probiert vielleicht eine andere Spezialität: Bèbèk Betutu ist über mehrere Stunden im Bananenblatt gegarte, köstliche Ente. Auch Vegetarier kommen auf ihre Kosten: Gemüse gibt es reichlich, normalerweise frisch vom Markt, und der indonesische Fleischersatz ist immer einen Versuch wert. Tofu, hier Tahu genannt, bekommt man pur, gegrillt, eingelegt oder gebraten.

Natürlich bekommt man neben der üblichen Schüssel Reis oder Nudeln auch europäisiertes Essen. Da wäre der Banana Pancake, den die Backpacker schon in den 1960ern auf die Inseln gebracht haben. Da gibt es Pizza, Burger und Sandwiches in den verschiedenen Restaurants, und Sushi gehört mittlerweile zum Straßenbild in Balis touristischen Orten. Ein Zugeständnis an die zahlreichen japanischen Besucher, die gerne speisen, wie sie es gewohnt sind. Für jeden Geschmack gibt es etwas, normalerweise bleiben keine Wünsche offen.

Dinner mit Aussicht, wie hier im Restaurant JBO in Jimbaran

Dazu ein kühles Bier Marke Bintang sowie ein Blick aufs Meer oder übers Reisfeld, was will man mehr.

## Bali in 24 Stunden

Bali in 24 Stunden, geht das? Die Süddeutsche Zeitung hat den Versuch gemacht und schlägt vor: Den Tag in Ubud um 7.30 Uhr beginnen mit einem Power-Frühstück, um dann fit um 8.30 Uhr einen Spaziergang im Gewürzgarten zu starten. Um 12 Uhr ein leichtes Mittagessen mit Blick über die Reisfelder, ab 13 Uhr setzt man sich an die Töpferscheibe und testet das eigene handwerkliche Talent aus. Das ist sicher anstrengend, also ruft um 15 Uhr das Spa in Sachen Wellness und Entspannung. 17.30 Uhr: höchste Zeit für einen Unterwasserspaziergang in den Gestaden

vor Sanur. Um 20 Uhr ein stylishes Dinner, ab 22 Uhr Musik und Tanz in einem Nightclub in Seminyak – all night long.

Sicher kann man so Bali machen. Sollte man aber nicht. Es gibt so viel zu sehen: allein die Landschaft mit ihren alles überragenden Vulkanen, ihren kühlen Seen und reißenden Flüssen. Dann die berühmten Reisterrassen, die Obst-, Kaffee- und Palmenplantagen, die hinreißend spektakulären Küstenabschnitte, die schönen Strände mit schwarzem Sand. Gefolgt von Tausenden von Tempeln und den spektakulären Verbrennungszeremonien, die im Juli überall auf der Insel stattfinden.

Bali und Lombok, das heißt: Sonnenhungrige finden sicher ihr Stück Strand am Sanur Beach. Partypeople machen die Nacht zum Tag auf Gili Trawangan. Gourmets kommen auf ihre Kosten im La Lucciola in Seminyak. Bildungsbürger erleben in und rund um Ubud genau das spirituelle Leben, das sie in Bali erwartet haben. Schnorchler und Taucher staunen rund um Pulau Menjangan und Pemuteran ob der großartig bunten Vielfalt unter Wasser. Surfanfänger stehen am Kuta Beach zum ersten Mal auf dem Brett und vergessen später diesen Augenblick nie. Und am Nachmittag ist immer noch Zeit für einen Spaziergang durch die Reisterrassen von Sidemen. Erstklassige Unterkunft bieten Resorts, Hotels, Pensionen oder Künstler, Familienanschluss inklusive. Und nach ein paar Tagen wird allen Urlaubern klar sein, dass der Mythos Bali funktioniert – bis heute.

# Steckbrief Bali und Lombok

**Lage:** Bali und Lombok gehören zu Indonesien mit seinen 17 508 Inseln. Diese liegen zwischen dem 95. und 141. Grad östlicher Länge.
Die Insel Bali liegt zwischen Java und Lombok als die westlichste der Kleinen Sundainseln.
Lombok gehört ebenfalls zu den Sundainseln und ist Balis östliche Nachbarinsel.

**Fläche:** Bali: 5561 km²
Lombok: 4595 km²

**Flagge**

Die indonesische Flagge besteht aus zwei gleich großen horizontalen Streifen: oben rot, unten weiß.

**Einwohner:** Bali: ca. 4,2 Millionen
Lombok: ca. 3 Millionen

**Hauptstädte:** Bali: Denpasar
Lombok: Mataram

**Gliederung:** Bali ist aufgeteilt in neun Kabupaten (»Verwaltungsbezirke«): Badung, Bangli, Buleleng, Denpasar, Gianyar, Jembrana, Karangasem, Klungkung und Tabanan.

Lombok hat vier Kabupaten: Lombok Barat (Westlombok), Lombok Tengah (Zentrallombok), Lombok Timur (Ostlombok) und Lombok Utara (Nordlombok).

**Sprache:** Die gemeinsame Sprache Indonesiens ist Bahasa Indonesia, eine austronesische Sprache. Sie wird von rund 162 Millionen Menschen gesprochen und gilt als einfach zu erlernen. Auf Bali wird zusätzlich balinesisch gesprochen, auf Lombok Sasak. Mit Englisch kommt man gut zurecht, aber ein paar Brocken Bahasa Indonesia können nicht schaden.

**Währung:** Indonesische Rupie, die Rupiah (Rp.)

**Zeitzone:** Für Bali und Lombok gilt die ostindonesische Zeit, das heißt: sieben Stunden vor Deutschland. Auf Bali und Lombok gibt es keine Sommerzeit, somit beträgt der Zeitunterschied im hiesigen Sommer sechs Stunden.

**Religion:** Bali: mehr als 90 Prozent Hindus
Lombok: mehr als 90 Prozent Muslime

**Tourismus:** Auf Bali ist der Tourismus der wichtigste Devisenbringer. Kein Wunder, hierher kommen die meisten Besucher Indonesiens. Auch Inlandtouristen haben Bali als Urlaubsziel entdeckt: 2015 kamen gut sieben Millionen Besucher aus dem Inland.

Blumen gefällig? Freundliche Verkäuferin im Tempel Pura Tanah Lot

# Geschichte im Überblick

**Ca. 1500 Jahre v. Chr.** Die ersten Einwanderer kommen aus Südindien.

**Ab Christi Geburt** herum breitet sich der Hinduismus von Indien kommend nach Java aus. Priester tragen die Lehre weiter gen Osten und bis nach Bali.

**4.–7. Jh.** Der Hinduismus ist Religion auf Java, Sumatra und Kalimantan. In Bali kommt der Animismus der Urbevölkerung hinzu, genauso wie Elemente aus dem Buddhismus. Die bis heute bestehende Form des balinesischen Hinduismus ist geboren.

**991** Erste urkundliche Erwähnung einer balinesischen Königsdynastie. Bali unter javanischem Einfluss.

**12. Jh.–1343** Die Pejeng-Dynastie beherrscht Bali und wagt 1343 den Aufstand gegen die Majapahit aus Java. Der Aufstand wird von General Gajah Mada blutig niedergeschlagen.

**15. Jh.** Der Islam erreicht über Sumatra die Nachbarinsel Java. Das Majapahit-Reich zerfällt.

**1478** Der letzte Majapahit-König Girindrawardhana stirbt. Sein Sohn flieht mitsamt Hofstaat und intellektueller Oberschicht aus Java nach Bali.

**Ab 16. Jh.** Eigenständige Königreiche entstehen auf Bali, Streitereien unter den Königshäusern gehören zur Tagesordnung. Zeitgleich setzen die Portugiesen als erste Europäer ihren Fuß auf indonesisches Gebiet. Es folgen Spanier, Engländer und Holländer.

**17. Jh.** Die Holländer kontrollieren den weltweiten Gewürzhandel, Java ist hier ein wichtiger Aktivposten.

**1846** Die Holländer besetzen den Norden Balis.

**1894** Eine holländische Invasion auf Lombok scheitert.

**1906** Die Kolonisatoren nutzen einen Vorwand, um im Süden Balis aktiv zu werden: Ein chinesisches Frachtschiff war gekentert und sollte vermeintlich vor Plünderern geschützt werden. Die Rajas von Denpasar und Pemecutan lassen sich die Einmischung nicht gefallen und begehen »Puputan«, den freiwilligen Tod in der Schlacht.

**1908** Die Häuser von Tabanan und Klungkung folgen in den Puputan.

**1941–1945** Auf die Holländer folgt das grausame Regime der Japaner.

**17. August 1945** Der erste Staatspräsident General Sukarno ruft die Republik Indonesien aus. Es folgt ein dreijähriger blutiger Freiheitskampf des indonesischen Volkes gegen die Holländer, die sich mit alten Ansprüchen zurückgemeldet hatten.

**27. Dezember 1949** Holland erkennt auf internationalen Druck die Souveränität der Republik Indonesien an.

**1965** Ein vermeintlich kommunistischer Putschversuch auf Java wird niedergeschlagen. Während der darauffolgenden »Säuberungen« werden auf Bali mehr als 100 000 Menschen umgebracht.

**1966** General Suharto übernimmt die Macht und wird 1968 offiziell zum Staatspräsidenten gewählt. Er intensiviert die Tourismusplanung und staatliche Steuerung für Bali. Auch der Süden Lomboks wird generalstabsmäßig überplant.

**Mai 1998** Suharto wird gestürzt, Nachfolger ist Habibie. Von den folgenden Ausschreitungen bleiben Bali und Lombok weitestgehend verschont.

**August 2001** Die bisherige Vizepräsidentin Megawati Sukarnoputri, Tochter von General Suharto, wird Präsidentin. Zum ersten Mal hat Indonesien eine (Halb-)Balinesin als Staatsoberhaupt.

**12. Oktober 2002** Der Sari Club in Kuta wird bei einem Bombenattentat zerstört. 202 Menschen aus 21 Ländern sterben, darunter sechs Deutsche. Der Anschlag wird der fundamentalistischen Islamistengruppe Jemmah Islamiyah zugeschrieben. Der Tourismus auf den Inseln bricht ein. Die Balinesen reinigen ihre Insel mit Zeremonien und Gebeten und machen weiter.

**1. Oktober 2005** Drei islamistische Selbstmordattentäter töten 26 Menschen in Kuta und Jimbaran, 26 werden verletzt. Die Touristenzahlen fallen ins Bodenlose. Die Verantwortlichen investieren weiter.

**Dezember 2007** UN-Klimakonferenz in Nusa Dua auf Bali. Damit rückt die Insel kurz in den Mittelpunkt der weltweiten Berichterstattung.

**2008** Die weltweite Finanzkrise hinterlässt auch auf Bali und Lombok ihre Spuren.

**2010** Die Krise ist überwunden, die Besucherzahlen steigen in den Folgejahren beständig (2016: 4,85 Millionen).

**28. April 2015** Acht Drogendealer werden auf Bali hingerichtet. Internationale Proteste bleiben erfolglos.

**Mai 2015** Die bisher bestehende »Visa on Arrival«-Pflicht wird abgeschafft. Urlauber dürfen jetzt 30 Tage auf Bali und Lombok bleiben – gratis.

**14. September 2016** Im Hafen von Padang Bai explodiert ein Schnellboot. Zwei Touristinnen kommen ums Leben. 18 Passagiere werden verletzt.

**22. März 2017** Ein Erdbeben der Stärke 6,4 erschüttert Bali und Teile von Lombok. Es gibt es nur geringe Sachschäden.

**Oktober/November 2017** Der aktive Vulkan Gunung Agung droht auszubrechen. Hunderttausende werden bis Anfang November aus der Gefahrenregion evakuiert, erst dann beruhigt sich der Vulkan vorerst wieder.

# EINE WOCHE AUF BALI

Bali ist die ideale Insel in den Tropen: Es ist heiß oder angenehm warm, die Sonne scheint, es gibt Strände, Reisterrassen und Vulkanseen. Man kann mit dem Moped oder dem Fahrrad durch die Gegend flitzen oder sich von einem Chauffeur zu den Sehenswürdigkeiten bringen lassen. Das Freizeitprogramm bietet also für alle Interessen etwas. Hier ein Vorschlag für eine Woche, bei der Besucher möglichst viel von Bali mitnehmen.

Wer auf Bali einen Urlaub machen will, bei dem der Strandaufenthalt wichtig ist, der ist in Sachen Unterkunft in Kuta, Legion, Seminyak oder Sanur gut aufgehoben. Wer kein Sonnenanbeter ist, für den ist ein Hotel oder Guesthouse in und rund um die kulturelle Hauptstadt Ubud eine feine Sache. Von allen Orten sind die folgenden Ziele gut per Tagestrip mit dem eigenen Fahrzeug oder einem gemieteten Taxi/Minibus erreichbar. Der Ausflugstag endet jeweils am Pool des Hotels oder rechtzeitig zum Sonnenuntergang am Strand.

## TAG 1:
### ANKOMMEN UND UMSCHAUEN

Seminyak und Sanur sind weniger als eine Stunde Fahrzeit vom Flughafen entfernt, Ubud gut zwei Stunden. Also Unterkunft beziehen, kurz frisch machen und dann hinausgehen und umschauen. Alle Orte sind typisch für Bali: Der Strandort als ehemaliges Fischerdorf, hinter dem eine über Jahrhunderte gewachsene Dorfgemeinschaft steht, in der wirklich jeder Balinese seinen festen Platz hat. Und es sollte Besucher nicht wundern, wenn beim Hotel nebenan zwei Priester auf dem Boden des Parkplatzes hocken und miteinander predigen. Sicher steht gerade eine der zahlreichen Zeremonien an. Ubud ist wohl der reichste Ort an Zeremonien, ein wenig offizieller und mit mehr Bodenhaftung. Dafür gibt es wenig Nachtleben – anders als in Strandnähe. Danach vielleicht ein Besuch auf dem Markt im Dorf und ein erstes Abendessen in balinesischem Stil. Zum Abschluss ein oder zwei kühle Bier in einer Bar, von denen es an allen Hauptstraßen und Stränden reichlich gibt.

## TAG 2:
### KUNST, KULTUR UND GESCHICHTE

Heute ist Zeit, sich in Ubud mit Kunst, Geschichte und Kultur der Insel vertraut zu machen, Zeit für ein Taxi. Bei der Anfahrt Richtung Ubud lohnt ein

Blick in die Ateliers der Silberschmiede in Celuk oder der Holzschnitzer in Mas. Gut zehn Fahrminuten von Ubud entfernt liegt die berühmte Goa Gajah, die Elefantenhöhle. Sie wurde im 11. Jahrhundert aus dem Felsen geschnitten, als Eingang dient das Maul eines Dämons. Willkommen im mythischen Bali! Danach geht es weiter zu einem der schönsten Orte auf Bali, Gunung Kawi. 371 steile Stufen steigt man hinunter in ein verwunschenes Tal, umrahmt von wunderschönen Reisfeldern. Unten ein Fluss und ein sehenswerter Tempel. Wer noch nicht genug Kultur getankt hat, der schaut sich am Abend einen balinesischen Tanz an.

## TAG 3:
### BALI ERKUNDEN – REISFELDER ERLEBEN

Nach dem Frühstück geht es wieder ins Taxi. Die gut einstündige Fahrt führt zu einer Sehenswürdigkeit, die von der UNESCO als Weltkulturerbe eingestuft wurde: die Reisterrassen von Jatiluwih. Hier, im ländlichen Bali, vergeht der Tag wie im Flug. Man kann spazieren gehen, Mittagessen, dem Dorfleben zuschauen oder dem Reis beim Wachsen lauschen. Vielleicht reicht die Zeit für einen Besuch im Patina-reichen Tempel Pura Luhur Batukaru.

## TAG 4:
### EIN TAG FÜR DIE SINNE

Genug von Ausflügen? Dann wäre jetzt Gelegenheit für einen Besuch des morgendlichen Gemüsemarkts oder für die Teilnahme an einem Kochkurs, Marktbesuch inklusive. Das leckere balinesische Mittagessen wird selbst zubereitet – und das Ergebnis schmeckt natürlich besonders gut. Danach sollte man sich aufraffen und ein Spa aufsuchen. Davon gibt es reichlich auf Bali. Massagen, Duftbäder, Maniküre oder Pediküre, das Komplettpaket gibt es sicher in der Nähe des Hotels. Das Abendessen kommt mit Blick auf das Reisfeld, was den entspannten Tag wunderbar abrundet. Ein Fischrestaurant am Strand ist auch keine schlechte Wahl.

## TAG 5:

### AUF INS WASSER

Ein Tag für Sonnenanbeter sowie Schnorchler und
Taucher. Also entweder den Strand vor dem Hotel
anpeilen, bewaffnet mit einem guten Buch und
reichlich Sonnenmilch. Oder ab in einen Minibus
und nach Ankunft in Candidasa oder Padang Bai
hinein ins Wasser. Surfer werfen sich hier mit ihrem Board in den Whitewash, also in die flachen,
auslaufenden Wellen am Kuta Beach. Fortgeschrittene springen an einem der Surferstrände der
Halbinsel Bukit in die Wellen, beispielsweise bei
Ulu's. Und wer früh genug aufbricht, fährt an Balis
Nordküste. Vor Lovina kann man mit ein wenig
Glück Delfine sichten.

## TAG 6:

### BALINESISCHE HIGHLIGHTS

Heute ruft das »Pflichtprogramm« eines Bali-
besuchs. Der Monkey Forest in Ubud mit seiner
urwüchsigen Affenbevölkerung und seinen
verwunschenen Tempelchen lockt am Vormittag und
danach eines der berühmten Museen in Ubud
wie beispielsweise das ARMA mit seiner Kunst
und seinen kulturellen Workshops. Wer noch Zeit
hat, fährt jetzt nach Mengwi und besichtigt den
Wassertempel Taman Ayun mit seinem schönen
Garten. Der Abschluss des Tages aber gehört der
balinesischen Sehenswürdigkeit Nr. 1: dem Tempel
Tanah Lot. Bei Sonnenuntergang reinste Magie.

## TAG 7:

### SOUVENIR, SOUVENIR

Die Woche ist so gut wie vorbei. Vieles wurde gesehen und erlebt. Zum Ausklang noch ein wenig
Shopping: Souvenirs für die Lieben daheim, vielleicht gut heruntergehandelt und gekauft in Ubud
oder Kuta auf dem Kunstmarkt. Oder günstige
Surferklamotten. Oder Sarongs zum Verschenken.
Zeit für eine letzte Mahlzeit im Lieblingsrestaurant
und eine letzte Massage vor dem Abflug. Und der
Abschied wird schwerfallen, keine Frage.

# SÜD-BALI

1 Der Pura Uluwatu 34

2 Von Kuta bis Seminyak 42

3 Denpasar 50

4 Die Halbinsel Bukit 54

5 Jimbaran 56

6 Sanur Beach 58

7 Sanur 62

8 Seminyak 64

9 Hinein ins Nachtleben 68

10 Shoppingparadies Kuta 72

11 Canggu 76

12 Tanah Lot 80

13 Nusa Lembongan 84

# 1 Der Pura Uluwatu
## Wo Bali beginnt

**Der Pura Uluwatu ist einer der sechs Haupttempel von Bali. Mit Sicherheit ist er der mit der spannendsten Lage. Am südwestlichen Ende der Halbinsel Bukit, die sonnengetrocknet und wenig besiedelt ganz im Süden von Bali liegt, überblickt der Tempel den Ozean. Er thront auf einer Felsklippe, und direkt hinter ihm fallen die Felsen 70 Meter tief ab, unten nur das rauschende Blau – ein atemberaubender An- und Ausblick.**

Hier beginnt, von Süden her gesehen, die Insel Bali. Rechts und links des Tempels kann man gut 70 bis 80 Meter über dem Meer die Küstenlinie entlanglaufen und Blicke zurückwerfen. Der Tempel sieht von allen Seiten gut aus. Daher lassen sich im Pura Uluwatu gerne Brautpaare fotografieren, mit Vorliebe zum spektakulären Sonnenuntergang. Die Brauteltern und ihre Freunde füttern

**S. 32:** Der Strand Sanur Beach glänzt mit weißem Sand und einem prächtigen Ausblick.
**Mitte:** Der Pura Uluwatu begeistert durch seine Lage.
**Unten:** Makaken bevölkern den Pura Uluwatu und sind die eigentlichen Herren des Tempels.

## GUT ZU WISSEN

### SARONG KAUFEN

Wer vorhat, während seines Baliurlaubs Tempel zu besuchen, der sollte sich gleich zu Beginn der Reise einen Sarong zulegen. Das Stück Tuch gibt es gebatikt aus Java oder mit anderen Motiven in jedem Laden oder bei Strandverkäufern. Der Preis ist oft Verhandlungssache, sollte aber immer günstig sein. Den Sarong kann man als Strandtuch oder Handtuch benutzen oder, um die Hüfte gebunden, als der Kleiderordnung entsprechende Tempelbekleidung. Der Oberkörper sollte trotzdem bedeckt sein, genauso wie die Schultern.

Highlight eines Tempelbesuchs: der Kecak-Tanz

derweil die Affen. Die Makaken sind die eigentlichen Herren des Tempels, dessen Geschichte wohl bis ins 16. Jahrhundert zurückreicht und damit auch den Beginn der hinduistischen Geschichte auf Bali markiert.

## Der Hinduismus kommt nach Bali

Zu dieser Zeit kam der Hinduismus von der Nachbarinsel Java nach Bali. Und an vorderster Stelle die Priester, die die Lehre und viele Ideen für eine zukünftige hinduistische Gesellschaft auf Bali im Gepäck hatten. Einer dieser Priester war Dang Hyang Nirartha. 1537 soll er nach Bali gekommen sein. Je nach Legende kreuzte er die Meerenge zwischen Java und Bali auf einem Kürbis sitzend oder auf dem Blatt eines Brotfrucht-Baumes. Auf Bali angekommen, machte er sich gleich an die Arbeit: Er heilte die Menschen der Insel mit seinen Kräften von der Pest und schuf eine neue Heilslehre. Diese hat bis heute als »balinesischer Hinduismus« Bestand. Dann führte er ein, dass jedes Dorf auf Bali drei Tempel hat: im Norden den für die oberste Gottheit Brahma, in der Mitte für Vishnu und im Süden für Shiva. Damit setzte er schon auf Dorfebene das Konzept der »Trimurti« durch, die Vereinigung der drei kosmischen Funktionen Erschaffung, Erhaltung und Zerstörung.

*Nicht verpassen*

### DER MAGISCHE TANZ KECAK

Bei einem abendlichen Besuch im Uluwatu ist der Besuch eines Kecak-Tanzes eine Attraktion. 50 bis 100 Männer mit nacktem Oberkörper und bekleidet mit schwarz-weiß karierten Sarong sitzen im Kreis und rufen immer schneller »Cak ke-Cak, Cak-a-Cak«, mit wechselndem Rhythmus und Tempo. Sie bewegen ihre Oberkörper vor und zurück und im Kreis, wedeln mit den Händen und strecken die Arme gen Himmel. Bald fallen die Sänger in eine Art Trance, deren Magie sich das Publikum bei einem gut gemachten Kecak kaum entziehen kann. Die Tänzer verkörpern das mythologische Affenheer, die Helfer des Prinzen Rama, die Geschichte geht auf das historische Epos Ramayana zurück.

**Perama Tour and Travel** bietet eine Uluwatu Sunset Tour mit Kecak-Besuch, Jalan Legian 39, Kuta, Tel. 0361/75 18 75, www.peramatour.com

35

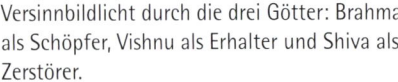

Versinnbildlicht durch die drei Götter: Brahma als Schöpfer, Vishnu als Erhalter und Shiva als Zerstörer.

## Kraftorte zu Tempeln

Nirartha entdeckte auf seinen Reisen rund um die Insel etliche Kraftorte, die ideal für einen Tempel wären. So gründete er beispielsweise Balis beliebtesten Tempel Tanah Lot bei Kediri an der Südwestküste. Auf der Halbinsel Bukit fand er einen idealen Ort, um die bösen Dämonen aus dem Ozean unter Kontrolle zu halten: Uluwatu. Hier übernachtete er, fühlte sich wohl und beschützt. Ein guter Ort also für einen Tempelbau.

Der korrekte Name des architektonisch eher unauffälligen Tempels lautet Pura Luhur Uluwatu. Pura ist »Tempel«, Luhur steht für »göttliche Herkunft«, Ulu für »Spitze« und Watu für den Felsen, auf dem er erbaut wurde. Nirartha hatte sich da ein schönes Plätzchen ausgesucht, denn die Kulisse ist in der Tat atemberaubend: Zu Füßen der Felsen schlagen die Wellen gegen das Ufer, und

**Oben:** Die schroffe Küste an der Halbinsel Bukit ist ein Hingucker.
**Mitte:** Vorbereitung zum Kecak-Tanz: wunderbar ausdrucksstark geschminkte Tänzerin
**Unten:** Der Pura Uluwatu thront über einer Felsklippe, 70 Meter über dem Ozean.

# Der Pura Uluwatu

hinter ihm erstreckt sich, so weit man schauen kann, der Ozean. Kein Wunder, dass der Tempel Dewi Danu, der Schutzgöttin des Meeres, geweiht ist. Auch sollte damit sichergestellt werden, dass reichlich Fang in den Netzen der Fischer landet.

Wer den Kiosk für die Eintrittskarten und den Sarongverleih passiert hat, wird bald von zwei Ganesha-Statuen begrüßt. Die Figur des Ganesha ist eindeutig zu erkennen an seinem Elefantenkopf und den vier Armen. Ganesha ist Gott der Weisheit, Schelm im Götterkosmos – aber ein durch und durch guter Gott. Zu seinen Aufgaben gehört es, Probleme zu beseitigen, daher ist er als Figur sehr beliebt. Dann geht der Spaziergang weiter und wird begleitet von Makaken, die rechts und links in und unter den Bäumen leben. Sie sehen nett aus, sind es aber nicht immer. Sie haben ihre Scheu vor Menschen verloren und klauen gern. Das beginnt bei der Handtasche und endet nicht bei der Kamera. Manchmal kann man das Gestohlene zurücktauschen gegen eine Banane, die praktischerweise gleich nebenan verkauft werden. Vielleicht lohnt es sich aber auch, einen freundlichen Balinesen einzuschalten, der zwischen Menschen und Makaken vermittelt. Besser ist es, für den Tempelspaziergang alles gut zu verpacken und die Kamera gut festzuhalten. Der Tempel an sich ist schnell besichtigt. Im Oktober 1995 brannte ein Teil der Anlage ab, ein Jahr dauerte der Wiederaufbau. Dieser ist schöner als der vorherige.

Besonders in den Abendstunden wird der Tempel von Einheimischen und Urlaubern aus allen Ländern der Welt gern besucht: Das liegt an den begeisternden Sonnenuntergängen und an den Tanzvorführungen, die im Amphitheater neben dem Tempel aufgeführt werden: Kecak in seiner intensivsten Form inklusive Sonnenuntergang ist angesagt – der ideale Beginn eines Baliurlaubs.

# Infos und Adressen

### SEHENSWÜRDIGKEITEN
**Die Felsküste von Bukit.** Auch wenn der Pura Uluwatu schon spektakulär über der Felsküste thront, lohnt sich doch der Weg am Meer entlang. Hier finden sich zahlreiche Anhaltemöglichkeiten mit grandiosen Ausblicken. Eingeschnitten in die Felsen und am Wasser mit einem kleinen Stück weißem Sandstrand gibt es Surferdörfer, die von Wellenfreunden bewohnt werden. Auch Nicht-Surfer sind willkommen.

### ESSEN UND TRINKEN
Auf dem Parkplatz vor dem Tempel gibt es einige Imbiss-Stände, die Nudeln und Reis mit Beilagen sowie Getränke anbieten. Eine »ordentliche« Gastronomie-Szene gibt es erst wieder in den Orten Nusa Dua oder Jimbaran.

### ÜBERNACHTUNG
**Bulgari Resort Bali.** Guter Geschmack und reichlich Kapital treffen auf gelungene Architektur und zahlungskräftiges Publikum. Aber allein die Bar direkt über der Steilküste ist einen Drink wert, ganz zu schweigen von den Bungalows mit Aussicht. Jalan Goa Lempeh, Uluwatu, Tel. 0361/847 10 00, www.bulgarihotels.com/en_US/bali

### INFORMATION
Es gibt keinen öffentlichen Transport zum Pura Uluwatu. Uluwatu, nur Taxis, Mietfahrzeuge oder organisierte Touren. Der Tempel liegt am Ende der Jalan Raya Uluwatu, die die Halbinsel kreuzt. Vor dem Tempel liegt ein großer, kostenpflichtiger Parkplatz.

# TANZ AUF BALI
## Alte Tradition, neues Gewand

Mit dem Thema »balinesische Tänze« könnte gut und gerne ein ganzes Buch gefüllt werden. Fast täglich findet in so gut wie jedem größeren Ort Balis ein Tanz statt. Auf jedem Tempelfest wird getanzt – und bis heute spielt das Tanzen im Leben der Balinesen eine gewaltige Rolle. Oft sind die Bühnen fest installiert, wie in Uluwatu, häufig wird auf der Straße improvisiert. Einen Besuch wert ist jede Tanzveranstaltung.

Die Tourist Information in Balis kultureller Hauptstadt Ubud, »Fabulous Ubud«, führt einen umfangreichen Veranstaltungsplan, auf dem der Großteil der täglichen Angebote mit dem Thema Tanz zu tun hat. Da gibt es am Sonntag *Legong* im Ubud-Palast, am Montag *Barong* und *Keris* in Wantilan, der Dienstag glänzt mit Frauen-*Gamelan* und Kindertanz im Wasserpalast von Ubud. Am Mittwochabend kann man *Jegog* anschauen im Pura Dalem. Der Donnerstag kommt mit *Kecak* in Peliatan, am Freitag wird im Oka Artini Hotel *Wayang Kulit* (»Schattenspiel«) gezeigt. Die Woche wird am Samstag mit einem Frosch- und Barong-Tanz im Bale Banjar Ubud Kelod beschlossen.

Eine mitreißende Kecak-Vorführung sollten Urlauber auf keinen Fall verpassen.

Auch wenn sie auf den touristischen Geschmack zugeschnitten sind, sollten sich Besucher solche Tanzveranstaltungen nicht entgehen lassen. Denn für Urlauber werden die Vorstellungen auf verträgliche 60 bis 90 Minuten gekürzt, und teilweise wird das Geschehen auf der Bühne erläutert oder in einem Programmheft geschildert. Die Kostüme sind immer prächtig und die Tänzerinnen oder Tänzer ganz bei der Sache. Für einheimisches Publikum dauert eine Veranstaltung normalerweise vier oder fünf Stunden oder gleich die ganze Nacht, wenn beispielsweise ausführliche Geschichten aus dem Epos Ramayana erzählt werden.

## Religiöse Tänze und Unterhaltung

Um die 200 verschiedene Tänze soll es auf Bali geben. Davon kommen vielleicht 20 bis 30 regelmäßig auf die Bühnen. In Szene gesetzt werden sie von geschätzten 2000 balinesischen Tanzgruppen, denen gerne auch der Hotelmanager oder dessen Frau und Kinder angehören können. Mit sechs Jahren beginnt für die Mädchen die Ausbildung. Mit zwölf oder 13 sind sie fertig und erstaunen mit Perfektion. Da werden die Augen gerollt, die Finger gespreizt, Schritte in feinste Bewegungen zerlegt, Köpfe geneigt und Becken vorgeschoben. Jede Bewegung folgt einer eigenen Choreografie, jede Bewegung ist vorgeschrieben und darf nur so und nicht anders ausgeführt werden. Dazu kommt der Rhythmus des begleitenden Gamelan-Orchesters, dem unbedingt gefolgt werden muss. Und wer bei einem Kinder-Tanzunterricht zuschauen darf, wie beispielsweise in der Tanzschule des Hotels Tandjung Sari in Sanur, der versteht schnell, wo die Faszination liegt.

Mit religiösen Tänzen soll Unheil vom Dorf abgewendet, Dämonen besänftigt oder Krankheiten Einhalt geboten werden. Dabei wird dieser ganz spezielle Tanz den Göttern geopfert. Je besser und eindrücklicher der Tanz, desto milder werden sie gestimmt. Da gibt es den

*Pendet*, der klassisch nur von Frauen getanzt wird. Oder den *Rejang*, den nur Mädchen tanzen dürfen, die ihre Periode noch nicht haben. Er wird wird zu Ehren des Gottes Sang Hyang Widhi Waca aufgeführt. Daneben gibt es Tänze, die nur von Männern ausgeführt werden dürfen wie beispielsweise den *Kris*. Hier versetzen sich die Tänzer in Trance, drücken ihren kurzen Dolch, den Kris, an die Brust und versuchen sich mit aller Kraft zu ritzen. Was selten gelingt. Falls er sich doch ritzt, dann hat der Trance-Zauber nicht funktioniert. Was daran liegen mag, dass der Tänzer die strengen Verhaltensregeln in den Tagen vor dem Tanz nicht eingehalten hat. Dazu könnte gehören, dass er keinen Alkohol trinken oder keinen Geschlechtsverkehr haben darf.

Auf Bali wird überall getanzt: Wie wäre es mit *Legong* im Palast Puri Saren, Ubud?

Im Pura Uluwatu treten beim Feuertanz *Kecak* auch recht finstere Gestalten auf.

## Publikumsunterhaltung

Daneben gibt es auch rein weltliche Tänze, die keinen anderen Zweck haben, als das Publikum zu unterhalten. Hierzu gehört der *Joged*, der gerne bei Dorffesten getanzt wird: Die Dorfgemeinschaft bildet einen großen Kreis, in dem sich eine Tänzerin anmutig bewegt, wenn nicht gar erotisch. Hier ist keine genaue Abfolge der Tanzschritte oder Bewegungen vorgegeben. Sie nimmt die sie umgebende Männerschar in Augenschein, sucht sich einen Partner aus, tippt ihm mit dem Fächer auf die Schulter und zieht ihn in die Mitte des Kreises. Er muss jetzt mittanzen – egal, wie beeindruckend seine Fähigkeiten als Tänzer sind. Zur Belohnung lacht das Publikum herzhaft und beklatscht sein Können. Zum Joged werden auch gerne Touristen herangezogen. Da heißt es, gelassen bleiben und vor allem: mitlachen.

## Kecak: ein Tanz aus deutscher Feder

Ein gerne aufgeführter Tanz ist der *Kecak*, der Affentanz. Mit seinem packenden Rhythmus und dem unter die Haut gehenden Männergesang lässt er keinen Zuschauer unbeeindruckt. Kommt dann noch der Sonnenuntergang hinzu, wie in Uluwatu, ist das Erlebnis perfekt. Den Kecak in seiner heutigen Form hat sich übrigens 1932 der deutsch-russische Künstler Walter Spies ausgedacht. Er lebte in Ubud und wurde vom Regisseur Victor Baron von Plessen gebeten, für seinen Film *Die Insel der Dämonen* die Choreografie zu übernehmen. Spies schaute sich den historischen Tanz an, der seine Wurzeln im Ramayana findet, und polierte dessen Elemente filmfähig auf: Gekürzt, zugespitzt und auf den Punkt gebracht kommt seitdem der Kecak auf die balinesischen Bühnen.

# 2 Von Kuta bis Seminyak
## Beach, Surfen, Bier und Sonnenuntergang

**Der internationale Flughafen Ngurah Rai ist nur ein paar Kilometer entfernt, der Sandstrand ist etliche Kilometer lang, Unterkünfte und Bier sind günstig. Kein Wunder, dass in Kuta und Umgebung viele Low-Budget-Urlauber hängen bleiben. Wer es ein wenig gediegener mag, der lässt sich in Legian nieder. Weiter im Norden folgt Seminyak, Heimat zahlreicher Expats und teurer, stylisher Boutiquen und Restaurants.**

Kuta ist in erster Linie bekannt für die partyfreudigen Australier, die hierher für »Dirty Weekends« mit Billig-Airlines einfliegen. Sie haben über die Jahre aus Kuta eine Art Ballermann gemacht, mit allen Konsequenzen. Denn wo lässt sich schon so schön der Tag mit einem kühlen Bintang-Bier be-

**Mitte:** Die Jalan Legian ist die Haupteinkaufsstraße in Kuta. Hier gibt es einfach alles.
**Unten:** Urlauber sollten am Kuta Beach die Chance nutzen und Wellenreiten lernen.

## GUT ZU WISSEN

**KEINE DROGEN KAUFEN!**
Insbesondere in Kuta kann es passieren, dass einem verschiedene Drogen angeboten werden. Vor allem Magic Mushrooms sind zurzeit angesagt. Aber auch Hasch, Speed und andere synthetische Produkte gehören zum Bauchladen des Dealers. Von wirklich allem sollte man die Finger lassen: In Indonesien ist jegliche Art von Drogenbesitz strengstens verboten. Inhaftierung droht, und auch vor der Todesstrafe macht die Rechtsprechung nicht halt. Im Gefängnis von Kerobokan sitzen etliche Ausländer, die ein Lied vom Drogenbesitz oder -konsum singen können.

Der Strand von Kuta reicht bis Seminyak –
feinster Sand und Sonne inklusive.

ginnen, nach durchzechter Nacht? Auch
kann man am Kuta Beach ausgezeichnet
surfen. Somit sind auf ihren Mopeds durch
die Gassen fetzende, blonde, schöne Surferinnen
und Surfer bald eine vertraute Ansicht. In Kuta
gibt es unzählige Pubs, Kneipen, Diskos, Clubs,
in denen man die Nacht zum Tage machen kann.
Da gibt es Paddy's, den Sky Garden, der das gegenüberliegende Bali Bombing Memorial gleich
mitbeschallt – oder Bounty, eine Bar in Form
eines Vergnügungsdampfers, der offensichtlich
nicht untergeht. Es gibt Happy Hours, günstiges
Flaschenbier an Kiosken am Strand und preiswerte
Warungs. Surferklamotten, auch Markenware aus
Australien, sind in kleinen, großen und riesigen
Shopping Malls wie dem Beachwalk mit seinen
mehr als 200 Läden erhältlich.

Der Sonnenuntergang am Kuta Beach ist weltbe-
rühmt. Allabendlich kommen Tausende Menschen
aus aller Herren Länder zusammen, um ihm zu
huldigen – und anschließend in die Happy-Hour-
Bars und Restaurants zu ziehen. Kuta also scheint
ideal für einen günstigen Urlaub und reichlich
oberflächlichen Spaß. Was bei vielen Bali-Urlaubern zu einem Naserümpfen führt, wenn sie

*Nicht verpassen*

### DEM BUNTEN TREI-
### BEN ZUSCHAUEN

Mit einem kleinen Spa-
ziergang kann man die
Gasse Poppies Gang I erkunden. Vom Strand aus geht es beim
McDonald's in die Gasse, die sich
durchzieht bis zur Jalan Legian,
Kutas Hauptverkehrsstraße. Hier,
in Poppies I, logierten die ersten
Backpacker in den 1960er-Jahren
und hinterließen ihre Spuren:
Es gibt reichlich einfache Open-
Air-Bars, und Cafés locken mit
Banana Pancake. Tausende von
Mopeds mit Einheimischen flitzen
die Gasse hinauf und hinunter, dazwischen hupende Taxis, gekreuzt
von australischen Surfern auf
dem Moped. An die Mopeds ist
ein Gestell angebaut, in das hervorragend das Surfboard passt.
Schlendern ist fast nicht möglich,
dafür aber schauen. Eine sehr gute
Adresse zum Beobachten ist der
Havana Club.

**Havana Club.** Jalan Poppies I,
Kuta, Tel. 0361/76 24 48,
www.clubhavanabali.com

43

*Geheimtipp*

in Kuta im Stau stehen. Oder vielmehr sitzen in ihrem klimatisierten Taxi, das sie zu ihrem ruhigen Hotel an einer Schluchtwand bei Ubud fahren soll.

## Das ursprüngliche Kuta entdecken

Urlauber müssen sich aber nicht auf die Partysause einlassen. Man kann sich ein nettes und ruhiges Hotel besorgen, von denen es immer noch reichlich im touristischen Hotspot Kutas zwischen den Gassen Poppies Gang I und Poppies Gang II gibt. Vielleicht im Kuta Puri, gleich am Eingang von Poppies I, oder im Poppies Cottages an deren Ende. Von hier aus kann man am frühen Morgen aufbrechen und hinter das Geglitzer, hinter Schall und Rauch schauen. Im Innersten von Kuta verbirgt sich ein recht ursprüngliches Dorf mit Tempeln, Prozessionen und Göttergaben, die morgens andächtig verteilt werden – nachdem der Strand gefegt wurde. Es gibt lachende Kinder, die im Hinterhof einen Drachen steigen lassen, und die Shops laden ein zum Morning Price. Das erste Geschäft des Tages ist für den Händler das Wichtigste, hier kann man gut handeln. Am Abend lockt der Pasar Malam, der Nachtmarkt, mit dem Fang des Tages und anderen günstigen Speisen.

## Surfin' Kuta

Kuta ohne Surfen, das gibt es nicht. Jeden Morgen machen sich die Surfschulen wie die Pro Surf School oder die Rip Curl School auf, um in der Brandung in langärmlige, bunte Shirts gepackte Urlauber auf die Bretter zu bringen. Mit einem Trockentraining am Pool eines strandnahen Hotels hat der Tag begonnen, jetzt geht es in den Whitewash. So heißt der Schaum auf den Brandungswellen. Auf dem Whitewash werden die Anfänger

Surfbrett ausleihen und den Unterricht gleich dazubuchen

## EIN TAG IM WATERBOM PARK

**Einfach gut!**

Wer sich vom Shopping ein wenig erholen oder kein Salzwasser mehr schmecken will – ohne auf frisches Nass zu verzichten – der ist richtig im Waterbom Park. Wie der Name schon sagt, dreht sich alles um das Abenteuer im Wasser. Es gibt Kinder- und Schwimmbecken, einen Pool mit Barbetrieb, reichlich Wasserspiele, lange und kurze Rutschen für Groß und Klein. Bekannt und beliebt ist beispielsweise die Boomerang-Rutsche. Wer keine Lust auf Wasser hat, kann sich in ein Bungee-Seil einspannen und in die Höhe schnellen lassen. Für Essen und Trinken ist gesorgt. Daneben gibt es kleine Bungalows mitsamt verschließbarer Garderobe zum Mieten. Somit ist ein Tag im Waterbom Park ein Tag für die ganze Familie.

**Waterbom Park.** Tgl. 9–18 Uhr, Jalan Kartika Plaza, Tuban, Tel. 0361/75 56 76, http://waterbom-bali.com

nach gut drei Stunden zum ersten Mal auf dem Brett stehen. Ein wenig wackelig zwar, aber stolz. Wer es im Anfängerkurs nicht bis zum aufrechten Stand bringt, der darf wiederholen. Dass es klappt, dafür sorgt der persönliche Lehrer.

Gesurft wird auf Bali seit 1936. In diesem Jahr eröffneten die US-Amerikaner Robert und Louise Koke das Kuta Beach Hotel – und läuteten damit die touristische Entwicklung von Kuta ein.

## Legian – es wird ruhiger

Beginnt Kuta im Süden Richtung Flughafen an der Jalan Kartika mit zunehmender Hoteldichte, so endet der Ort im Norden an der Jalan Melasti, und man erreicht Legian. Tatsächlich sind die Übergänge fließend. Vielleicht kann man es an der Art der Urlauber festmachen: Sind in Kuta tätowierte Australier meist in Gruppen unterwegs, so sind es in Legian tätowierte Engländer. Oder Franzosen oder Deutsche. Diese allerdings im mittleren Alter, meist Paare, begleitet von einem oder zwei Kids. Hier begibt man sich in das Reich der Pauschaltouristen, die zwei Wochen Bali inklusive Sandstrand und Sonnenuntergang gebucht haben – der in Legian natürlich genauso schön ist wie am Kuta Beach. Die Strandlinie wird dementsprechend eingenommen von Resorts, die ihren Besuchern alles bieten, bis zum Full Service. Trotzdem lohnt es sich, die Mauern des Strandhotels zu überwinden und vielleicht rund um den Kunstmarkt ein wenig flanieren zu gehen. Büfettmüde wenden ihren Schritt Richtung Jalan Padma Utara, die parallel zum Strand läuft und peilen dort den Warung Yogya an: indonesische Speisen zu guten Preisen. Oder man schaut im Restaurant Zanzibar direkt am Strand dem dortigen Treiben bei einem abendlichen Absacker zu.

## Seminyak ist ganz anders

Wiederum nördlich von Legian, vielleicht bei
der Jalan Double Six, beginnt Seminyak. Hier ist
alles anders als in Kuta und Legian: Die Shops
sind stylisher, aber dafür teurer. Es gibt englische
Buchläden, französische Bäckereien, amerikanische
Galerien, schnieke Restaurants mit Rausschmei-
ßern, die beim Einlass auf einer Gesichtskontrolle
bestehen, teure Design-Hotels, Gay- und Lesbian
Nightclubs und reichlich Expats: Menschen aus
dem Westen, die auf Bali leben. Sie lieben es, mit
ihren SUVs die Straßen zu blockieren. Hier heißt
es: sehen und gesehen werden. Am besten cruist
und flaniert es sich entlang der Jalan Laksmana
und der Jalan Petitenget, die das Herz von Seminyak bilden. Einfache Unterkünfte im Guest-
house-Stil gibt es wenige. Dafür kann man sich
vom Hotel gratis zum Restaurant des Vertrauens
fahren lassen. Vielleicht ist ja das La Lucciola das
Ziel des Abends: Dining vom Allerfeinsten mit
Blick auf den Sonnenuntergang.

Seminyak geht nahtlos über in Kerobokan, das für
sein Gefängnis bekannt ist und eine ähnliche touristische Infrastruktur bietet wie Seminyak.

Wer sich Kuta, Legian und Seminyak einmal live
anschauen möchte, der braucht zu Fuß nur der
Strandlinie Richtung Norden zu folgen. Je leerer
der Strand wird, desto näher ist man an Seminyak.
Jederzeit kann man den Strand verlassen und
sich den Ort zum Strand anschauen, ein wenig
shoppen, schauen oder sich verpflegen. Man kann
sich in den Gassen verirren und Blicke in lauschige
Hinterhöfe werfen. Zurück geht es mit einem
Bemo oder einem Taxi hinunter die Jalan Raya
Seminyak, die bald übergeht in die Jalan Legian.
Diese endet in Kuta am Bemo Corner, zurück am
Ausgangspunkt.

**Oben:** Spektakulärer Sonnenuntergang am Kuta Beach
**Mitte:** Wer nicht ins Meer mag,
sollte im Pool planschen. Vielleicht im Hardrock Hotel?
**Unten:** Der Sonnenuntergang
naht, Stühle und Kaltgetränke
werden bereitgestellt.

47

# Infos und Adressen

### SEHENSWÜRDIGKEITEN

**Der Strand.** Hier verbringen Sonnenhungrige ganze Wochen. Kuta-, Legian- und Seminyak-Beach gehen nahtlos ineinander über. Richtung Seminyak nimmt die Dichte der Strandläufer, Kioske und Schirmverleiher ab. Es gibt Snacks, Getränke, Surfboards zur Miete, Massagen und Sarong-Verkäuferinnen. Auch wenn die Brandung recht harmlos aussieht: Es gibt starke Strömungen unter Wasser. Vorsicht beim Hinausschwimmen ist geboten.

### ESSEN UND TRINKEN

**Fat Chow.** Cooler Laden, der ein »unvergessliches asiatisches Dining-Erlebnis« verspricht. Da ist etwas dran. Freunde des thailändischen Essens können sich auf den Klassiker freuen: Pad Thai. Tgl. 9–23 Uhr, Jalan Poppies II, Kuta, Tel. 0361/75 35 16, http://fatchowbali.com

**Warung Yogya.** Die Zuflucht in Legian für Urlauber, die das Hotelbüffet nicht mehr sehen oder schmecken können. Schlichte Einrichtung, aber gutes und günstiges indonesisches Essen.

Das Nachtleben von Kuta genießt einen gewissen Ruf, ist aber ein Riesenspaß.

Tgl. 9–22 Uhr, Jalan Padma Utara 79, Legian, Tel. 0361/75 08 35.

**Zanzibar Beach Front Restaurant.** Italiener mit brauchbaren Pizzas am Strand von Legian. Gut für ein frühes Frühstück oder ein spätes Abendessen – es ist immer etwas los im Zanzibar. Tgl. 7–23.30 Uhr, Jalan Double Six, Legian, Tel. 0361/73 35 29, www.zanzibarbali.com

**La Lucciola.** Die Gründer des La Lucciola gelten als Pioniere, die die feine Küche von Europa nach Bali brachten. Diese ging dort eine schöne Fusion mit der balinesischen und indonesischen Küche ein. Bis heute wird im La Lucciola sehr fein und mit italienischem Einschlag gekocht. Tgl. 9–23 Uhr, Pantai Petitenget, Seminyak, Tel. 0361/73 08 38.

### ÜBERNACHTEN

**Kuta Puri.** Gleich zu Beginn von Poppies I überrascht das Kuta Puri mit seinen schön gemachten balinesischen Bungalows und lichten Zimmern, die um einen Pool herum gruppiert sind. Nicht günstig, aber eine Oase der Ruhe. Jalan Pantai Kuta, Kuta, Tel. 0361/75 19 03, www.kutapuribungalows.com

**Poppies Cottages.** Ein Klassiker in Kuta, auch das Restaurant ist heiß begehrt. Die Bungalows stehen in einem lauschigen Garten, dieser wiederum ist mitten im Geschehen von Kuta. Poppies Gang I, Kuta, Tel. 0361/75 10 59, www.poppiesbali.com

**Ayu Lili Garden Cottages.** Hier, nicht weit vom Strand, geht es im schönen Garten recht ruhig zu. Es gibt einen Pool, modern ausgestattete Bungalows und eine Sonnenterrasse. Jalan Benesari, Kuta, Tel. 0361/75 05 57.

**Legian Beach Bungalow.** Liegt günstig im Herzen von Legian, gleich beim Kunstmarkt. Zum Strand ist es nicht weit, und es ist verhältnismäßig ruhig und aufgeräumt im Hotel Jalan Padma, Legian, Tel. 0361/75 10 87.

**Ned's Hide Away.** Um Ned's kommt man wegen der mangelnden Auswahl fast nicht herum, wenn man in Seminyak eine erschwingliche Unterkunft sucht. Es ist zwar ein wenig angegraut, aber immer noch gut in Sachen Preis-Leistungs-Verhältnis. Jalan Raya Seminyak Gang Bima 3, Seminyak, Tel. 0361/73 12 70.

### AUSGEHEN

In Kuta entlang der Hauptstraße Jalan Legian reiht sich ein Pub und Nachtclub an den anderen. Wem es beispielsweise im Paddy's nicht gefällt, der geht eine Tür weiter ins Bounty. Und wem es hier noch zu leise ist, der endet sicher im Sky Garden.

### EINKAUFEN

**Matahari Kuta Square.** Der Klassiker in Kuta für gepflegtes Einkaufen. Das Haus wirkt wie ein deutscher C&A, bietet aber eine große Auswahl – von Schuhen bis Souvenirs. Auch ein Buchladen ist hier untergebracht. Tgl. 9.30–22 Uhr, Kuta Square, Kuta, Tel. 0361/75 75 88, www.matahari.co.id

**Kuta Kidz.** Seit 1988 gibt es hier Klamotten, die vor allem den Kleinen Freude machen. Und dann sind die Großen auch glücklich. Bemo Corner, Kuta, Tel. 0361/75 58 10, www.kutakidz88.com

**Pangloss Bookshop.** Nicht nur eine hervorragende Adresse für Urlauber, die ihren Reader oder ihr Tablet zu Hause vergessen haben und jetzt auf Bücher umsteigen müssen. Pangloss führt reichlich Literatur und Nachschlagewerke zu Bali und Indonesien, dazu gibt es Reiseführer zum Blättern. Tgl. 9–23 Uhr, Jalan Poppies I, Kuta, Tel. 0817/476 75 42.

### SURFEN

**Pro Surf School.** Seit etlichen Jahren am Markt, erfährt gute Besprechungen. Bietet auch Übernachtungsmöglichkeiten im Schlafsaal.

Vom Beachwalk Shopping Center aus kann man den Sonnenuntergang beobachten.

Jalan Pantai Kuta, Kuta, Tel. 0361/75 12 00, www.prosurfschool.com

**Rip Curl School of Surf.** Auch schon lange da mit gutem Ruf. Jalan Arjuna, Kuta, Tel. 0361/ 73 58 58, www.ripcurlschoolofsurf.com

### INFORMATION

**Indonesia Tourism Information Centre.** Hier gibt es ausführliches Prospektmaterial und die eine oder andere gute Info, nicht nur zu Bali. Mo–Fr 9–17 Uhr, Jalan Raya Kuta, Kuta, Tel. 0361/76 61 81.

**Perama Tourist Service.** Perama gilt als der beste und zuverlässigste Reise- und Shuttleservice für Bali und Lombok – wenn nicht gar für ganz Indonesien. Dabei werden nicht nur Bus- und Fährtickets verkauft, sondern man kann sich vom Perama-Team ganze Reisen organisieren lassen, inklusive Tauchen und Warane-Anschauen auf Rinca. Auch für andere Fragen und Tipps immer die erste Adresse. Perama hat ebenso Büros auf Lombok. Jalan Legian 39, Kuta, Tel. 0361/75 18 75, www.peramatour.com

# 3 Denpasar
## Das Bali-Museum und der größte Markt der Insel

**Denpasar ist die Hauptstadt von Bali und mit ihren gut 790 000 Einwohnern eine ganz normale indonesische Großstadt. Das heißt, dass es wenig »typisch Balinesisches« zu entdecken gibt. Es ist heiß, stickig und hektisch. Wer hier durchmuss, will schnell wieder hinaus. Immer gut für einen Ausflug allerdings sind das sehenswerte Bali-Museum im Stadtzentrum und der bunte Pasar Badung – der größte Markt Balis.**

**Mitte:** Das Bali-Museum ist sehenswert und erzählt viel über die Geschichte der Insel.
**Unten:** Auch fein ausgearbeitete historische Puppen sind im Bali-Museum zu sehen.

Die engen Gassen und breiten Einbahnstraßen des Handels- und Verwaltungszentrums Denpasars sind chronisch überfüllt, es herrscht eine laute und großstädtisch nervöse Stimmung. Wer als Urlauber die Stadt besucht, dessen Wege führen entweder in eines der Krankenhäuser oder zu einem der Amtspaläste im Stadtteil Renon. Ein Ziel ist beispielsweise das »Kantor Immigrasi«, wo man sein Visum verlängern kann, oder das Tourism Board, um eine Handvoll Broschüren abzustauben. Es gibt ein paar eisgekühlte Einkaufszentren, in denen man einen heißen Sonntagnachmittag verbringen und Balinesen beim Flanieren und Shoppen zuschauen kann. Auch die meisten Botschaften und Konsulate befinden sich in Denpasar. Abgesehen vom deutschen Konsulat, das im nahen Sanur seine Zelte aufgeschlagen hat. Wer aber den Mut aufbringt, die Hauptstraßen zu verlassen und in die kleinen und engen Gassen abzubiegen, der findet ein wenig ursprüngliches Leben mit Hund, Oma, Opa und Enkelkindern. Auf die Spuren des Lebens in Bali in früheren Zeiten führt mit Sicherheit ein Besuch des Bali-Museums.

# Balis Geschichte wird lebendig

Das Bali-Museum befindet sich in der Stadtmitte von Denpasar, neben dem Puputan-Platz. Durch eine recht unscheinbare Tür geht es in einen geräumigen Innenhof. Ab hier zeigt sich Bali in seiner ganzen Vielfalt. 1932, die Holländer waren als Kolonialherren noch an der Macht, wurde das Museum eröffnet. Beteiligt an der Entstehung war unter anderem Walter Spies, der sich von Ubud aus des Erhalts der balinesischen Kultur angenommen hatte und einflussreiche Freunde um sich sammeln konnte. Durch das Museum kann man sich ohne Führer bewegen, allerdings sind die Exponate nur auf Englisch erklärt. Wer einen Führer mietet, der wird sicher mehr an Informationen mitnehmen. Die Führer allerdings sind nicht beim Museum angestellt, sondern interessierte Privatleute, die sich so ihr Haushaltsgeld aufbessern. Der Preis für eine Führung sollte vorher ausgehandelt werden.

Das Museum bietet einen guten Überblick über die balinesische Kunst und Architektur – von der Frühzeit bis zur Gegenwart. Die Historie der Insel samt wenig erfreulichen Kapiteln über die Kolonialherrschaften wird beleuchtet und Geschichte somit lebendig. Im Innenhof des Museums kann man die Architektur von Bali kennenlernen, darunter den Aufbau eines Tempels. In den umliegenden Gebäuden werden Sitten, Gebräuche und Religion vorgestellt. Ein rund zweistündiger Besuch des Museums passt gut am Vormittag, dann bleibt der Nachmittag für den Markt.

# Von Obst und Gemüse bis Souvenirs

Ein Aufenthalt im Markt Pasar Badung lässt sich gut mit einem Besuch im Bali-Museum kombi-

*Einfach gut!*

## ESSEN AUF DEM KERENENG-NACHT-MARKT

Natürlich gibt es auf dem Pasar Badung die für Bali üblichen Imbiss-Stände mit Suppe, Nudeln und Reis. Wer es wie die Balinesen machen will, lässt sich seine Suppe in eine Plastiktüte abfüllen und nimmt diese mit auf die weitere Reise. Wer einen typischen Nachtmarkt und dessen kulinarische Vielfalt kennenlernen will, der besucht den Pasar Kereneng im gleichnamigen Stadtteil. Tagsüber ein normaler Markt mit gut 1000 Ständen und dem marktüblichen Angebot, verwandelt er sich ab 16 Uhr zum weithin bekannten Nachtmarkt. Es gibt Köstlichkeiten wie Babi guling – zartes Schweinchen – oder javanische Spezialitäten und alle Spielarten von Nasi Campur, gemischtem Reis.

**Pasar Kereneng Night Market.** Mo–So 18–2 Uhr, Jalan Kamboja, Ost-Denpasar.

nieren. Beide Orte liegen nicht weit voneinander entfernt. Man folgt der Jalan Gajah Mada, der Hauptstraße Denpasars, Richtung Westen, und nach gut 600 Metern liegt auf der linken Seite der Markt. Links des kleinen Flüsschens steht der Pasar Badung, der Markt für Frischwaren wie Gemüse, Kräuter, Fleisch und Fisch. Pasar heißt »Markt«, Badung ist der Name der Provinz, deren Hauptstadt Denpasar ist. Es handelt sich also um den Hauptmarkt von Badung und damit den größten Markt von Bali. Hier geht es bunt und vielfältig zu, denn angeliefert werden die Frischwaren von der ganzen Insel. Es wird betrachtet, gewogen, gefeilscht und gehandelt. Obst und Gemüse sind rund um die Stände angeordnet, der Fisch riecht nach Meer, und die Marktverkäufer sind Touristen gewöhnt.

Der Pasar Badung wurde 1984 eröffnet und brannte im Jahr 2000 komplett ab. Vierstöckig wurde wieder aufgebaut. Heute ist er 24 Stunden geöffnet, an sieben Tagen die Woche. Vor den wichtigen Feiertagen wie Galungan, Kuningan oder Nyepi decken sich einheimische Familien per Großeinkauf mit allem ein, was die nächsten Tage auf der Speisekarte steht. Da sind nicht nur die Parkplätze rund um das Marktgebäude überfüllt. Anschließend holen sie im Pasar Kumbasari die Artikel, die sie für die geplanten Zeremonien brauchen.

Der Pasar Kumbasari ist dagegen rechts des Flüsschens untergebracht. Hier gibt es Stoffe, Souvenirs, Flechtwaren und einen Kunstmarkt. Im Pasar Kumbasari geht es deutlich ruhiger zu, aber ein Blick hinein lohnt allemal. Souvenirs und Handwerk kauft man aber am besten in den Orten, in denen sie hergestellt werden. Im Markt sind die Preise deutlich höher. Wer Lust zum Handeln hat, ist hier natürlich gut aufgehoben. Vielleicht ist das eine oder andere Schnäppchen drin.

**Oben:** Kreisverkehre in Denpasar werden gerne verziert – hier grüßt der Gott Bataru Guru.
**Mitte:** Was es im Pasar Badung nicht gibt, das gibt es nicht.
**Unten:** Im Pasar Kumbasari geht es weniger hektisch zu als auf dem Pasar Badung.

# Infos und Adressen

### SEHENSWÜRDIGKEITEN

**Bali-Museum (Museum Negeri Propinsi Bali).**
Tgl. 8–16, Fr 8.30–12.30 Uhr. Jalan Major
Wisnu, am Puputan-Platz. Tel. 0361/22 26 80.
Pura Jagatnatha. Der Tempel liegt neben dem
Bali-Museum und ist Sanghyang Widi geweiht,
der höchsten balinesischen Gottheit.

**Pasar Badung.** Tgl. 24 Stunden geöffnet,
Jalan Sulawesi 1, Tel. 0361/ 22 43 61.

### ESSEN UND TRINKEN

**Hongkong.** Liegt nicht weit entfernt vom Pasar
Badung und passt mit seinem chinesischen Angebot für Urlauber, die eine Abwechslung zur
balinesischen Küche suchen. Tgl. 10–22 Uhr,
Jalan Gajah Mada 99, Tel. 0361/43 48 45.

### ÜBERNACHTEN

**Inna Bali.** Hier übernachteten schon in den
1930er-Jahren Touristen aus Europa. Ein wenig
erinnern Architektur und Einrichtung noch an
diese Zeit. Jalan Veteran 3, Tel. 0361/22 56 81,
www.innabaliheritagehotel.com

### EINKAUFEN

Neben den Märkten locken vor allem die
Shopping Malls der Stadt Menschen aus nah
und fern.

**Matahari Duta Plaza.** 1989 eröffnet und damit
das älteste Einkaufszentrum Balis. Hier gibt
es alles, was das Herz begehrt und einen gut
nachgefragten Gramedia-Buchladen mit indonesischer Literatur. Tgl. 10–22 Uhr, Jalan Dewi
Sartika 4G, Tel. 0361/22 57 68.

**Robinson's.** Bekannt für das große Beklei-
dungsangebot und den ebenso großen Mc-
Donald's. Tgl. 10–22 Uhr, Jalan Sudirman 2,
Tel. 0361/23 48 94.

### INFORMATION

**Bali Tourism Board.** Hier gibt es reichlich
Broschüren und mit ein bisschen Glück kompetente Urlaubs- und Ausflugsberatung. Tgl.
9–17 Uhr, Jalan Raya Puputan 41, Renon,
Tel. 0361/23 56 00,
http://balitourismboard.or.id

Am Kaki lima, dem »Fünffüßler«, werden die Speisen immer frisch zubereitet.

# 4 Die Halbinsel Bukit
## Vergnügungspark und surfin', surfin'

**Die Halbinsel Bukit ganz im Süden von Bali besteht aus einem felsigen Plateau, das nicht oft von balinesischen Unwetterwassermassen heimgesucht wird. Hier ist es knochentrocken und heiß. Hauptattraktion für »normale Touristen« ist der Pura Uluwatu. Auf dem Weg dorthin fährt man aber an manchem vorbei, was einen Besuch wert wäre. Da gibt es einen Vergnügungspark und einzigartige Surferdörfer wie Balangan.**

Wer das Fischerdörfchen Jimbaran rechts liegen lässt und sich weiter Richtung Süden bewegt, der erreicht bald linker Hand den Vergnügungspark GWK. GWK steht für »Garuda Wisnu Kencana Cultural Park«. 1992 gegründet, ist hier auf gut zehn Hektar Fläche allerhand geboten: von Tänzen über die in Statuen gemeißelte Geschichte des Garuda Wisnu bis hin zur Möglichkeit, die eigene Hochzeit trefflich in Szene zu setzen. Der Park wird laufend erweitert, und die Expansionspläne liegen indonesisch hoch. Beispielsweise wird hier das gewaltige Garuda Wisnu Kencana Monument erbaut, das mit 120 Metern Höhe sogar die New Yorker Freiheitsstatue übertreffen soll. Geplante Fertigstellung: Oktober 2018.

## Surferdörfer zwischen den Felsen

Das Hauptpublikum auf Bukit sind allerdings Surferinnen und Surfer aus aller Welt. Die Surfspots an der Nordküste von Bukit haben klingende Namen wie Ulu's, Suluban Beach, Dreamland, Impossible Beach, Bingin oder Padang Padang. Hier

**Mitte:** Stürmisch geht es zu am Pandawa Beach – Touristenhorden gibt es noch keine.
**Unten:** Am Bingin Beach trifft sich die Surfergemeinschaft und wartet auf die Welle.

# Die Halbinsel Bukit

gibt es immer ein Stück Strand, vielleicht ein paar
Hütten, sicher aber eine Verpflegungsmöglichkeit
für hungrige Surfermägen. Auch wenn die Spots
hier unten nicht für Anfänger geeignet sind, sollte
man sich solch ein Surferdorf mit seiner ganz eigenen Atmosphäre einmal anschauen.

Ein guter Spot und nicht zu weit weg von der
Zivilisation ist Balangan Beach. Direkt am Strand
stehen einfache Holzhütten auf Stelzen, in denen
ebenso einfache Imbiss- und Übernachtungsmöglichkeiten untergebracht sind. Vor den Hütten
lässt es sich in der Brandung hervorragend surfen,
und der weiße Strand lädt zum Verweilen. Es ist
nie weit zum nächsten Bier oder zur nächsten
Suppe – und so vergehen die Tage wie im Flug.

Aus kleinen Pavillons kann man das Geschehen am
Pandawa Beach gut beobachten.

## Infos und Adressen

### SEHENSWÜRDIGKEITEN
**Garuda Wisnu Kencana Cul-
tural Park.** Tgl. 8–22 Uhr,
Jalan Raya Uluwatu, Ungasan,
Tel. 0361/70 08 08,
www.gwkbali.com

**Suluban Beach.** Kleine Surferko-
lonie mit Holzhütten, Restaurants
und Aussicht, nur ein paar Kilometer nördlich des Pura Luhur
Uluwatu. Für das Fahrzeug wird
auf dem Parkplatz ein kleiner
Beitrag fällig, dann geht's steil
hinunter an den Stand samt se-
henswertem Surferdorf.

### ESSEN UND TRINKEN
**Bukit Café.** Ganz in der Nähe
von Padang Padang gibt es
ordentliche und bezahlbare
Burger und Köstlichkeiten aus
dem Meer. Tgl. 7–22 Uhr, Jalan
Melasti Labuan Sait, Pecatu,
Tel. 0813/37 49 87 45.

### ÜBERNACHTEN
**Flower Bud.** Die 22 Bungalows
aus Bambus und Holz inmitten
eines tropischen Gartens lassen
kaum Wünsche offen. Zum Strand
ist es nicht weit. Und wer den Weg
scheut, springt in den hoteleige-
nen Pool. Jalan Pantai Balangan,
Balangan, Tel. 0816/472 23 10,
www.flowerbudbalangan.com

# 5 Jimbaran
## Fischvergnügen vom Feinsten

**Jimbaran liegt gleich südlich des Flughafens von Bali. Bei der Landung kann man rechter Hand den langen Sandstrand begutachten. Am Ende des Strands liegt das Four Seasons Resort at Jimbaran Bay, in dem Julia Roberts und ihre Crew untergebracht waren, als sie 2010 den Kinofilm Eat Pray Love drehten. Doch bekannt ist Jimbaran für die zahlreichen Fischrestaurants, die den langen Strand zieren.**

Der gut vier Kilometer lange Sandstrand in Jimbaran ist wirklich eine Versuchung. Hier fehlt die aufdringliche Strandverkäuferszene von Kuta. Man kann im seichten Gewässer gut schwimmen und baden, und zur Abenddämmerung putzen sich die Fischrestaurants direkt am Wasser fein heraus. Tische werden in den Sand gestellt, Kerzen angezündet, die Wege mit Fackeln erleuchtet. Kein Wunder, dass einige Dinnerszenen in *Eat Pray Love*

**Mitte:** Der Fischmarkt in Jimbaran gehört mit zum touristischen Pflichtprogramm auf Bali.
**Unten:** Die Fischer von Jimbaran malen ihre Auslegerboote meistens schön bunt an.

## GUT ZU WISSEN

### GRATIS-ABHOLSERVICE DER RESTAURANTS
Die großen, bekannteren und damit auch teureren Restaurants in der Gegend rund um Kuta, Legian und Seminyak bieten normalerweise einen kostenlosen Abhol- und Bringservice für ihre Gäste an. Man kann selbst dort anrufen oder den Anruf vom Hotel aus tätigen lassen. Es reicht, Abholzeit und Personenzahl anzugeben, und ein Minibus sammelt die Gäste zuverlässig ein. Zurück geht's auf demselben Weg. Am besten die Rückfahrt rechtzeitig im Restaurant anmelden, damit der Minibus nicht gerade unterwegs ist.

Der Fang des Tages wird schnellstmöglich vom Boot auf den Fischmarkt gebracht.

gleich hier gedreht wurden. Ganz nebenbei verlieh eine führende deutsche Frauenzeitschrift dem Strand das Prädikat »romantischster Ort der Insel«. Da muss etwas dran sein. Immerhin steht das Örtchen seit den 80ern für seine relaxte Atmosphäre auf der touristischen Karte von Bali, etliche Fünfsterneresorts haben sich hier angesiedelt.

## Fischmarkt und Fischrestaurants

Sehens- und fotografierenswert sind die zahlreichen bunten Fischerboote, die täglich zum Einsatz kommen. Die Holzboote sind von Hand gemacht und schön farbenprächtig bemalt. Für Urlauber mit starkem Magen mag ein Besuch im örtlichen Fischmarkt am nördlichen Ende des Ortes ein guter Einstieg zum Thema frischer Fisch sein. Je weiter der Tag allerdings voranschreitet, desto geruchsintensiver wird das Erlebnis. Wer sich das nicht antun will, der macht es wie viele andere Urlauber: Er lässt sich ab seinem Hotel mit dem Minibus abholen und pünktlich zum spektakulären Sonnenuntergang zu einem der Fischrestaurants fahren – ganz im Sinne von *Eat Pray Love*.

## Infos und Adressen

### SEHENSWÜRDIGKEITEN
**Fischmarkt.** Am besten morgens, wenn der Fang direkt aus dem Meer kommt und von den anlandenden Booten in die Halle getragen wird.

### ESSEN UND TRINKEN
**Sunset Beach Bar & Grill.** Gehört zum Intercontinental Bali Resort und ist dementsprechend teuer. Aber hier ist es schick und schön. Di–So 8–22 Uhr, Jalan Uluwatu 45, Tel. 0361/70 18 88, http://bali.intercontinental.com/sunset-beach-bar-and-grill

### ÜBERNACHTEN
**The Open House.** Nur 17 schnuckelige Zimmer mit Balkon, alle haben Blick auf den Pool, der Strand mit seinen zahlreichen Fischrestaurants ist einmal um die Ecke. Jalan Pemelisan Agung 25, Tel. 0361/70 91 60, http://theopenhousebali.com

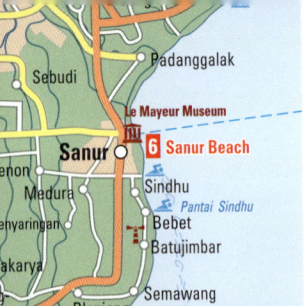

# 6 Sanur Beach
## Wo der Strandtourismus auf Bali begann

**Sanur liegt Kuta gegenüber auf der Ostseite Süd-Balis und kann mit einem wunderbaren Sonnenaufgang dienen. Mit ein bisschen Glück steht Balis Hauptberg, der Gunung Aung, ohne Wolken da – ein prächtiger Anblick. In Sanur begann der Strandtourismus auf Bali, dementsprechend hervorragend ist die touristische Infrastruktur. Hier ist es ein wenig teurer als im Westen, aber deutlich relaxter.**

Mit dem Bau des sechsstöckigen Bali Beach Hotels, heute das Grand Inna Bali Beach Hotel, begann 1966 offiziell der Strand- und Resorttourismus auf Bali. Mit Reparationszahlungen aus Japan finanzierte die indonesische Regierung das bis heute wenig ansprechende Gebäude. Sanur wurde staatlich gelenkt zum Urlaubsort, Golfplatz inklusive. Schnell entstanden weitere Hotels und Resorts, in deren Fußstapfen folgten wiederum Restaurants, Shops und Guesthouses entlang der Hauptstraße, der Jalan Danau Tamblingan. Heute ist Sanur eine gute Alternative zum quirligen Kuta. Vor dem Ort liegt ein kilometerlanger Sandstrand, der sanft in den Ozean abfällt und daher kindertauglich ist. Auch ist der Strand durch ein vorgelagertes Korallenriff geschützt. Zwischen Strand und Ort verläuft eine der Attraktionen Sanurs: der Beachwalk.

**Mitte:** Die Lobby des Grand Inna Bali Beach erzählt von großen Plänen beim Bau des Hotels.
**Unten:** Auf dem Beachwalk teilen sich Fußgänger und Radler den schmalen Weg.

## Strandwanderung vom Feinsten

Auf dem meist schattigen Beachwalk kann man das Flanieren üben oder mit dem geliehenen Fahrrad den nächsten Strand-Warung mit gekühlten Getränken ansteuern. Man kann Wassersportlern

# Wanderung auf dem Beachwalk

Sanur hat das, was andere Strandorte auf Bali und Lombok gerne hätten: eine Strandpromenade. Der als schmaler und teilweise geteerter Weg gestaltete Beachwalk beginnt im Süden des Orts am Ende der zum Strand führenden Jalan Kesumasari. Beim Kunstmarkt, dem Museum Le Mayeur und dem Fährhafen zur Nachbarinsel Nusa Lembongan endet er.

**Anfahrt:** Strand am Ende der Jalan Kesumasari. Parkmöglichkeiten vorhanden. Anreise mit eigenem Fahrzeug oder mit dem Bemo. Anschließend kurzer Spaziergang von der Jl Danau Tamblingan bis zum Beachwalk.
**Ausgangspunkt:** Strand am Ende der Jalan Kesumasari am Kesumasari Beach Hotel.
**Ziel:** Jalan Hang Tuah mit dem Fährhafen nach Nusa Lembongan.
**Schwierigkeitsgrad:** Einfach. Der Weg führt am Strand entlang und unter schattigen Bäumen hindurch. Manchmal wird er ein wenig eng, Fahrradfahrer nutzen ihn auch.
**Länge:** ca. 4 Kilometer, Wanderzeit ca. 1 Std. Höhenunterschied: 0 m
**Mitnehmen:** Sonnenbrille, Sonnenschutz und einen Hut.
**Verpflegung:** Etliche Warungs und Restaurants finden sich entlang des Beachwalk.
**Wegbeschaffenheit:** Der Beachwalk ist gepflastert. Gelegentlich gibt es Stolperfallen.
Variante: Der Beachwalk kann auch in der entgegengesetzten Richtung begangen werden.

## WICHTIGE STATIONEN

**Ⓐ Jalan Kesumasari** – Hinter dem Kesumasari Beach Hotel beginnt der Beachwalk direkt am Strand. Diesen Strandabschnitt nutzen Einheimische vor allem am Wochenende, um ihr persönliches Stück Strand mit Sack und Pack und der ganzen Familie zu erobern.

**Ⓑ Tandjung Sari** – Die Terrasse des Hotels bietet sich an für einen kleinen Snack an der Bar. Es ist das älteste Hotel in Sanur und in balinesischem Stil errichtet.

**Ⓒ Sanur Beach Grove** – Hier gibt es zahlreiche Imbiss-Stände, angeordnet um eine große Wiese. Sitzgelegenheiten sind vorhanden.

**Ⓓ Museum Le Mayeur** – Hier kann man sich das Vermächtnis des bekannten belgischen Malers anschauen.

**Ⓔ Kunstmarkt** – Souvenirs und Kleinigkeiten

**Ⓕ Fährhafen nach Nusa Lembongan** – Ab hier kann man mit einem Taxi oder Minibus zum Ausgangspunkt zurückfahren.

## FRISCHE CROISSANTS IM TANDJUNG SARI

Schon seit Gründerzeiten war das Hotel Tandjung Sari bekannt für sein Restaurant und die Strandbar. Hier gab und gibt es leckere hausgemachte traditionelle indonesische Gerichte. Die Bar entwickelte sich über die Jahre zu einem beliebten Treffpunkt für Ausländer. 2012 wurde das Strandrestaurant renoviert und mit einer modernen Küche ausgestattet. Aber moderne Ausstattung hin oder her – die Küche birgt ein leckeres Geheimnis, dem man bei einem leichten Frühstück oder einem ausgedehnten Brunch auf die Schliche kommen kann: Hier werden die zum Kaffee oder Tee gereichten Croissants noch selbst und von Hand gemacht – luftiges Stückchen für luftiges Stückchen. Die liebevolle Zubereitung mit feinen Zutaten und die kompetente Hand des Küchenchefs schmeckt man.

zuschauen und sich selbst am Kitesurfen erproben. Auch Stand-up-Paddling, Segeln und Windsurfen sind möglich.

Auf dem Beachwalk kann man in die schicken Strandresorts hineinschauen oder sich ein lauschiges Plätzchen für Lunch oder Dinner am Strand unter Palmen suchen.

Das Tandjung Sari ist beispielsweise für viele regelmäßige Sanur-Urlauber mit das erste Haus am Platz. Umso mehr, als dass es als Guesthouse bereits 1962 eröffnet wurde und die Ingenieure und Architekten des nahen Bali Beach Hotels hier Unterschlupf fanden. Seitdem ist das als balinesisches Dorf gebaute Hotel in Familienbesitz und ein Juwel am Strand von Sanur. Hier kann man in der hauseigenen Tanzschule balinesischen Kindern beim Unterricht zuschauen. Eine der Attraktionen ist der Weekend Beach Market, bei dem direkt am Strand Imbiss-Stände aufmachen mit BBQ und anderen Leckereien.

## Großes Angebot für Urlauber

Sanur ist ein gutes Ziel für Pauschaltouristen: Die Hotels haben häufig einen eigenen Strandzugang und einen gewissen Standard. Auch wenn in Indonesien Privatstrände verboten sind und somit am Strand »freie Bahn für alle« gilt, so passen Wachleute auf, dass in erster Linie die Hotelgäste eine Liege und ein Handtuch bekommen. Und in Ruhe gelassen werden, falls sie das möchten. Ein kleiner Spaziergang aus den Mauern des Hotels heraus lohnt sich aber immer. Es gibt in Sanurs Straßen und Gassen teure Fischrestaurants oder japanische Küche. Es gibt Pasta, kleinste Imbiss-Stuben, stylishe Bars, reichlich Clubs und eine nette Livemusik-Kultur – aber auch entspannte Ecken und ein paar Oasen der Ruhe. Hier kann man wunderbar relaxen.

# Infos und Adressen

### SEHENSWÜRDIGKEITEN

**Museum Le Mayeur.** Hinter dem Kunstmarkt liegt das sehenswerte Museum im früheren Wohnhaus des belgischen Malers Adrien-Jean Le Mayeur de Merpres (1880–1958). Er verbrachte etliche Jahre seines Lebens auf Bali und war verheiratet mit einer der bekanntesten Tänzerinnen der Insel: Ni Polok. Ihr gemeinsames Leben hielt er in zahlreichen Bildern fest. Tgl. 7.30–14 Uhr, Jalan Hang Tuah, Tel. 0361/28 62 01.

### ESSEN UND TRINKEN

**Warung Little Bird.** Längst kein Geheimtipp mehr, aber die indonesischen und balinesischen Gerichte sind vom Feinsten und werden vor den Augen der Kundschaft zubereitet. Dienstag- und Freitagabend gibt's Livemusik. Tgl. 8–23.30 Uhr, Jalan Danau Tamblingan 34, Tel. 0815/58 19 54 45.

**Warung Little Thai.** Kleine Abwechslung von der balinesischen Speisekarte gefällig? Vielleicht ist der Warung Little Thai eine gute Alternative. Der Thai-Klassiker Pad Thai ist sehr gelungen. Jalan Danau Tamblingan 78, Tel. 0813/37 40 65 47.

### ÜBERNACHTEN

**Tandjung Sari Hotel.** Wunderbarer Klassiker direkt am Strand von Sanur. Hier geht's sehr familiär zu, die geräumigen und schicken Bungalows sind im Stil eines balinesischen Dorfes angelegt und dementsprechend eingerichtet. Jalan Danau Tamblingan 41, Tel. 0361/28 84 41, http://tandjungsarihotel.com

### EINKAUFEN

**Hatten Wines.** In Sanur hat man die Möglichkeit, balinesischen Wein zu verkosten. Hatten Wines eröffnete hier im April 2016 einen sehens- und genießenswerten Showroom. Mo–Fr 9–17.30, Sa 9–12 Uhr, Jalan Bypass Ngurah Rai 393, Tel. 0361/862 98, www.hattenwines.com

Im Museum Le Mayeur kann man mit dem belgischen Maler auf Zeitreise gehen.

# 7 Sanur
## Spaß für die ganze Familie

**Der Strand von Sanur ist gut geeignet für Kinder. Denn der Strand als solcher ist überschaubar, es gibt kaum Wellen, und das Wasser ist sehr flach. Auch balinesische Familien verbringen am Wochenende gerne ihre Zeit hier und schauen ihren planschenden Kids zu. Für das leibliche Wohl der ganzen Familie gibt es nicht weit von der Wasserlinie zahlreiche Warungs und den Sanur Beach Grove.**

**Mitte:** An Sanurs langem Sandstrand werden täglich Imbiss- und Obststände aufgebaut.
**Unten:** Am Wochenende bevölkern einheimische Familien den Strand – mit Spiel und Spaß.

Der Sanur Beach Grove wurde 2016 neben dem Respati Beach Hotel eröffnet. Von der Jalan Danau Tamblingan aus ist er über einen kleinen Parkplatz erreichbar, vom Strand aus über den Beachwalk. Auf einer gut überblickbaren Rasenfläche und mit Blick auf den Strand sind hier Tische und Bänke aufgebaut, umgeben von etlichen Warungs. Hier kann die ganze Familie live, in der ersten Reihe und in Farbe verfolgen, wie indonesische Mahlzeiten zubereitet werden. Die Spieße qualmen, die Nudeln im Wok duften köstlich, und die Getränke wandern eiskalt aus dem Kühlschrank in die Urlauberhände. Egal ob Saté-Spieße, BBQ oder Nasi Goreng: Die Speisen kommen frisch zubereitet auf die Teller und werden anschließend von Groß und Klein mit großem Genuss verzehrt. Für die Kleinen könnte dabei auch ein Stück Pizza abfallen. Besonders am späten Nachmittag, wenn die Sonne ein wenig nachlässt, kommen hier Familien aus nah und fern zusammen. Sie genießen ihr Picknick entweder auf Decken, die sie auf dem Rasen ausgebreitet haben, oder an den bereitgestellten Tischen. Mit Blick aufs Meer und der Nase voll Seeluft schmecken die Erfrischungen und lokalen Köstlichkeiten hier gleich doppelt so gut.

# Warungs am Strand

Am Ende der Jalan Segara Ayu, gut 100 Meter nördlich des Sanur Beach Grove, bauen eifrige Köche und Köchinnen täglich und am späten Nachmittag ihre Imbiss-Stände auf. Hier kann man leckere Saté-Spießchen auf bunten Plastikhockerchen und direkt am Strand genießen. Falls die Kids Fleisch nicht mögen, wäre vielleicht ein vegetarischer Ansatz der indonesischen Küche die Lösung: Tipat tahu vielleicht, Tofu mit dicker und würziger Erdnusssoße? Oder ein süßer Maiskolben oder süßes Gebäck? Ein perfekter Ausklang des Tages am Strand, bevor es zurück ins Hotel geht.

Wer auf dem Kunstmarkt genug gesehen hat, kann sich an einer Garküche stärken.

# Infos und Adressen

**Sanur Beach Grove.** Neben dem Respati Beach Hotel. Tgl. 11–20 Uhr, Tel. 0821/44 12 26 79.

**Strand-Warungs.** Am Strandende der Jalan Segara Ayu. Tgl. ab ca. 16 Uhr.

**ÜBERNACHTEN**
**Griya Santrian Beach Resort.** Das Resort ist besonders kinderfreundlich: Es liegt am flachen Sandstrand, und neben den Pools für die Erwachsenen gibt es einen Kids Pool. In den geräumigen Zimmern ist locker Platz für eine kleine Familie – und im Restaurant gibt es ein Kids Menu. Jalan Danau Tamblingan 47,
Tel. 0361/28 81 81,
www.santrian.com

**VERANSTALTUNGEN**
**Bali Kite Festival.** Da wird auch Papa wieder zum kleinen Jungen: Am Bali Kite Festival, das jedes Jahr Ende Juli am Strand von Sanur stattfindet, steigen die Drachen gen Himmel. Bis zu vier Meter breit und zehn Meter lang sind die Lenkdrachen, die aus ganz Bali per Transporter hergefahren werden. Ganze Dorfgemeinschaften haben gemeinsam einen Drachen gebastelt und treten hier gegen die anderen Dörfer und ihre Teams an.

# 8 Seminyak
## Von einem kulinarischen Highlight zum nächsten

**Seminyak war, wie so viele Orte im Süden von Bali, vor 20 Jahren noch ein unentdecktes Fischerdörfchen. Allerdings breitete sich die Strandszene aus Kuta immer weiter Richtung Norden aus, passierte bald Legian und eroberte Seminyak. Hier ist es nicht nur in Sachen Unterkunft und Shopping deutlich stylisher und teurer als in Kuta, doch dafür bietet Seminyak sicher die aufregendste Gastronomieszene auf Bali.**

Als 1978 am Strand von Seminyak das erste Luxushotel eröffnet wurde, das Oberoi, wurde die zum Hotel führende Straße schlicht Jalan Oberoi genannt. Denn es gab in der Gegend sonst wenig, das Oberoi war die einzige Attraktion in Seminyak. Doch der Ort mit seinem makellos weißen Sandstrand verfügte wohl über eine gewisse Anziehungskraft: Bald eröffnete in seiner Nähe das Strandrestaurant La Lucciola, direkt neben dem bekannten Tempel von Petitenget. Über eine kleine Holzbrücke geht es seitdem zu dem zweistöckigen Pavillon in einen kleinen Park, der das Restaurant stimmungsvoll umrahmt. Das La Lucciola wurde mit seiner italienischen Fusion-Küche zum Pionier in der Gastronomielandschaft Balis. Bis heute geht das Konzept auf, und die Gäste genießen bei Brunch, Lunch und Dinner exzellente Speisen. Zum Sonnenuntergang ist der Blick auf den Strand besonders schön – man sollte unbedingt einen Tisch reservieren. Heute ist aus der Jalan Oberoi die Jalan Laksmana geworden und in Sachen Gastronomie ging die Erfolgsgeschichte Seminyaks weiter. Ein Großteil der Top-10-Restaurants von Bali

**Mitte:** Das Ku De Ta lädt tagsüber zum Chillen und wird abends zum trendigen Club.
**Unten:** So hübsch angerichtet schmeckt der Klassiker Nasi Campur, gemischter Reis, noch besser.

befindet sich hier, aber auch die klassisch balinesische und indonesische Küche lohnt einen Ausflug nach Seminyak. Hier ein kleiner, leckerer Überblick.

## Orte mit schicken Namen und guten Speisen

Um die Jahrtausendwende herum gelang Seminyak ein weiterer kulinarischer Sprung. Zwei namhafte Restaurants entdeckten den beinahe makellosen Strand für sich und öffneten ihre Pforten: das Ku De Ta und weiter im Hinterland The Living Room – heute leider geschlossen.

Das Ku De Ta ist bis heute einer der bekanntesten Hotspots von Bali. Hier heißt es: sehen und gesehen werden. Die Macher sind stolz darauf, als die Trendsetter in Sachen Kulinarik und Nachtleben angesehen zu werden. Köche und Manager, die hier einige Zeit arbeiteten, eröffneten an anderen Orten Restaurants mit einem ähnlichen Konzept – ohne dem Original aber gänzlich das Wasser reichen zu können. Denn im Ku De Ta dreht sich alles um Stil und Style. Sei es die schwarze Bekleidung der Servicekräfte oder die schicke VIP-Lounge. Das hauseigene Restaurant, Mejekawi, bietet Haute Cuisine mit balinesischem Einschlag.

## Italienisch oder französisch: was das Herz begehrt

Wer Lust hat auf italienische Küche, der ist im Ultimo gut aufgehoben. Das Restaurant gilt für Fans und Kritiker als eines der besten in Bali. Hier kann man im Garten bei Kerzenlicht und unter dem Sternenhimmel speisen oder in den gut gekühlten Innenräumen schlemmen. In die Töpfe und Pfannen kommen nur die »frischesten und besten Zutaten«, so das Management. Montag- und Don-

*Geheimtipp*

**CAFÉ MIT CHARME**

Das Café Moka Bali in Seminyak wurde im Mai 1997 eröffnet und gehörte damals zu den ersten Cafés und Restaurants in Bali mit europäischem Einschlag. Heute gibt es Ableger in Canggu, Ubud, Jimbaran und Sanur. Bis heute hat das Café in Seminyak nichts von seinem Charme und vor allem von seiner Anziehungskraft verloren. Hier gibt es, wunderbar hinter einer verglasten Theke in Szene gesetzt, knuspriges Brot, bunte Kuchen, leckeres Gebäck, salzige Quiches, goldbraune Gratins und abwechslungsreiche Snacks. Da schlägt das Herz eines jeden Mitteleuropäers höher, den es auf der Reise mal wieder nach einem ordentlichen Stück Brot gelüstet. Wer will, kann sich auch einen Geburtstags- oder Hochzeitskuchen machen lassen.

**Café Moka Bali Seminyak.**
Tgl. 7–22 Uhr, Jalan Raya Basangkasa, Tel. 0361/73 14 24, www.cafemokabali.com

nerstagabend werden die kulinarischen Genüsse untermalt von sanften Jazzklängen.

Freunde der französisch-mediterranen Küche sind mehr als gut aufgehoben im Metis, gelegen im Norden von Seminyak. Hier wird Haute Cuisine gereicht mit Blick über die satten grünen Reisfelder, bei sanftem Wassergeplätscher. Sensory dining, frei übersetzt »Dinieren mit allen Sinnen«, nennt der französische Chef Nicolas Tourneville sein Konzept. Unter einem Dach vereint er ein Restaurant, eine Bar und Lounge sowie eine Galerie und eine Boutique.

## Balinesisch und indonesisch geht natürlich auch

Die Restaurants und Warungs von Seminyak bieten für jeden Geschmack und jeden Geldbeutel das Passende. Auch die Gaumengenüsse eines Nachtmarktes kann man erkunden. So sind die Angebote auf dem Taman Sari Night Market in Sachen »typisch indonesisches Essen zu günstigem Preis« in Seminyak fast unschlagbar. Nicht ganz so preis- aber einen Besuch wert ist der Warung Made II, ein Ableger des Originals in Kuta. Made II ist ein Treffpunkt für Expats und Urlauber, die die balinesische Küche lieben.

Als einer der besten Plätze für wirklich authentische balinesische Küche gilt der Warung Europa, obwohl der Name anderes vermuten lässt. Hier gibt es eine große Auswahl an Spezialitäten bis hin zu knuspriger Ente. Wer eher an einem mindestens ebenso knusprigen Schweinchen knabbern will, der sollte Babi Guling Pak Malen ansteuern. Hier ist es besonders um die Mittagszeit herum gut voll, wenn sich Einheimische und Urlauber die Klinge in die Hand geben. Denn lecker ist alles, was die Speisekarte so hergibt.

**Oben:** In der Bar Frankenstein werden die Cocktails mit viel Aufwand und Show gemixt.
**Unten:** Die Saté-Spießchen im Ananda Restaurant sind immer eine Versuchung wert.

# Infos und Adressen

### SEHENSWÜRDIGKEITEN

**Petitenget-Tempel.** Er ist klein, unscheinbar, umgeben von einem Parkplatz, und die meisten Gourmets lassen ihn auf dem Weg ins La Lucciola links liegen. Trotzdem ist der Petitenget-Tempel zumindest einen Blick wert. Denn bis heute beten und feiern hier die Einheimischen – unbeeindruckt vom sie umgebenden touristischen Umtrieb.

### ESSEN UND TRINKEN

**La Lucciola Restaurant.** Tgl. 9–23 Uhr, Jalan Laksmana, beim Petitenget-Tempel, Tel. 0361/73 08 38.

**Ku De Ta.** Tgl. 8–2 Uhr, Jalan Laksmana 9, Tel. 0361/73 69 69, www.kudeta.net

**Ultimo Italian Restaurant.** Tgl. 16.30–1 Uhr, Jalan Laksmana 104x, Tel. 0361/73 87 20.

**Metis Restaurant and Gallery.** Tgl. 17.30–23.30 Uhr, Jalan Petitenget 6, Tel. 0361/847 54 81, www.metisbali.com

**Taman Sari Night Market.** Tgl. ab ca. 16 Uhr, Jalan Tangkuban Perahu 2.

**Warung Made II.** Tgl. 9–24 Uhr, Jalan Raya Seminyak, Tel. 0361/73 21 30.

**Warung Europa.** Tgl. 11–22.30 Uhr, Jalan Petitenget 9, Tel. 0361/473 69 01.

**Babi Guling Pak Malen.** Tgl. 11–15 Uhr, Jalan Sunset Road, Tel. 0361/745 29 68.

### ÜBERNACHTEN

**Kubu Arjuna Homestay.** Eine der günstigsten Möglichkeiten, in Seminyak das müde Haupt zu betten. Liegt ruhig und zum Strand ist es nicht weit. Das Kubu Arjuna bietet einen ganz besonderen Service: Wer hier wohnt, kann sich im hauseigenen Tattoo-Studio günstig tätowieren lassen. Jalan Werkudara, Gang Arjuna 7, Tel. 0361/274 74 34.

Gutes Ziel für einen Verdauungsspaziergang: nettes Strandtempelchen in Seminyak

# 9 Hinein ins Nachtleben
## Bars und Clubs von Kuta bis Seminyak

**Kuta ist bekannt für das wilde Nachtleben, dem sich besonders Horden von sonnenverbrannten Australiern widmen. In der Tat gibt es auf der Strecke zwischen dem Flughafen und Seminyak hunderte von Bars, Clubs und Discos. Etliche sind schon lange da, andere öffnen spontan in Garagen, machen Werbung für sich, und verschwinden dann wieder von der Partyagenda. Aber für Spaß und Stimmung ist immer gesorgt.**

Eingeläutet wird das Nachtleben in Kuta klassisch mit einem Besuch des Strands. Und zwar zu Sonnenuntergang. Im Sand sitzen jetzt tausende von Menschen aus aller Welt. Wer es nicht schon hinter sich hat, der besorgt sich bei den Strandverkäufern das erste Bier des Abends. Wer ein bisschen Handgeld sparen will, hat sich sein eigenes Fläschchen mitgebracht aus einem der M-Mini-Märkte an der Jalan Pantai Kuta. Ist die Sonne erfolgreich und farbenprächtig gesunken, kann es langsam losgehen.

## Mund-zu-Mund-Propaganda hilft

**Mitte:** In der Apache Bar in Kuta ist es kein Problem, die Nacht zum Tag zu machen.
**Unten:** Für so gut wie jeden Geschmack und jedes Alter ist in den Clubs etwas geboten.

Wer nicht weiß, wohin er oder sie oder die Clique die Schritte ins Nachtleben wenden soll, der fragt einfach herum. Diese Tipps garantieren meistens einen gelungenen Abend oder eine gelungene Nacht. Auch verteilen die Clubs Handzettel in den einschlägigen Touristen-Restaurants und am Strand, auf denen die Highlights des Abends angekündigt werden.

## Hinein ins Nachtleben

Apropos Happy Hours: Diese beginnen meist vor Sonnenuntergang, also gegen 17 Uhr, und enden gegen 19 oder 20 Uhr. Die Bars und Clubs setzen darauf, dass sich ihre Kunden, erst mal warmgetrunken, schwerlich wieder wegbewegen. Und das Konzept geht recht gut auf. In der Happy Hour, normalerweise durch ein Schild oder Aushang angekündigt, ist das Bier deutlich günstiger, die Cocktails auch, oder es gibt drei zum Preis von zwei, manchmal gilt die Happy Hour nur für den weiblichen Teil der Kneipen- und Partygeher.

Es gibt eine weitere Möglichkeit, den ersten Schritt ins Nachtleben zu wagen: dem Sound oder vielmehr dem Rave nachgehen. So funktioniert beispielsweise der Sky Garden in Kuta. Der Club liegt direkt gegenüber dem Bali Bombing Memorial Monument und teilt ab 18 Uhr den dort andächtig Stehenden mit, dass es langsam Zeit für die Party wird. Praktischerweise gibt es gleich eine Happy Hour und ein günstiges BBQ dazu. Und die Nacht kann beginnen.

## Party am Ground Zero

Die erste Adresse in Kuta für eine wilde Nacht ist die Hauptstraße, die Jalan Legian. Wer beispielsweise auf Höhe der Poppies Gang I oder dem Büro von Perama seine Schritte nach links wendet und die rechte Straßenseite nimmt, der passiert erst Paddy's Pub, dann Bounty, dann die Apache Reggae Bar und kommt am Bali Bombing Memorial Monument und dem Sky Garden an. Das Paddy's stand früher an der Stelle des Monuments und wurde am 12. Oktober 2002 von muslimischen Fundamentalisten in die Luft gesprengt. Die gesamte Partymeile in Kuta war betroffen. 202 Opfer aus 22 Nationen gab es: darunter Australier, Indonesier, Briten, Amerikaner und Deutsche. Doch das

*Geheimtipp*

### ZIELE FÜR SCHWULE UND LESBEN

Bali ist bekannt für seine Schwulen- und Lesbenszene, die Menschen aus der ganzen Welt auf die Insel zieht. Schon in den 1930er-Jahren kamen US-Amerikaner und Europäer nach Bali, um hier mit Gleichgesinnten zusammenzukommen. Auch die jungen Balinesen waren ein schöner Anblick, dem mancher Urlauber nicht widerstehen konnte. Seminyak bildet mit seiner ausgelassenen Nachtclubszene den Mittelpunkt für die Gay-Szene. Hier können Mann und Frau gut feiern. Bekannte Adressen, die von der ganzen Insel aus regelmäßig angefahren werden, sind beispielsweise das Facebar, Bali Joe und Mixwell. In allen kann es gut voll werden, auch Heteros sind willkommen. Hauptsache, alle haben ihren Spaß.

**Facebar (F-Bar).** Tgl. 20–3 Uhr, Jalan Camplung Tanduk 9, Tel. 0361/73 78 97, www.facebook.com/bali.facebar

**Bali Joe.** Tgl. 15–3 Uhr, Jalan Camplung Tanduk 8, Tel. 0361/ 73 09 31, www.balijoebar.com

**Mixwell Bar.** Jalan Abimanyu Dyanapura 6, Tel. 0361/73 68 46, www.facebook.com/ mixwellbarbali

**Oben:** Die Espresso Bar in Kuta glänzt mit Live-Acts und uriger Atmosphäre.
**Unten:** Tubes Bar and Restaurant ist ein Klassiker in Kuta und immer gut besucht.

ist lange her. Die Kreuzung am Monument, auch Ground Zero genannt, ist kein Ort der Andacht mehr – früher Partyzone, heute Partyzone. Die Straßen sind voll mit den Menschen der Nacht, den Party People. Diese Ecke in Kuta ist nach wie vor die erste Wahl für Leute, die günstige Unterhaltung und Vergnügen suchen. Wer Nachtleben mit mehr oder überhaupt mit Stil genießen will, der schwingt sich ins Taxi und fährt nach Seminyak.

## Fine Dining und Clubbing

In Seminyak hat sich eine Nachtclub-Szene etabliert, die deutlich feiner ist als in Kuta. Hier beginnt der Abend beispielsweise bei einem Dinner im Ku De Ta, immer aber in einem Beachclub am Strand, bei Sonnenuntergang. Die Clubs sind elegante, schicke, stylishe Locations. Auf dem Abend- und Nachtprogramm stehen häufig Livemusik oder zumindest ein DJ – oft mit bekanntem Namen. Man muss sich gar nicht in die stickigen Gassen hinter dem Strand bewegen, um eine gute Zeit zu haben. Da gibt es neben dem Klassiker Ku De

# Hinein ins Nachtleben

Ta den Potato Head Beach Club oder Double-Six Rooftop, eine Bar im Double-Six Luxury Hotel.

Wen es dann doch irgendwann vom Strand wegzieht, der könnte bei Shisha, Techno und Cocktail im OPIVM landen – ausgesprochen Opium. Der Name ist Programm. Hier wird jeder Tisch individuell betreut, da bleiben keine Wünsche offen. Die Partymeile in Seminyak ist die Jalan Petitenget. Hier trifft man sich zur Nachtstunde auch gerne in der Mirror Bali Lounge and Club, die wie eine gotische Kathedrale gestaltet ist. Auch gut ist das Motel Mexicola, gleich um die Ecke. Hier gibt's Tacos, kaltes Bier, Latin Music und vielleicht fällt auch ein Latin Lover ab. Und wer sich jetzt nicht nur nach Mexiko, sondern vielleicht nach Europa oder gar Deutschland zurückwünscht, der endet sicher im 2015 eröffneten Koh Bali. Hier sieht es aus wie in einem Berliner Club, und das ist Absicht. Per House, Techno House und Deep House wird die Nacht zum Tage.

Im Char Char Bar and Grill Restaurant in Seminyak geht es eher ruhig zu.

# 10 Shoppingparadies Kuta
## Schicke Malls und sehenswerte Kunstmärkte

**Vor 15 Jahren gab es in Kuta nur ein paar kleine Läden oder Künstler, die ihr Handwerk in ihrem Shop ausstellten. Die gibt es noch, aber heute kann man locker einen ganzen Tag in gut gekühlten Einkaufscentern verbringen, den Shopping Malls. Wie im Klassiker am Kuta Beach, dem Discovery, und weiter Richtung Legian im schicken Flaggschiff Kuta Beachwalk – dazwischen lädt der Art Market zum Entdecken.**

Eine Mall ist eine Art Gesamtkunstwerk. Denn hier wird nicht nur eingekauft, man kann fein speisen und dabei Pianoklängen lauschen. Man kann sich an Spielautomaten die Bälle zuschießen – was auch die Kleinen freut –, ein Eis essen oder einfach die gekühlte Luft genießen und den anderen beim Shoppen zuschauen. Natürlich gibt es hier auch SIM-Karten und eine Apotheke. Anschließend und frisch gestärkt geht es wieder zurück zum anstrengenden Strandleben. Und, ganz nebenbei, kann man in Kuta günstig Klamotten einkaufen. Denn einiges, was in Europa designerlabelverziert auf den Kleiderbügel kommt, wird in Indonesien oder gleich auf Bali gefertigt. Ohne Label sind die Stücke deutlich günstiger, aber genauso gut verarbeitet.

Wer gar nichts mit Malls anfangen kann, für den gibt es immer noch reichlich Shops in den Gassen von Kuta und Legian. Hier wird echtes oder unechtes Kunsthandwerk an den Mann und die

In der Jalan Legian kann man nicht nur Klamotten kaufen, sondern auch Kunst.

Das Beachwalk Shopping Center bietet Open-Air-Shopping in gekühltem Ambiente.

*Nicht verpassen*

Frau gebracht. Hier gibt es die Dinge des täglichen Lebens wie Sarongs, Taschen, Tücher, Warane aus Holz, Ölbilder, Aquarelle, geschnitzte Masken, Flip-Flops, Badehosen und und und. In den Shops kann man seine Fertigkeiten im Handeln perfektionieren, in den Malls sind die Preise fix. Beides hat etwas für sich. Und wenn viele Shops auf kleinem Raum, einem Platz oder in einer Halle zusammenkommen, so heißt das Art Market, also »Kunstmarkt«. Jeder touristische Ort auf Bali hat mindestens einen Kunstmarkt, der von Kuta ist recht beliebt.

## Entdeckungen in der Discovery Mall

Die Discovery Mall liegt gegenüber dem Waterbom Park und ist eine der größten Malls auf Bali, mit Sicherheit die größte von Kuta. Auf der einen Seite erstreckt sich der lange Kuta Beach, auf der anderen die Hauptverbindungsstraße zwischen Kuta und dem Flughafen, die Jalan Kartika Plaza. In die Discovery Mall kommen Einheimische und Touristen, hier wird kräftig eingekauft. Drei Stockwerke gibt es, Restaurants, Cafés, Geldwechsler. Und hier residiert der erste Kondom-Shop Indonesiens. Aus dem dritten Stock hallt es mächtig, denn hier ist die lautstarke Spielhalle

### COOLE SURF-KLAMOTTEN ZUM GÜNSTIGEN PREIS

Neben den gefühlten 3000 Shops in Kuta, die alle dasselbe Sortiment haben, gibt es gefühlte 1500 Surfshops. Hier gibt es nicht nur Surfbretter, sondern auch Sonnenbrillen, Flip-Flops und natürlich Surfklamotten nach der neuesten Mode. Ein Besuch und ein wenig Stöbern lohnt sich immer. Für einen ersten Einblick ist The Pit Surf Shop gut geeignet. Für Frauen und angehende Surferinnen ist Surfer Girl eine gute Adresse. Wer ein bisschen Zeit mitbringt, schaut sich vor allem die Sonderangebote an. Denn da lohnt sich der Einkauf doppelt. Qualitätsware von internationalen Surfer-Labels wie Quiksilver oder Rip-Curl, Stussy oder Volcom gibts hier zum Schnäppchenpreis.

**The Pit Surf Shop.** Tgl. 9.30–22 Uhr, Jalan Legian 64, Kuta, Tel. 0361/76 33 57.

**Surfer Girl.** Tgl. 9–22.30 Uhr, Jalan Legian 138, Kuta, Tel. 0361/75 26 93.

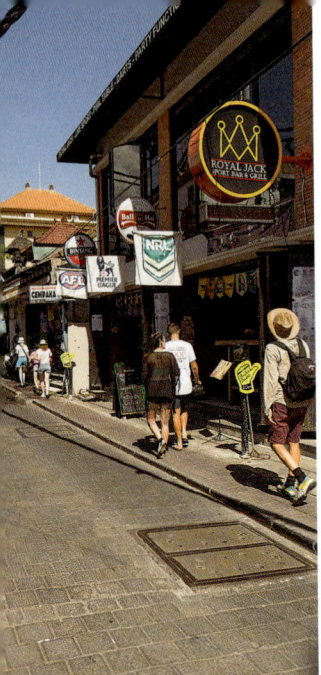

untergebracht. Im zweiten Stock gibt es Mode. Indonesische Originale, Fakes mit angenähten Westmarken-Labels und internationale Marken. Die indonesischen Originale haben interessante Markennamen: Da gibt es Fladeo für Plastikschuhe, C.K.F für den eher urbanen Look, Hugo für Männerbekleidung im westlichen Stil und Hammer für die jüngere Generation. Wer an indonesischer Batik interessiert ist, ist im Shop von Batik Keris gut aufgehoben.

## Open-Air-Shopping im Kuta Beachwalk

Wer eher auf Versace und Armani steht, der wird sich im Kuta Beachwalk wohlfühlen. Direkt an der Jalan Pantai Kuta gelegen, bietet der Beachwalk 3,7 Hektar Shoppinggenuss samt zweistöckiger Tiefgarage. Über der Erde und in zwei Geschossen gibt es mehr als 200 Läden, Cafés und Restaurants. Allein die Architektur macht den Beachwalk zu einem Hingucker: Das Gebäude schwingt sich organisch wie ein Reisfeld um einen Innenhof mit Teichen, Wasserfällen und Bächen. Parkähnlich geht es hier zu. Neben dem Einkauf kann man sehr schön Flanieren oder von einem der Cafés auf dem Oberdeck Richtung Strand schauen.

## Kunsthandwerk auf dem Kunstmarkt

Der Kuta Art Market liegt direkt am Strand, ganz in der Nähe der Discovery Shopping Mall. Korrekt heißt er Pasar Seni Desa Adat Kuta, frei übersetzt: »Kunstmarkt des traditionellen Dorfes Kuta«. Hier gibt es in Dutzenden engen und überladenen Shops reichlich balinesische Souvenirs und Kunsthandwerk. Wie wäre es mit einem bunt bemalten Mini-Surfbrett? Oder einer mindestens ebenso bunten Gitarre als Schlüsselanhänger?

**Oben:** In den Shops in der Poppies Lane II in Kuta kann man gut verhandeln.
**Unten:** Die Poppies Lane I bietet eine große Auswahl – wie wär's mit einem Sarong?

## Infos und Adressen

### SHOPPING MALLS UND KUNSTMÄRKTE

**Discovery Mall.** Tgl. 10–22 Uhr, Jalan Kartika Plaza, Kuta, Tel. 0361/75 55 22, www.discoveryshoppingmall.com

**Kuta Beachwalk.** Vielleicht die schickste Mall in Kuta, sicher die mit der schönsten Aussicht über den Strand. Tgl. 10.30–22.30, Fr & Sa 10–24 Uhr, Jalan Pantai Kuta, Kuta, Tel. 0361/846 48 88, http://beachwalkbali.com

**Kuta Art Market.** Tgl. 8–22 Uhr, Jalan Bakung Sari, Kuta.

**Lippo Mall Kuta.** Moderne Mall mit schicker Architektur und ebenso schicken Einkaufs- und Speisemöglichkeiten. Ein zentraler Anlaufpunkt für Einheimische und Urlauber ist der Hypermart, wo es wirklich alle Dinge des täglichen Lebens gibt. Tgl. 10–22 Uhr, Jalan Kartika Plaza, Kuta, Tel. 0361/897 80 00, http://m.lippomalls.com

**Mal Bali Galeria.** Liegt ein wenig außerhalb, dafür ist das Parkplatzangebot umso größer. Nach eigener Aussage heißt das Konzept der Mal Bali Galeria »enjoy, play, eat, shop« – und das für die ganze Familie. Tgl. 10–22 Uhr, Jalan Bypass I Gusti Ngurah Rai, Kuta, Tel. 0361/75 52 77, www.malbaligaleria.co.id

**Carrefour Plaza Kuta.** Ableger der französischen Supermarktkette und schon lange auf Bali. Nicht ganz so schick wie die Konkurrenten, aber nach wie vor sehr beliebt, vor allem bei Langzeiturlaubern und Expats. Tgl. 8–22 Uhr, Jalan Sunset Road 8, Kuta, Tel. 0822/08 25 51 25, www.carrefour.co.id

**Merta Nadi Art Market, Legian.** Der Kunstmarkt in Legian ist nicht so beliebt wie der in Kuta, aber das Angebot gleicht sich im Großen und Ganzen. Souvenirs, T-Shirts, gefälschte Uhren und Sonnenbrillen, alles da Tgl. 9–21 Uhr, Jalan Melasti, Legian.

An der Wand des Poppies Hotels haben sich einheimische Künstler verewigt.

# 11 Canggu
## Grüne Reisfelder bis ans Meer

**Wer Seminyak Richtung Nordwesten und immer am Wasser entlang verlässt, der erreicht bald eine kleine, touristisch aufstrebende Gemeinde: Canggu. Diese liegt ungefähr auf halber Strecke zwischen Seminyak und dem berühmten Tempel von Tanah Lot. In Canggu lohnt mehr als nur ein Zwischenstopp: Die sattgrünen Reisfelder ziehen sich bis ans Meer, dort wird in der Brandung gesurft und dazwischen liegen schöne Villen.**

Eine weitere Besonderheit an den hiesigen Stränden Berawa, Echo, Pererenan und Seseh ist der grau-schwarze Sand. Dazu ein feiner Dunst, den die Brandung des Ozeans in der Luft verteilt, dann wird die Stimmung fast ein wenig magisch. In Canggu kommt also das zusammen, was für viele Besucher Bali ausmacht: ländliches, scheinbar unberührtes Leben und Reisterrassen, so weit das Auge reicht. Kein Wunder, dass sich viele Menschen aus dem Westen hier ein Häuschen im Reisfeld bauen und sehr gelassen dem Ruhestand entgegensehen oder ihn leben. Unterkünfte sprießen hier wie Pilze aus dem Boden – vom einfachen Guesthouse bis zum schicken Strandresort – Zimmer gibt es normalerweise reichlich, reservieren ist auch in der Hauptsaison nicht nötig.

**Mitte:** In Canggu kann man durchaus einem Reisbauern bei der Arbeit zuschauen.
**Unten:** Der balinesische Reis kommt normalerweise ohne Kunstdünger aus.

Einige der Beaches von Canggu sind benannt nach den Tempeln, die hier unten die Küste bewachen. So überblickt der aus schwarzem Stein gebaute Pura Batu Mejan ein Stück Strand vor Canggu, Mejan Beach. Dieses Stückchen oder vielmehr die Brandung davor hat Surfgeschichte geschrieben und heißt seit seiner Entdeckung durch die Surf-

Die beeindruckenden Reisterrassen sind überall auf Bali ein echter Hingucker.

Einfach gut!

community Echo Beach. Am Strand und mit Blick auf die Surfer und Surferinnen im kalten Ozean hat sich seitdem eine Infrastruktur entwickelt, mit Bars, Restaurants und reichlich Shops. Abends und nachts kommen die Party People auf ihre Kosten, ohne nach Seminyak ausweichen zu müssen. Am Strand selbst kann man bis Seminyak laufen oder in die andere Richtung zum Tempel von Tanah Lot. Dabei begegnen einem sicher Junkungs, die traditionellen Fischerboote mit ihren Auslegern. Mit ein bisschen Glück bietet der Fischer am frühen Morgen den Fang des Tages an.

## Originelle Szene

In Canggu gibt es keine Hauptverkehrsadern. Die schmalen Straßen und Gässchen wurden aus den Reisfeldern herausgeschnitten und verbinden die »Ortsteile« und Beaches miteinander. Da immer mehr Menschen entweder als Surfer, Urlauber oder Hausbauer die Gegend entdecken, kommen jedes Jahr neue Straßen dazu, die vornehmlich Ost-West-Verbindung schaffen. Mit den Urlaubern und den Straßen kommt auch eine junge, frische und originelle Szene ins Dorf. Man trifft sich in

**DEUS EX MACHINA**

An der Straße auf dem Weg zum Canggu Beach liegt rechter Hand ein interessantes Gebäude mit einem ebenso interessanten Konzept und Innenleben: Deus Ex Machina – Temple of Enthusiasm. Der »Gott aus der Maschine – Tempel der Begeisterung« ist ein australisches Projekt. Hier werden handgefertigte Fahrräder angeboten, »Vintage«-Motorräder und natürlich selbst gebaute Surfboards. Daneben gibt es eine Fahrradwerkstatt, eine Kunstgalerie und ein Café samt Restaurant mit thailändischer Fusion-Küche und Ausblick auf die Reisfelder. Sonntagabend wird getanzt, einmal die Woche ist Kinotag.

**Deus Ex Machina – Temple of Enthusiasm.** Tgl. 7–22, Sa bis 23 Uhr, Jalan Batu Mejan 8, Tel. 0811/38 81 50, http://deuscustoms.com

der inoffiziellen Dorfmitte im beliebten Betelnut Café im zweistöckigen Holz- und Bambusgebäude – eine »In-Location« mit einem Ruf über Canggu hinaus. Smoothies und Säfte, vegetarisch und vegan, die Speisekarte lässt keine Wünsche offen. Nebenan lockt die 2012 von zwei französischen Brüdern gegründete Bäckerei Monsieur Spoon mit frischem Gebäck, von Hand gefertigt. Auch die internationale Küche ist in Canggu gut vertreten. Französisch, italienisch, spanisch oder mexikanisch, für jeden Geschmack ist etwas dabei. Die Surfer geben den Lebensstil vor, daher gibt man sich betont locker und lässig in Canggu.

## Reiten am Strand

Canggu hat auch dank seiner Pferdeställe eine feste Fangemeinde. Der bekannteste Stall ist das Bali Equestrian Centre. Hier stehen auf 2,5 Hektar gut 40 einheimische und importierte Pferde für Ausritte bereit – ein Abenteuer für die ganze Familie. Man kann Ponys ausleihen oder Reitunterricht nehmen. Weiter im Norden von Canggu befindet sich Bali Island Horse Stables. Hier sind die Attraktion Ausritte am Strand von Canggu.

## »Yoga, Surf, Bike«

Natürlich wird in Canggu auch richtig gesurft, nicht nur in den Bars darüber geredet. Interessierte können das Wellenreiten lernen, Erfahrene sich unkompliziert ein Board ausleihen. Und wer das komplette Freizeitpaket haben will, der schlüpft im The Chillhouse unter: »Yoga, Surf, Bike« heißt das Konzept, was nichts anderes heißt, als dass man hier wohnen und sich ökologisch und im Einklang mit der Welt verpflegen lassen kann. Yoga steht genauso auf der Tagesordnung wie Touren mit dem Mountainbike und logischerweise Surfen – vielleicht am berühmten Echo Beach.

**Oben:** Manch Reisbäuerin hat sich auf die Touristen eingestellt und verkauft Postkarten.
**Unten:** Canggu ist bekannt für die Surfspots vor der Küste, dazu gehört Echo Beach.

# Infos und Adressen

### SEHENSWÜRDIGKEITEN
Die Strände bei Canggu sind auch für
Nicht-Surfer immer einen Spaziergang wert.

### ESSEN UND TRINKEN
**Betelnut Café.** Tgl. 7–22 Uhr, Jalan Pantai Batu
Bolong 60, Tel. 0821/46 80 72 33.

**Monsieur Spoon.** Tgl. 6.30–22 Uhr, Jalan
Pantai Batu Bolong 55, Tel. 0878/62 80 88 59,
www.monsieurspoon.com

### ÜBERNACHTEN
**The Chillhouse.** Jalan Kubu Manyar 22,
Tel. 0812/39 58 30 56,
www.thechillhouse.com

**Echoland.** Die nette Anlage direkt an der Zufahrt zum Echo Beach bietet gute Zimmer rund
um einen Pool im Innenhof. Natürlich gibt es
auch Yoga- und Surfangebote. Jalan Pantai
Batu Mejan, Echo Beach, Tel. 0361/846 92 58,
www.echolandbali.com

**Serenity Eco Guesthouse and Yoga.** Nur zwei
Fußminuten vom Strand entfernt liegt diese
Ruhe-Oase mit Öko-Touch und Yoga. Jalan
Nelayan, Tel. 0361/846 92 51,
www.serenityecoguesthouse.com

### AUSGEHEN
**Sand Bar.** Liegt direkt am Echo Beach und
kommt mit dementsprechendem Ausblick.
Tagsüber wird gechillt, abends getanzt.

**Old Man's.** Tolle Strandbar am Beach von
Batu Bolong mit annehmbaren Preisen und
guter Atmosphäre. Jalan Pantai Batu Bolong,
Tel. 0361/846 91 58, http://oldmans.net

### AKTIVITÄTEN
**The Practice Bali.** Yogaunterricht und -stun-
den in entspannter Atmosphäre und einem architektonisch beeindruckenden, zweistöckigen
Pavillon. Es werden auch Vorträge und Workshops angeboten. Jalan Pantai Batu Bolong 94,
Tel. 0812/36 70 21 60,
www.thepracticebali.com

**Bali Equestrian Centre.** Tgl. 7.45–11.45 &
14.45–18.45 Uhr, Jalan Karang Suwung,
Brawa, Canggu, Tel. 0361/844 65 33,
www.baliequestriancentre.com

**Bali Island Horse Stables.** Mo–Sa 10–18 Uhr,
Jalan Pantai Yeh Gangga II, Sudimara,
Tel. 0361/846 96 16,
www.baliislandhorse.com

Am Batu Belig Beach lässt es sich auf Kissen und unter Schirmen gut aushalten.

**Mitte:** Der Tempel Pura Tanah Lot ist besonders bei Sonnenuntergang einen Besuch wert.
**Unten:** Aus dem Fels fließe, so heißt es, heiliges Wasser für Reinigungszeremonien.

# 12 Tanah Lot
## Über dem Ozean schwebender Tempel

Der Tempel von Tanah Lot ist eines von Balis berühmtesten Wahrzeichen, wenn nicht das berühmteste. Die Besucherzahlen sprechen eine eindeutige Sprache: 2016 kamen 3,2 Millionen Neugierige und Interessierte, um den Tempel zu besichtigen. Der kleine Schrein sitzt auf einem Felsen, der scheinbar über den Gestaden des Ozeans schwebt und von dessen Wellen umspült wird. Nicht nur bei Sonnenuntergang ein starker Anblick.

Der Tempel von Tanah Lot liegt nahe des Ortes Beraban und hat eine eigene Website. Hier wird in fünf klar formulierten Punkten erklärt, was einen Besuch des Tempels zu einem besonderen Erlebnis macht. Frei übersetzt:

1. Der Tempel von Tanah Lot steht beinahe im Meer, wenn Flut ist. Aus vielen Gründen war der Ort etwas Besonderes.

## GUT ZU WISSEN

### BESTE BESUCHSZEIT
Die Tempelanlage ist tagsüber gut besucht, wenn nicht sogar überlaufen. Die besten Zeiten für einen Besuch sind die Stunden, bevor die Touristenbusse eintreffen oder nachdem sie abgefahren sind. Tanah Lot im Sonnenuntergang ist sicher eines der meistfotografierten Motive Balis, man sollte sich rechtzeitig einen guten Platz sichern. Wer die Möglichkeit hat, stellt sich an den Abschlag von Loch 7 auf dem Golfplatz des Nirwana Resorts. Der Blick von hier oben auf den Tempel ist »unschlagbar«.

# Strandwanderung nach Tanah Lot

Von Kuta, Legian oder Seminyak Beach kann man eine Strandwanderung mit Hindernissen bis zum Tempel Tanah Lot machen. Am besten startet man am frühen Morgen, wenn die Sonneneinstrahlung noch nicht so intensiv ist. Anfahrt: mit dem Bemo, dem Taxi oder dem eigenen Fahrzeug. Das kann man am Parkplatz vor dem Tempel Pura Petitenget am Strand von Seminyak abstellen.

**Ausgangspunkt:** Pura Petitenget in Seminyak. Ziel: Tempel Tanah Lot.
**Schwierigkeitsgrad:** Strandwanderung. Länge: ca. 10 km, Wanderzeit ca. 3 Std.
**Mitnehmen:** Wasser, Sonnenhut. Festes Schuhwerk, das man allerdings gelegentlich ausziehen muss.
**Verpflegung:** ausreichend Trinkwasser. Imbiss-Stände, Cafés und Restaurants gibt es an den einzelnen Stränden und in Tanah Lot.
**Wegbeschaffenheit:** ebene Strecke im Sand, Steine, Felsen und Furten müssen überquert werden.

**Ⓐ Pura Petitenget in Seminyak** – Nach einer kurzen Besichtigung des Tempels begibt man sich an den Strand und geht nach rechts, in nördlicher Richtung.

**Ⓑ Berawa Beach** – Spätestens hier lohnt sich ein Blick zurück: Der Strand von Kuta, Legian

Auf der Wanderung passiert man auch den einsamen Strand von Yeh Gangga.

und Seminyak liegt in aller Pracht hinter einem.

**Ⓒ Canggu und Echo Beach** – Erreicht man nach gut 5,5 km. Hier lohnt sich eine Frühstückspause. Es gibt einige Restaurants. Jetzt ist der Strand felsiger, und man muss eventuell ein wenig klettern. Es wird einsamer, hinter dem Ort Seseh fühlt man sich doch recht allein auf der Welt.

**Ⓓ Mencening Beach** – Hier muss man ein wenig ins Hinterland ausweichen, und die letzten Kilometer vor Tanah Lot geht man auf schmalen Wegen durch Wiesen und Felder. Bald erreicht man den Golfplatz des Nirwana Resorts. Am Strand geht es jetzt nicht weiter, da bald ein reißender Fluss zu kreuzen wäre. Daher folgt man der Zufahrtsstraße des Resorts bis zur Jalan Raya Tanah Lot. Ab dort sind die letzten 15 bis 20 Minuten auf der Straße zurückzulegen, dann grüßen die Touristenbusse vom riesigen Parkplatz von Tanah Lot herüber.

**Ⓔ Tanah Lot** – Nach einer Tempelbesichtigung kann man mit einem Bemo oder einem Taxi zurückfahren.

2. Eine Höhle mit heiligen Schlangen liegt an der Vorderseite des Felsens. Die Menschen glauben, dass diese den Tempel bewachen.
3. Der Tempel ist bei Sonnenuntergang sehr schön anzuschauen.
4. Alle sechs Monate gibt es eine Zeremonie; in derselben Woche wird auch im Pakendungan Tempel eine abgehalten.
5. Tanah Lot, das ist ein felsiger Strand, der nette Wellen verursacht.

Da steckt einiges an Versprechen drin. Und wer der Legende von Tanah Lot lauscht, der erfährt auch von der Gründungsgeschichte des Tempels.

## Die Legende von Tanah Lot

Tanah Lot wurde durch den javanischen Priester Nirartha gegründet, der auch für den Pura Luhur Uluwatu auf der Halbinsel Bukit verantwortlich zeichnet. Auf seinen Reisen rund um die Insel kam er hier vorbei und errichtete am Strand einen kleinen Schrein. Mit dieser Tat wollte er Baruna huldigen, dem Gott der Ozeane. Nachdem der Schrein errichtet war, wollte Nirartha sicherstellen, dass auch die Dorfgemeinschaft von Beraban seine Absicht verstanden hatte und sich weiterhin um den Schrein kümmern werde. Doch der Dorfchef hatte

**Oben:** Besucher können im Tanah Lot immer damit rechnen, in eine Prozession zu geraten.
**Mitte:** Die Schlangen im Felsen sind heilig.
**Unten:** Ins Innere des Tempels dürfen nur Hindus, der Anblick von außen aber lohnt immer.

# Tanah Lot

kein Interesse, sich von einem Fremden vorschreiben zu lassen, was zu tun sei. Er sammelte seine loyale Anhängerschaft um sich, um den Priester zu vertreiben. Aber Nirartha blieb hartnäckig: Kurzerhand packte er den Fels, auf dem er gerade noch meditiert hatte, und warf diesen an den Strand. Dann legte er seine Schärpen ab und verwandelte sie in Schlangen, die den Fels bewachen sollten. Dem Dorfchef blieb nichts anderes übrig, als die übermächtigen Kräfte von Nirartha anzuerkennen. Zur Belohnung schenkte ihm Nirartha vor seiner Abreise einen geweihten Kris – einen verzierten Dolch –, der bis heute zu den historischen Stücken gehört, die im Königlichen Palast von Kediri bewahrt werden. Jedes Jahr an Kuningan tragen Pilger dieses Relikt auf einer elf Kilometer langen Pilgerwanderung zum Tempel Luhur Pakendungan. Hier hatte Nirartha vorher meditiert. Und damit war im wahrsten Sinne des Wortes der Grundstein gelegt für den Tempel, der anfangs Tengah Lod hieß, »im Meer gelegen«.

Um zum Tempel zu gelangen, müssen Besucher erst eine Ladenpassage passieren. Hier gibt es weitere kleine Schreine, Restaurants und einen kleinen Park, in dem regelmäßig Tanzvorführungen stattfinden. Der Tempel selbst darf nur von Gläubigen besucht werden.

Besucher müssen an vielen Souvenirständen vorbei, bevor sie den Tempel sehen.

### SEHENSWÜRDIGKEITEN
**Pura Tanah Lot.** Tgl. 7–19 Uhr, Jalan Raya Tanah Lot, Beraban, Tel. 0361/88 03 61, www.tanahlot.net/home

### ESSEN UND TRINKEN
**Gloria Jean's Coffee Tanah Lot.** Liegt gleich am Eingang zur Tempelanlage und bietet indonesische und internationale Speisen. Tgl. 9–19 Uhr, Jalan Raya Tanah Lot, Tel. 0361/479 05 93, www.gloriajeanscoffees.com

### ÜBERNACHTEN
**Dewi Sinta.** Die hübsche Hotelanlage mit ihren 27 Zimmern und Bungalows liegt innerhalb der Mauern der Tempelanlage von Tanah Lot. Es gibt reichlich Ausblicke, der Tempel ist zum Greifen nahe, und zum Abkühlen steht ein Pool bereit. Taman Wisata Tanah Lot, Tel. 0361/81 39 56, www.dewisinta.com

**Pan Pacific Nirwana Bali Resort.** Auf 103 Hektar bietet das Nirwana Luxus und Erholung. Highlight ist der 18-Loch-Golfplatz; von hier eröffnen sich großartige Blicke. Jalan Raya Tanah Lot, Tel. 0361/81 59 00, www.panpacific.com

### INFORMATION
Die Anreise mit öffentlichen Verkehrsmitteln kann mit Bemos bewerkstelligt werden, die ab Terminal Ubung Denpasar direkt nach Tanah Lot fahren. Ab Einbruch der Dunkelheit gibt es keinen Bemo-Service mehr ab Tanah Lot. Die meisten Besucher aber kommen mit einer geführten Tour.

# 13 Nusa Lembongan
## Nicht nur gut für einen Tagesausflug

**Die gut acht Quadratkilometer große Insel Nusa Lembongan liegt im Südosten Balis und nur 45 Minuten Fährminuten vom Ferienort Sanur entfernt. Lembongan gilt als das Sprungbrett zu den Tauchgründen der nahen Insel Nusa Penida, und es gibt eine gut ausgebaute touristische Infrastruktur. Die meisten Besucher kommen für einen Schnorchel- und Badeausflug, aber auch ein längerer Aufenthalt lohnt sich.**

Während die Nusa Penida zugewandte Küste dicht mit Mangroven bewachsen ist, glänzt die Bali zugewandte Seite mit einem langen Sandstrand und idyllischen Buchten, die zum Schnorcheln im klaren Wasser einladen. Die Welt der Mangroven im Norden der Insel kann man mit dem Kanu erobern. Hinter dem Strand geht es karge Hügel hoch und auf der anderen Seite wieder hinunter. Ungestörte Spaziergänge sind gut möglich, da es keine Autos auf der Insel gibt – nur ein paar Lieferwagen. Der Transport wird hauptsächlich mit Mopeds abgewickelt. Auch die Surfer haben Nusa Lembongan lange für sich entdeckt und reiten die Wellen über dem Hausriff von Jungutbatu.

## Netter, überschaubarer Strandort

**Mitte:** Unten liegen der Ort Jungutbatu und der Hafen, von Bali grüßt der Gunung Agung.
**Unten:** Nusa Lembongan ist bekannt für seine intakte Mangrovenwelt im Norden der Insel.

Die meisten der gut 5000 Einwohner von Lembongan leben im Ort mit demselben Namen, der sich im Inselinneren befindet. Die touristische Metropole aber ist das überschaubare Örtchen Jungutbatu, das direkt am Strand liegt. Hier gibt es reichlich Unterkünfte, Restaurants, Tauchshops,

# Rundwanderung zum Höhlenhaus

Zum Höhlenhaus Gala-Gala kann man einen schönen Spaziergang unternehmen, der an traumhaften Stränden und über grüne Hügel zum Ort Lembongan und dem dortigen Höhlenhaus führt.

**Anfahrt:** Nach Jungutbatu mit dem Schnellboot ab Sanur/Bali.
**Ausgangspunkt:** Jungutbatu, am Fährhafen. Hier angekommen, geht es nach rechts, in westlicher Richtung am Strand entlang.
**Ziel:** Jungutbatu.
**Länge:** ca. 3 km
**Höhenunterschied:** ein paar Aufstiege über die strandnahen Hügel.
**Mitnehmen:** Sonnenhut, Wasser, Baden- und Schnorchelsachen.
**Verpflegung:** An den Stränden gibt es Imbiss-Stände und Restaurants.
**Wegbeschaffenheit:** Strand, Feldwege über Hügelkuppen.

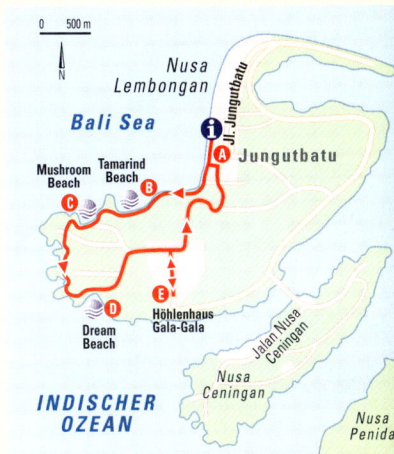

Dream Beach ist im wahrsten Sinne des Wortes ein Traum und einen Besuch wert.

**Ⓐ Jungutbatu** – Hier kann man sich mit Getränken und eventuell mit Proviant versorgen.

**Ⓑ Tamarind Beach** – Hier heißt es zum ersten Mal: Maske und Schnorchel auspacken und ins Wasser gehen.

**Ⓒ Mushroom Beach** – Erreicht man über den ersten Hügel. Hier kann man sich stärken und für die weiteren Schritte entlang wunderschöner Buchten und über Hügelrücken rüsten.

**Ⓓ Dream Beach** – Auf dem Weg hierher passiert man Sunset Beach und Semeler Beach. Am Dream Beach sollte man den Strand verlassen und schließlich der Beschilderung Richtung Gala-Gala folgen.

**Ⓔ Gala-Gala** – Das berühmte Höhlenhaus mit der interessanten Geschichte ist gut für eine halbstündige Führung. Nach einer Besichtigung geht es zurück über die Straße und den Hügel nach Jungutbatu. Wer nicht laufen will, kann sich von einem Moped-Taxi mitnehmen lassen.

## ÖKO-CAFÉ AUF LEMBONGAN

Mit einem Öko-Café rechnet in Jungutbatu kaum jemand. Doch »Bali Eco Deli« hält schon seit einigen Jahren durch und vor allem den Anspruch aufrecht, für die Umwelt zu sorgen. So ist das Bali Eco Deli das einzige Café auf Lembongan, in dem man eine kostenlose Mineralwasserfüllung bekommt für seine Glas- oder Metallflasche. Bei Plastikflaschen muss man zahlen. Denn, so das Management: »Wir mögen Plastik nicht sonderlich.« Außerdem stammen alle leckeren Produkte, die hier über die Theke gehen, aus ökologischem und, wenn möglich, sogar aus fairem Handel. Das Café hat für Lembongan ein eigenes Recyclingprogramm entwickelt: Einmal im Monat wird Plastik auf der Insel eingesammelt und nach Bali zur Wiederverwertung geschickt.

**Bali Eco Deli.** Tgl. 7–21 Uhr, Jalan Raya Jungutbatu, www.baliecodeli.net

Nach Gala-Gala lohnt sich eine Pause im Bali Eco Deli.

Cafés, Läden und sogar einen Geldautomaten, der allerdings recht unzuverlässig arbeitet: Bargeld mitbringen ist angesagt. Am Strand von Jungutbatu legen auch die Fähren aus Bali an. Es gibt keinen Steg, die letzten Meter vom Schiff auf den Sand müssen durch das Wasser watend zurückgelegt werden. Wer sich in einem der Guesthouses an der Wasserlinie einquartiert, bekommt viel vom täglichen Leben mit. Selbst der Broterwerb findet auf dem Wasser statt: Hier wächst das Siwi.

## Seetang wird zu Kosmetik

Siwi – das Wort ist wahrscheinlich abgeleitet vom englischen »Seaweed« – ist Seetang, der in Meeresgärten angebaut und bei Ebbe geerntet wird. Anschließend wird der Seetang zum Trocknen am Strand ausgelegt – bald ein vertrauter Anblick. Das getrocknete Produkt wird nach Bali verschifft und tritt dann seine Reise an nach Europa, China und Japan. Hier wird Siwi schließlich in der Kosmetik- und Pharmaindustrie verwendet.

Auch die kleine Nachbarinsel von Lembongan, Nusa Ceningan, wird langsam aber sicher für Urlauber erschlossen. Einige Hotelanlagen haben sich bereits angesiedelt.

## Das Höhlenhaus

Der Hauptort Lembongan hat außer dem Höhlenhaus Gala-Gala für Besucher nicht viel zu bieten – aber das ist sehenswert: Von 1961 bis 1976 schnitt Made Byasa das Haus unter der Erde mit Hammer und Meißel aus dem Fels. Er hatte sich wohl inspirieren lassen durch eine Geschichte aus dem Epos »Mahabarata«. Es gibt ein Schlafzimmer, ein Esszimmer, eine Küche, ein Bad und einen Meditationsraum. Besucher sind willkommen.

# Infos und Adressen

### SEHENSWÜRDIGKEITEN

**Höhlenhaus Gala-Gala.** Tgl. 9–18 Uhr, im Ort Lembongan, einfach der Beschilderung folgen.

### ESSEN UND TRINKEN

**Lemon Grass Bar and Restaurant.** Glänzt mit schöner Atmosphäre sowie recht günstigen indonesischen und westlichen Speisen. Diese werden ansprechend zubereitet und sind eine Versuchung wert. Tgl. 8–1 Uhr, Jungutbatu, Tel. 0812/380 89 99.

**Nyoman's Warung.** Liegt ganz im Norden der Insel, nahe der Mangroven. Kenner sagen, dass Inhaber Nyoman den besten Warung auf Lembongan leite, und das mit Leidenschaft. Besonders die Fischgerichte lassen keine Wünsche offen. Tgl. 9–22 Uhr, an der Nordküste, Tel. 0878/61 92 37 65.

**D'Byas Dream Beach Club and Warung.** Idyllisch gelegen am Dream Beach gibt es hier nicht nur Gaumengenüsse, sondern auch einen Blick aufs Meer und eine Atmosphäre, die wirklich zum Chillen einlädt. Dream Beach, Tel. 0812/19 55 63 52.

Die Küste bei Devil's Tears gilt als unglaublich schönes Naturschauspiel.

»Chillen und genießen mit Aussicht« könnte das Motto von Nusa Lembongan sein.

### ÜBERNACHTEN

**Bunga Bungalo.** Ein Klassiker mitten in Jungutbatu und herrlich am Strand gelegen. Die individuell eingerichteten Zimmer sind sehr schön dekoriert, auch das hauseigene, schattige Restaurant lohnt einen Aufenthalt. Jungutbatu, Tel. 0366/559 64 21, http://bungabungalolembongan.com

### AKTIVITÄTEN

**World Diving Lembongan.** Das älteste Tauchcenter auf Lembongan genießt seit seiner Gründung 1988 einen guten Ruf. Angefahren werden vor allem die wegen des Großfisches – auch Mola-Mola werden hier gesichtet – bekannten Tauchspots rund um Nusa Penida. Pondok Baruna, Jungutbatu, Tel. 0812/390 06 86, www.world-diving.com

### INFORMATION

Das Perama-Büro am Strand von Jungutbatu ist eine gute Adresse für Informationen über die Insel.

# ZENTRAL-BALI

**14** Ubud Monkey Forest    90

**15** Ubuds Tradition und Museen    96

**16** Balinesische Tänze in Ubud    108

**17** Penestanan    110

**18** Jalan Andong    114

**19** Ubuds Umland    118

**20** Tampaksiring    124

**21** Tegallalang    128

**22** Susut    132

**23** Die Green School    136

**24** Bedugul    138

**25** Gunung Batur    148

**26** Trunyan    152

# 14 Ubud Monkey Forest
## Zu Besuch bei den Affen im Heiligen Wald

Ubud liegt im Zentrum Balis, in den Bergen. Hier ist es ein wenig kühler als im Süden. Ubud ist umgeben von ausladenden Reisterrassen, die zu einem Spaziergang einladen. Das Umland wird durchzogen von spektakulären Schluchten, die Vulkane grüßen herüber. Und es gibt zahlreiche Tempel, Höhlen und kulturelle Sehenswürdigkeiten. Eine davon ist der Sacred Monkey Forest – der »Heilige Affenwald«.

Der Heilige Affenwald ist eine der Top-Attraktionen von Ubud und damit von Bali. Viele Urlauber kommen nur nach Ubud, um die Affen in ihrem Wald zu besuchen. Das fällt jedem Besucher der Stadt auf, denn um den Monkey Forest herum wurden gewaltige Parkplätze aus den Reisfeldern geschnitten. So haben die zahlreichen asiatischen Reisegruppen schnellen Zugang zu den Affen, die

## GUT ZU WISSEN

### AGGRESSIVE AFFEN IM MONKEY FOREST
Obwohl die Parkleitung darauf hinweist, kommt es immer wieder vor, dass Touristen im Monkey Forest von Affen gebissen werden. Um das zu vermeiden, sollte man den Tieren nicht zu nahe kommen und immer beobachten, ob sie einen gestressten Eindruck machen. Wer mit gefletschten Zähnen angezischt wird, sollte das durchaus als Warnung verstehen und den Rückzug antreten. Normalerweise kümmern sich die zahlreichen Wärter im Wald darum, dass nichts passiert. Sie schreiten im Konfliktfall sofort ein.

**S. 88:** Das Leben am Gunung Batur ist kein Zuckerschlecken und hinterlässt Spuren.
**Oben:** Mandala Wisata Wanara heißt der berühmte und gerne besuchte Affenwald von Ubud.

Der Shiva geweihte Pura Dalem ist der sehenswerte Haupttempel im Monkey Forest.

nach wie vor die Attraktion des Waldes sind. Im Wald selbst heiraten Balinesen mit Vorliebe. Ein Foto des jungen Paares mit ein paar Affen im Hintergrund ist ein gern gesehenes Motiv. Touristinnen aus dem Westen lassen sich von Affenhütern die Tierchen auf die Schultern setzen und dann die Haare verwuscheln. Manchen Besuchern wurde die Brille oder gleich die ganze Handtasche geklaut von gierigen Affenfingern. Die Beute können sie wieder auslösen mit Hilfe eines Wärters und vor allem durch den Kauf und die Weitergabe von reichlich Bananen. Diese gibt es glücklicherweise an den beiden Ein- und Ausgängen gegen ein kleines Entgelt.

Der Monkey Forest (Mandala Wisata Wenara Wana) ist schon lange da. So lange, dass die zu ihm führende Straße Jalan Monkey Forest heißt und heute die höchste Dichte an Hotels, Restaurants und Warungs in Ubud aufweist. Mit den vielen Urlaubern, die Ubud besuchen, nahm auch die Besucherdichte im Monkey Forest in den letzten Jahren zu: Kamen 1986 vielleicht noch 800 Besucher im Monat in den Wald, so sind es heute mehr als 15 000. Dabei hat sich die Anzahl der hier lebenden Makaken kaum verändert: Um die 600 gibt es, auf die also täglich bis zu 500 Urlauber kommen. Da kann es schon mal ein wenig

*Geheimtipp*

**RESTAURANT MIT AUSBLICK**

Nur wenige Schritte vom Monkey Forest entlang der gleichnamigen Straße Richtung Osten wird es schnell ruhiger, und bald folgt rechter Hand das Tropical View Cafe. Der Name ist Programm: Wer die enge Treppe hochgestiegen ist, wird sofort mit dem überwältigenden Ausblick belohnt. Von der Terrasse des Restaurants überblickt man ein wunderschönes Reisfeld, das sich bis zum Horizont zieht – ein Postkartenmotiv. Darüber kreisen Schmetterlinge und Libellen, der nahe Bach plätschert. Neben der Aussicht kann man hier auch hervorragend essen – zu jeder Tageszeit. Die knusprige Ente ist einen Versuch wert, vielleicht begleitet von einem frisch gepressten Fruchtsaft. Wie wäre es mit Avocado oder einem Mixed Lassie Juice?

**Tropical View Cafe.** Tgl. 8–22 Uhr, Jalan Monkey Forest 88, Tel. 0361/97 40 40.

eng werden. Und man sollte sich nicht wundern, wenn eine Affenfamilie den Wald für einen kurzen Spaziergang verlässt, um sich die Jalan Monkey Forest und den Umtrieb dort ein wenig genauer anzuschauen. Vielleicht fällt ja die eine oder andere Banane ab?

## Den Monkey Forest als heilige Stätte erhalten

Der Monkey Forest liegt auf dem Gebiet der Gemeinde Padangtegal und gehört zu deren Besitz. So haben sich früh Gemeindemitglieder zusammengetan, um sich mit einer Stiftung, der Padangtegal Wenara Wana Foundation um das Wohl und Wehe im Heiligen Wald zu kümmern. Dabei geht es darum, sowohl die Heiligkeit des Orts als auch die Zugänglichkeit für Besucher aus der ganzen Welt zu erhalten. Denn neben den Affen gilt es, reichlich Geschichte sinnvoll und zukunftsträchtig zu verwalten: Immerhin wurden im Monkey Forest, so sagen die Quellen, schon seit dem 14. Jahrhundert Tempel gebaut. Heute gibt es deren drei: Da ist der Haupttempel Pura Dalem Agung in der südwestlichen Ecke des Waldes. Hier huldigen die Gläubigen der balinesischen Gottheit Hyang Widhi in der Person von Shiva. Im Nordwesten des Monkey Forest liegt der Pura Beji. Hier wird Hyang Widhi in der Gestalt der Göttin Gangga verehrt. Im Tempel können sich die Hindus einer Reinigungszeremonie unterwerfen, in der mit viel Wasser Geist und Körper wieder »saubergewaschen« werden. Melukat heißt die Zeremonie. Der dritte Tempel ist der Pura Prajapati. Er liegt am nordöstlichen Ende, neben dem Friedhof. Ahnherr dieses Tempels ist der Gott Prajapati. Die drei Tempel sowie der lauschige Wald mit seinen stillen und immer noch verträumten Ecken, im Einklang mit den berühmten Affen, machen die Anziehungskraft des Monkey Forest aus.

**Oben:** Im verwunschenen Monkey Forest fühlt man sich schnell wie in einer anderen Welt.
**Unten:** Rund 600 Langschwanzmakaken leben im Monkey Forest – steinerne Freunde nicht mitgezählt.

# Rundgang durch den Monkey Forest

Der Monkey Forest ist eine der Hauptattraktionen von Ubud. Hier sind nicht nur die Makaken sehenswert, sondern auch die verwunschenen Tempelchen im Inneren des Affenwaldes.

**Anfahrt:** Ubud, am unteren, dem südlichen Ende der Jalan Monkey Forest. Es gibt einen großen Parkplatz. Hier halten auch die Touristenbusse.

**Ausgangspunkt:** Parkplatz vor dem Monkey Forest.

**Ziel:** Parkplatz vor dem Monkey Forest.

**Länge:** ca. 2 km

**Höhenunterschied:** ca. 50 m

**Mitnehmen:** Vorsicht diebische Affen! Man sollte den Rucksack zumachen, auf die Brille achten und nichts Wertvolles am Körper tragen.

**Verpflegung:** Bananen für die Affen. Kann man auch am Eingang des Monkey Forest kaufen.

**Wegbeschaffenheit:** Gepflasterte Wege.

**Ⓐ Eingang** – Der befindet sich am südlichen Ende der Jalan Monkey Forest. Hier gibt es etliche Souvenir- und Verpflegungsstände. Auch kann man sich hier mit Bananen »bewaffnen«, um die Affen zu füttern oder wohl zu stimmen.

**Ⓑ Pura Beji** – Im Tempel der Heiligen Quelle verehren die Balinesen die Gottheit des Wassers, Gangga, und reinigen sich hier spirituell.

**Ⓒ Pura Prajapati** – Der Verbrennungstempel im Monkey Forest, er stammt wohl aus dem 11. Jahrhundert. Hier wird die höchste Gottheit Hyang Widhi verehrt.

**Ⓓ Verbrennungsplatz** – Dieser wird gelegentlich für Verbrennungen genutzt. Alle fünf Jahre findet eine feierliche Massenverbrennung statt.

**Ⓔ Pura Dalem Agung** – Der Haupttempel und damit der größte Tempel im Monkey Forest.

**Ⓕ Souvenirstände** – Hier kann man sich mit all dem eindecken, was das balinesische Kunsthandwerk zu bieten hat. Danach kann man über den direkten Weg zurück zum Parkplatz schlendern und zum Abschied den Affenfamilien zuschauen.

*Einfach gut!*

## Die balinesischen Langschwanzaffen

Im Monkey Forest leben ungefähr 600 balinesische Langschwanzaffen. Die wissenschaftliche Bezeichnung der Tiere lautet »Macaca fascicularis«. Die Affen haben sich in fünf Gruppen zusammengefunden, die jeweils aus 100 bis 120 Makaken unterschiedlichen Alters bestehen – vom Jungtier bis zum Senior. Das Männchen wird bis zu 15 Jahre alt, das Weibchen bis zu 20. Die Affen sind Allesfresser. Am liebsten haben sie Süßkartoffeln, Bananen, Kokosnüsse und andere Früchte. So ein possierliches Tierchen wiegt als Weibchen 2,5 bis 7,5 Kilo, das Männchen kann auch auf acht Kilo kommen. Man sollte sich also nicht mit ihnen anlegen.

## Konflikte mit den Affen vermeiden

Normalerweise kommen Besucher und Affen gut miteinander klar. Man sollte nicht vergessen, dass auch die Ureinwohner des Monkey Forest ein Recht auf Privatleben haben und man ihnen dabei nicht zu nahe kommen sollte. Damit das Miteinander auch wirklich gut funktioniert, hat die Parkverwaltung ein paar Verhaltensregeln auf ihre Website gestellt. Diese sind auch ins Deutsche übersetzt zu finden: »Im Allgemeinen werden die Affen sich Ihnen nicht nähern, wenn Sie keine Bananen oder anderes Essen bringen. Wenn Sie mit den Affen interagieren oder sie füttern wollen, so tun Sie dies bitte vorsichtig. Wenn Sie den Affen Bananen oder Essen anbieten und diese sich nähern, um es zu nehmen, versuchen sie niemals, es zurückzuziehen.« Wer diese einfachen Regeln befolgt, der wird in Monkey Forest, dem schönen Wald mit den Tempeln, sicher eine interessante Zeit erleben.

### YOGA ZUM ENTSPANNEN

Ubud ist die Yoga-Hochburg von Bali oder gleich von ganz Indonesien. Hier und in den umliegenden Dörfern gibt es zahlreiche Schulen und Center, in denen die unterschiedlichen Yoga-Stile angeboten werden. Vormittags Vinyasa, abends Iyengar? Kein Problem. Nicht weit vom Monkey Forest entfernt liegt eine der ältesten Yoga-Institutionen der Insel: der Yoga Barn. Hier wird geschult, geheilt, gechillt, relaxt und auch vegetarisch oder vegan gekocht. Yoga-Jünger können im Guesthouse absteigen und müssen damit den Ort gar nicht verlassen. Das Gartencafé und die Saftbar können nach einem Besuch im Monkey Forest für noch mehr Entspannung sorgen. Und wenn der Zeitplan es erlaubt: Warum nicht an einem der zahlreichen Yoga-Kurse teilnehmen?

**The Yoga Barn.** Tgl. 6–21 Uhr, Jalan Raya Pengosekan, Tel. 0361/97 12 36, www.theyogabarn.com

# Infos und Adressen

### SEHENSWÜRDIGKEITEN
**Monkey Forest.** Tgl. 8.30–18 Uhr, Jalan Monkey Forest, Padangtegal, Tel. 0361/97 13 04, www.monkeyforestubud.com

### ESSEN UND TRINKEN
**D'Waroeng.** Kein Geheimtipp mehr, aber immer noch sehr gut. Auf der südöstlichen Seite des Monkey Forest gelegen: indonesische Speisen in nettem Ambiente und einem mindestens ebenso netten Garten. Tgl. 8–22 Uhr, Jalan Raya Nyuh Kuning 6, Tel. 0361/995 73 76.

**Warung Garasi.** Klingt wie »Garage« und war auch eine. Heute gibt's hier Köstliches von Muttern und durchgesägte Vesparoller, auf denen man Platz nehmen kann. Auch ein paar historische Vespas sind ausgestellt. Mo–Sa 10–20.30 Uhr, Jalan Monkey Forest 15, Tel. 0361/781 11 06.

Selfie mit Tourist und Affe, der aber nicht recht in die Kamera lächeln will.

### ÜBERNACHTEN
**Swasti Eco Cottages.** Einer der Pioniere im aufstrebenden Dorf Nyuh Kuning, unterhalb des Monkey Forest. Es gibt einen eigenen Bio-Kräutergarten, und die im Balistil erbauten Bungalows sind nicht nur schön anzusehen, sondern es wohnt sich auch gut darin. Jalan Nyuh Bojog, Nyuh Kuning, Tel. 0361/97 40 79, www.baliswasti.com

**Ubud Tropical Garden.** Gehört zum Tropical View Cafe (s. Geheimtipp S. 91), und hier sind die Ausblicke mindestens genauso schön. Große Zimmer mit Balkon, davor ein Pool, dahinter das Reisfeld – so lässt es sich aushalten in Ubud. Jalan Monkey Forest 88, Tel. 0361/97 82 09, http://ubudtropicalgarden.com

### INFORMATION
**Fabulous Ubud – Ubud's Official Tourist Information Center.** Tgl. 8–21 Uhr, Kreuzung Jalan Raya Ubud und Jalan Monkey Forest, Tel. 0361/97 32 85, www.fabulousubud.com

Mal was anderes: Sitzen auf durchgesägten Vespas – zu erleben im Warung Garasi.

# 15 Ubuds Tradition und Museen
## Künstlerisches und kulturelles Zentrum

**Ubud bildet nicht nur das geografische Zentrum von Bali, sondern auch das kulturelle. Hier gedeihen seit Jahrhunderten die hohen Künste der Malerei, des Tanzes, der Holzschnitzereien sowie zahllose Zeremonien, die den Jahreskalender der Stadt mitbestimmen. Wer hier absteigt, sucht meist nicht nach dem Drink und BBQ am Strand, sondern nach Kultur und Kunst. Und davon gibt es reichlich.**

Das Leben in Ubud wäre ohne die Regeln und Gebräuche des balinesischen Hinduismus schwer vorstellbar. Denn dessen Spuren begegnen Besucher beinahe wortwörtlich auf Schritt und Tritt. Jedes Familienanwesen, egal welcher Größe, hat einen eigenen Tempel. Aber auch in Geschäften und Restaurants gibt es immer eine Ecke, in der der Götterwelt gehuldigt wird. Göttergaben werden ab dem frühen Vormittag an strategisch wichtigen und vermeintlich unwichtigen Stellen verteilt. Wer nicht aufpasst, tritt vielleicht auf ein solches Schälchen, das unschuldig auf dem Bürgersteig liegt. Darin ein paar Kekse, Kaugummis, Früchte, Blumenblüten, eventuell eine Zigarette und ein bis drei glimmende Räucherstäbchen. In einer Göttergabe ist also alles drin, was die zahlreichen Gottheiten versöhnlich stimmen könnte an diesem neuen Tag. Ob Hunde oder Affen dann den Inhalt fressen, ein Moped drüberfährt oder ein Tourist drauftritt, das spielt keine große Rolle. Denn die Götter werden sich schon holen, was sie brauchen, davon sind die Balinesen überzeugt. Es ist egal,

Das Blanco Renaissance Museum lockt mit den Werken des »Dalí von Bali«.

Hineintreten erlaubt – die Götter holen sich sicher ihren Anteil an der Göttergabe.

*Einfach gut!*

was mit der Göttergabe letztendlich passiert, es geht um das Schenken, um die Zueignung.

## Prozessionen und Zeremonien

Wer ein paar Tage in Ubud verbringt, für den gehört der Anblick von Prozessionen und Zeremonien schnell zum Alltag. Beinahe täglich sind ganze Menschenmassen in den Gassen unterwegs, feierlich für den Tempel gekleidet und meist guter Laune. Die Kinder sitzen auf den Schultern der stolzen Väter, während die Frauen auf ihren Köpfen mehrlagige Fruchtkörbe anmutig balancieren. Im nahen Tempel erklingt ein Gamelan und begrüßt die Prozession. Bald kann die Zeremonie, der Tanz oder das Begräbnis beginnen. Besucher, auch und vor allem aus dem Ausland, können meistens gerne mitmachen und sind durchaus erwünscht. Auch ein Begräbnis ist auf Bali keine traurige Angelegenheit, sondern wird mit Pomp, Musik und Prozessionen begangen. Je mehr Menschen dabei sind, desto besser das Fest, desto besser werden es die Verstorbenen haben.

Und wer mit offenen Augen durch Ubud läuft, wird sich an den Szenen erfreuen, wenn Tradition auf Moderne trifft. Beispielsweise wenn sich der bunt gekleidete und geschminkte Tänzer im

### GÖTTERGABEN BASTELN

Göttergaben begegnet man auf Schritt und Tritt in Ubud. Auch wenn ihre Lebenszeit nur recht kurz ist, handelt es sich um schön und sorgfältig gemachte Kunstwerke, jedes ist ein Einzelstück, ein Original. Die Göttergaben werden zwar aus Kostengründen auch schon in Massenverarbeitung gefertigt, aber Interessierte können in Workshops immer noch diese alte Kunst erlernen. Eine gute Adresse für solch einen zweistündigen Workshop ist das ARMA Museum in Pengosekan. Hier lernt man alles über die Bedeutung der Göttergaben und auch, wie sie korrekt dargebracht werden.

**ARMA Museum & Resort.**
Jalan Raya Pengosekan,
Tel. 0361/97 66 59,
http://www.armabali.com/
arma-culture/workshops

## EINEN GENAUEN BLICK AUFS GAMELAN WERFEN

Der Sound des Gamelan ist der Sound von Bali. Schon als Kinder lernen die Balinesen darauf zu spielen. Der Lehrer spielt etwas vor, die Schüler machen es nach. Es gibt große und kleine Gamelan-Orchester. Gemeinsam ist ihnen immer, dass Bronzegongs und Metallofone gespielt werden, ergänzt durch Trommeln, Flöten, verschiedene Saiteninstrumente und auch Gesang. Für westliche Ohren mag das oft stundenlange »Dahinplätschern« eines Gamelan eher langweilig sein. Doch hierbei geht es um nicht weniger als die musikalische Darstellung des alltäglichen Lebens in Bali. Wer das Gamelan besser kennenlernen will, ist richtig bei einem Workshop im Pondok Pekak Library & Learning Center, neben dem Fußballplatz in der Ortsmitte von Ubud.

**Pondok Pekak Library & Learning Center.** Tgl. 9–17 Uhr, Jalan Monkey Forest, Tel. 0361/97 61 94, www.pondokpekaklibrary.com

nahen Supermarkt noch schnell eine Schachtel Zigaretten holt. Oder mitsamt seiner in feinste Tempelkleidung gehüllten dreiköpfigen Familie auf dem Moped an einem vorbeizischt. Über die Jahrhunderte hat sich das in Ubud nicht geändert. Bei allem, was die Balinesen auch im Alltag tun, gibt es immer eine künstlerische Seite. Und das ist schön anzuschauen und schön zu erleben. So kommt man schnell zu der Annahme, dass wohl alle Balinesen irgendwie Künstler seien. Was nicht verwundert, wie man bei einem Besuch in den Museen Ubuds erfahren kann.

## Puri Lukisan: traditionelle und moderne Malerei

Das Museum Puri Lukisan ist das älteste Museum auf Bali, in dem Kunstwerke ausgestellt wurden. Gegründet wurde es in den 1950er-Jahren durch den König von Ubud und den holländischen Maler Rudolf Bonnet, einem Freund des deutsch-russischen Künstlers Walter Spies. Ausgestellt ist hier eine großartige Sammlung von traditionellen und modernen Malereien sowie Schnitzereien – von 1930 bis heute. Man kann viel erfahren über die verschiedenen Malerschulen auf Bali, die jeweils einen ganz eigenen Stil geprägt haben. Da gibt es beispielsweise die Young Artists oder die Keliki Schule. Die Beschriftungen der Kunstwerke sind

auf Englisch vorhanden, man kommt also ohne Führung zurecht. Umgeben ist das Museum von einem grünen Park mit wundervollen Lotusteichen. Anschließend kann man im netten Café des Hauses ausspannen.

# ARMA: lebendiges Museum

Das Agung Rai Museum of Art (ARMA) ist eine Klasse für sich: Nicht nur, dass neben der Kunstgalerie auch kulturelle Workshops, Tanz-, Schnitz- und Bastelstunden angeboten werden. Vielmehr ist die Museumsanlage ein Gesamtkunstwerk. Die Gebäude sind im traditionellen Balistil erbaut worden und liegen in einem weitläufigen Park mit Pavillons wie dem Bale Daja und dem Bale Dauh sowie schmalen Kanälen. Diese trennen das Museum auch thematisch. Somit ist die Kunst über eine große Fläche verteilt und wird stressfrei erlebbar. Dabei zielt das ARMA darauf ab, die balinesische und indonesische Kunst zu erhalten und weiter zu bereichern, mit Leben zu füllen. Daneben ist die einzigartige Sammlung von Agung Rai ausgestellt, einem der führenden Kunstsammler Balis. Agung Rai hat es möglich gemacht, dass im ARMA das einzige öffentlich zugängliche Werk von Walter Spies zu sehen ist: *Calonarang*. Denn Walter Spies habe einen bedeutenden Beitrag zur Entwicklung der balinesischen Kunst geleistet, so das Museum. Zu sehen sind weiterhin Kunstwerke von balinesischen, indonesischen und ausländischen Künstlern, die auf Bali lebten und wirkten, wie Willem Gerard Hofker, Rudolf Bonnet und Willem Dooijewaard. Dabei reicht die Spanne von der Gegenwartskunst bis zur traditionellen Malerei aus dem 19. Jahrhundert. Das ARMA ist ein lebendiges, inspirierendes Museum. Das zeigt sich besonders schön, wenn balinesische Kinder in einem der Pavillons Tanz üben, begleitet von einem Kinder-Gamelan-Orchester.

**Oben:** Große Kunst in traditioneller und moderner Malerei gibt es im Puri Lukisan.
**Unten:** Auch die Ausstellung im ARMA, dem Agung Rai Museum of Art, steht dem in nichts nach.

## Neka Art Museum: Dokumente der Zeitgeschichte

Das sehenswerte Neka Art Museum in Campuhan wurde als private Sammlung 1982 von Suteja Neka eröffnet. Er war Lehrer von Beruf und Sohn des berühmten Holzschnitzers, I Wayan Neka. Dieser gehörte in den 1930er-Jahren der damals einflussreichsten Kunstbewegung Balis an: Pita Maha. Ihre Einflüsse sind bis heute spürbar. Das Ziel von Suteja Neka war es, die Geschichte der balinesischen Malerei zu dokumentieren. Besonders interessierte ihn, in welcher Wechselwirkung Malerei und Umwelt stehen. Im Neka Art Museum wird heute die komplette und komplexe Geschichte der balinesischen Malerei aus- und in chronologischer Reihenfolge vorgestellt. Die Wurzeln der Malerei gehen immerhin zurück bis ins 16. Jahrhundert. Auch der zeitgenössischen, balinesischen Kunst wird viel Ausstellungsraum eingeräumt – von realistisch dargestellten ländlichen Szenen bis zu abstrakten Werken, die auch den Tourismus der Neuzeit thematisieren. Daneben begleiten Holzschnitzereien und Bronzefiguren den Rundgang. Ein Highlight ist die Fotogalerie. Hier sind Fotos aus den 1930er-Jahren ausgestellt, die zeigen, wie Bali früher einmal war. Sehr interessant ist auch die Fotosammlung des US-Amerikaners Robert Koke, der mit seiner Frau in den 1930er-Jahren das erste Hotel in Kuta eröffnet und das Surfen nach Bali gebracht hat. Koke hielt damals mit seiner Kamera das tägliche Leben auf Bali fest. Heute sind die Schwarz-Weiß-Bilder Dokumente der balinesischen Zeitgeschichte.

## Blanco Renaissance: Museum eines Exzentrikers

Das Blanco Renaissance Museum wurde 1998 eröffnet im Wohnhaus des philippinischen Künstlers

**Oben:** Im Neka Art Museum kann man sich auf die Spuren der Bewegung Pitha Maha begeben.
**Unten:** Das Blanco Renaissance Museum stellt Kunst von Antonio Blanco aus.

Antonio Blanco (1912–1999). Blanco war ein Paradiesvogel auf Bali, gleichzeitig aber einer der meistgefeierten Künstler der Insel. Der exzentrische Maler mit spanischen Vorfahren galt für viele als »der Dalí von Bali«. Ein eigenes Museum war der Traum des Künstlers, 1998 sollte er in Erfüllung gehen. Von hier aus hat man einen sehr schönen Blick über die Campuhan-Schlucht und den Fluss, natürlich sind auch viele seiner Kunstwerke ausgestellt.

## Tägliche Kunst in den Straßen

Kunst findet in Ubud nicht nur in den Museen statt. Vielmehr ist der Ort voll mit kleinen Galerien und Studios sowie Ateliers, in denen Masken oder Holzfiguren live geschnitzt werden. Die Zufahrtsstraßen sind gesäumt mit Shops, in denen Ölgemälde gefertigt werden. Meist wiederholen sich die Motive. Hier sieht man, was nicht nur in Bali, sondern auf der ganzen Welt »en vogue« ist und sich dementsprechend gut verkaufen lässt. Für Urlauber ist es kein Problem, kurz anzuhalten und sich die Kunst vom Urheber selbst erklären zu lassen. Falls er kein Englisch kann, ist sicher ein Bruder oder Cousin in der Nähe, um die Geschichte hinter dem Kunstwerk zu erzählen. Und was ist schöner als ein Mitbringsel, das eine eigene Geschichte hat?

*Geheimtipp*

### WOHNEN BEI EINEM KÜNSTLER

Wie wäre es mit einer etwas anderen Unterkunftsart in der Stadt der Künstler? Einige Maler und Holzschnitzer führen ein eigenes kleines Guesthouse neben ihrem Atelier. Damit bessern sie ihr kärgliches Einkommen auf und bieten die Möglichkeit, Künstler, deren Familien und natürlich die Kunst aus erster Hand kennenzulernen. Die Mitarbeiter von Fabulous Ubud helfen gerne bei der Vermittlung. Auch kann man Ausschau halten nach Schildern wie »Painter and Homestay«. Wer sich für Batik interessiert, der ist in der Nirvana Pension im Herzen Ubuds richtig. Hier lebt man gemeinsam mit der Familie in kleinen Bungalows, die um einen Garten herum gruppiert sind. Nyoman, der Eigentümer, bietet ein- bis fünftägige Batikkurse an. Danach ist jedem Teilnehmer klar, dass »jeder ein Künstler sein kann«.

**Nirvana Pension.** Jalan Gautama 10, Tel. 0361/97 54 15, http://nirvanaku.com

# Infos und Adressen

Im Warung Biah Biah gibt es balinesische
Küche vom Feinsten, gut und günstig.

### SEHENSWÜRDIGKEITEN

**Puri Lukisan Museum.** Tgl. 9–18 Uhr, Jalan
Raya Ubud, Tel. 0361/97 11 59,
http://museumpurilukisan.com

**Arma Museum & Resort.** Tgl. 9–18 Uhr, Jalan
Raya Pengosekan, Tel. 0361/97 66 59,
www.armabali.com

**Neka Art Gallery.** Tgl. 9–17 Uhr, Jalan Raya
Sanggingan, Campuhan, Tel. 0361/97 50 74,
www.museumneka.com

**Blanco Renaissance Museum.** Tgl. 9–17 Uhr,
Jalan Raya Penestanan, Tel. 0361/97 55 02,
www.blancomuseum.com

**Rio Helmi Gallery and Café.** Rio Helmi ist ein
indonesischer Fotograf, der etliche Bild- und
Designbände über Bali fotografiert hat. Auch
seine Bilder aus dem täglichen und zeremo-
niellen Leben der Insel sind sehenswert und
vielleicht einen Kauf wert. Tgl. 7–19 Uhr, Jalan
Suweta 6B, Tel. 0361/97 23 04,
http://riohelmi.com

**Threads of Life – Indonesian Textile Arts
Center.** In dieser privaten Initiative dreht sich
alles um textile Kunst aus ganz Indonesien und
deren Erhaltung. Ziel soll es sein, die ländliche
Armut durch die Wiederbelebung der alten
Kunst zu lindern. Auch werden Workshops
und Schulungen zum Thema angeboten. Tgl.
10–19 Uhr, Jalan Kajeng 24, Tel. 0361/
97 21 87, http://threadsoflife.com

### ESSEN UND TRINKEN

**Warung Biah Biah.** Dieser Warung hat sich
mit Leib und Seele der günstigen balinesischen
Küche verschrieben. Die Mahlzeiten sind
köstlich und kommen auf einem Palmen-
blatt, die Atmosphäre ist sehr gelassen und
freundlich. Tgl. 10–23 Uhr, Jalan Gautama 13,
Tel. 0361/97 82 49.

**Warung Bernadette.** Nur ein paar Schritte
vom Biah Biah entfernt gibt es hier keine
französische Küche – wie der Name vermuten
ließe –, sondern exzellente und ausgezeichnete Rendang-Spezialitäten in interessantem
Ambiente. Tgl. 8–22.30 Uhr, Jalan Gautama,
Tel. 0821/47 42 47 79.

**Warung Semesta.** Hat sich früh für vege-
tarische Ernährung eingesetzt, mittlerweile
werden auch wohlschmeckende Fleischgerichte
gereicht. Von einem Balkon aus kann man
schön das Treiben auf der hektischen Jalan
Monkey Forest beobachten. Hier werden
auch gut gemachte Kochkurse angeboten.
Tgl. 7–22.30 Uhr, Jalan Monkey Forest,
Tel. 0361/97 06 77, www.warungsemesta.com

**Pizza Bagus.** Wer ein wenig Abwechslung von
der balinesischen Küche sucht, der sollte sich
hier eine Pizza gönnen. Vielleicht nach einem
Besuch im ARMA Museum, das gegenüber
liegt. Die Pizzen sind so gut, wie man es in
Indonesien erwarten kann, preiswert sind sie
auch. Tgl. 8.30–23 Uhr, Jalan Raya Pengosekan, Tel. 0361/97 85 20, www.pizzabagus.com

**Earth Café.** Klingt nach Öko und ist es auch.
Im Erdgeschoss residiert ein Naturkostladen,
oben das Restaurant mit Balkon. Vegetarisch

und gesund ist angesagt, aber das vom Feinsten. Tgl. 7–22 Uhr, Jalan Goutama Selatan, Tel. 0361/97 65 46, www.earthcafebali.com

**Bridges Bali.** Das Restaurant liegt unterhalb des Blanco Renaissance Museums und direkt über der Schlucht des Campuhan Flusses. Allein der Ausblick beim schicken Dinner lohnt einen Besuch. Tgl. 11–23.30 Uhr, Jalan Raya Campuhan, Tel. 0361/97 00 95, http://bridgesbali.com

## ÜBERNACHTEN

**Komaneka at Monkey Forest.** Liegt an der quirligen Jalan Monkey Forest und ist im Inneren trotzdem meilenweit weg. Hier ist es ruhig und gediegen, aber nicht ganz günstig. Besucher bewegen sich durch einen schön gestalteten Garten zum Frühstück, und weiter hinten reicht der Blick über das nächste Reisfeld. Jalan Monkey Forest, Tel. 0361/479 25 18, http://monkeyforest.komaneka.com

**Hotel Tjampuhan & Spa.** Mit Stil übernachten in einem Haus mit Geschichte. 1928 wurde das Hotel Tjampuhan eröffnet. Hier lebte Walter Spies einige Jahre, in seinem Haus kann auch heute noch übernachtet werden. Wer balinesische Gastfreundschaft vom Feinsten kennenlernen will, ist hier richtig. Jalan Raya Tjampuhan, Tel. 0361/97 53 68, http://tjampuhan-bali.com

**Han Snel Siti Bungalows.** Hier ist man richtig, wenn man der Kunstgeschichte Balis weiter folgen will. Han Snel (1925–1998) war ein holländischer Maler, der in den 1940er-Jahren nach Bali kam und dort lebte und arbeitete bis zu seinem Tod. Heute werden auf seinem Anwesen Bungalows vermietet, die schon ein wenig Patina angesetzt haben. Jalan Kajeng 3, Tel. 0361/97 56 99.

**Ketut's Place.** Auch schon eine ganze Weile am Markt genießt Ketut's weiterhin einen hervorragenden Ruf. Kleine, gemütliche Bungalows mit eigener Terrasse liegen eingebettet in einen üppigen Garten. Am späten Nachmittag trifft man sich am Pool. Jalan Suweta 40, Tel. 0361/97 53 04, www.ketutsplace.com

Blick in das Blanco Renaissance Museum – hier hat Antonio Blanco gewirkt.

# KUNST UND KOPIEN

## Die balinesische Malerei

Die klassische Malerei auf Bali hatte immer etwas mit der Religion zu tun. Es ging nicht darum, sich als Künstler auszudrücken oder neue Wege zu suchen. Vielmehr existierte ein Künstlertum auf Bali nicht, dafür gibt es nicht mal eine Bezeichnung im Balinesischen. Malerei, das war Tempelverzierung, Ornament und Abbildung von Göttern und ihren Legenden. Das änderte sich erst in den 1930er-Jahren und unter europäischem Einfluss.

In der balinesischen Malerei ging es nicht um kreative Umsetzung, sondern um das Befolgen der seit Jahrhunderten bestehenden und von Generation zu Generation weitergereichten Vorlagen. Der Künstler als Individuum brachte sich nicht ein. Seine Kunst war die der korrekten Kopie. Auch heute noch fallen die unzähligen Kopien auf, die am Straßenrand angeboten und in Werkstätten gearbeitet werden. Meisterschaft ist bei diesem Ansatz dann erreicht, wenn die Kopie möglichst nahe an das Original heranreicht.

## Die neue balinesische Kunst kommt aus Ubud

In Ubud wurde in den 1930er-Jahren die neue balinesische Kunst geboren.

Hier war der Ort, an dem die Maler zum ersten Mal klassische, religiöse Themen hinter sich ließen und sich dem täglichen Leben zuwendeten. Auslöser für diese neue Denke waren zwei Maler aus Europa: Walter Spies aus Deutschland und Rudolf Bonnet aus Holland. Wie so viele Neugierige aus dem Westen waren sie angelockt worden von »einer reichen, uralten Kultur (...), die sich durch üppige Feste und Zeremonien auszeichnete, einer Insel, auf der schöne Frauen mit unbedecktem Oberkörper herumliefen und gut aussehende Männer denjenigen mit unkonventionellerem Geschmack zur Verfügung standen«, wie der englische Ethnologe und Schriftsteller Nigel Barley in seinem Buch *Bali – das letzte Paradies* (2015) schreibt. Unkonventionell waren Spies und Bonnet. Beide waren homosexuell und fühlten sich in Ubud mit seinen Möglichkeiten sehr wohl. Sie hinterließen Spuren, die bis heute sichtbar sind. So war Bonnet eines der Gründungsmitglieder der Künstlervereinigung Pita Maha (»Großartiger Geist/Inspiration«), die 1936 entstand. Mit Cokorda Gede Agung Sukawati, einem Prinzen aus der königlichen Familie Ubuds, und Spies legte er den Grundstein für eine bis heute beständige Kunstsammlung: das Puri Lukisan Museum.

*Balinesische Landschaft* – ein Bild des deutsch-russischen Künstlers Walter Spies

105

# Neue Inhalte für die neue Malerei

Bonnet und Spies nutzten ihren Einfluss und ihre besondere Position als »Weiße« und Vertraute des Königshofs aus, um der balinesischen Malerei eine neue Richtung zu geben. Mit sich brachten sie Leinwand und Ölfarbe, Keilrahmen und Palette. Sie zeigten den einheimischen Künstlern, die sich bisher als Handwerker verstanden hatten, was man mit diesen Werkzeugen bewirken kann. Sie brachten ihnen bei, dass das wahre Leben vor der Tür beginnt und dieses Leben zum Thema der Malerei werden sollte. Also weg von der reinen Huldigung der Götter hin zur

Eine Tanzszene, die im Puri Lukisan – auf Leinwand festgehalten – lebendig wird.

Huldigung des Hahnenkampfes, der Reisernte, des Dorflebens. Bonnet und Spies brachten den Balinesen den Umgang mit der Perspektive bei und eine neue Abbildung menschlicher Körper. Nicht die verklärte, sondern die anatomisch weitgehend korrekte.

Dreh- und Angelpunkt der Bewegung war das Haus von Walter Spies. »Spies war alles: Maler, Musiker, Ethnologe, Linguist, Tänzer, Lebenskünstler. (...) Sein Haus am Fluss von Campuan übte 20 Jahre lang als Zentrum der Aufklärung, Forschung und interkulturellen Verständigung einen enormen Einfluss aus«, schreibt Nigel Barley. Und bald bildete sich ein ganz eigener Stil. Denn die balinesischen Maler ließen ihre eigenen Erfahrungen in die neuen künstlerischen Ansätze einfließen. Sie spiegelten jetzt traditionelle Themen in der modernen Maltechnik und erfuhren sich selbst als schaffende Künstler, nicht mehr nur als Kopisten.

## Die Young Artists

Walter Spies und Rudolf Bonnet wurden mit dem Zweiten Weltkrieg von Bali vertrieben. Bonnet kam 1947 aus Holland zurück nach Bali und arbeitete weiter in seinem Studio in Campuhan. 1957 musste er Indonesien aus politischen Gründen verlassen, kam aber immer wieder nach Indonesien. Anders Spies: Nach dem Einmarsch deutscher Truppen in Holland wurde er in Bali interniert und nach Java und Sumatra deportiert. Im Januar 1942 sollte er mit anderen

Auch die Masken, die bei Tanzvorführungen genutzt werden, sind Thema der Malerei.

Gefangenen auf einem Frachtschiff von Sumatra nach Sri Lanka verschifft werden. Das Schiff aber wurde am 19. Januar 1942 von einer japanischen Fliegerbombe getroffen und sank. Spies starb zusammen mit 411 internierten Deutschen vor Nias. Seine Nachfolge trat 1957 der Holländer Arie Smit an: Er gründete die Schule der Young Artists. Bunte, naive Malerei, die direkt aus dem Herzen oder der Inspiration kommt. Schnell und flächig aufgetragen und wie in den Anfangszeiten gut kopierbar. Und langsam fanden auch Motive und durchaus kritische Themen aus der Welt des Tourismus Eingang. Die Künstler setzten sich also mit dem »Jetzt« auseinander: Weiße Menschen mit großen Kameras, die sich in balinesischen Dörfern neugierig tummeln und ihre großen Nasen in die kleinen Hütten stecken – das waren die neuen Motive. Dieser Malstil hat sich bis heute erhalten und findet seine

Wurzeln nach wie vor bei Bonnet und Spies. Wie sagt Nigel Barley: »Dort (auf Bali, d. A.) floriert der von Spies begründete Malstil nach wie vor, die von ihm geförderte Musik ist quicklebendig, und sowohl die neue balinesische Intelligenz als auch die Nachfahren der einfachen Bauern, mit denen er befreundet war, gedenken seiner voller Zuneigung.«

Dank kräftiger Farben werden die Motive aus dem Alltagsleben noch eindrücklicher.

# 16 Balinesische Tänze in Ubud
## Jeden Abend eine Vorstellung

**Die Tourist Information Fabulous Ubud hat für Interessierte ein immer aktuelles Wochenprogramm auf Lager, in dem es nur um balinesische Tänze geht. Das heißt, dass man wirklich jeden Abend eine Tanzveranstaltung in und rund um Ubud besuchen kann – ganz nach Lust und Laune. Selbst wenn das kaum ein Urlauber täglich machen wird: Ein Besuch lohnt sich auf jeden Fall.**

Auch wer noch nicht bei der Tourist Information vorbeigeschaut hat, der hat sicher die zahlreichen Ticketverkäufer bemerkt, die die Jalan Monkey Forest oder die Jalan Hanoman bevölkern. Hier werden Eintrittskarten verkauft für die abendlichen Tanzvorstellungen in einem nahen Tempel, einem Pavillon oder der Versammlungshalle der Dorfgemeinschaft. An jedem Tag finden mindestens fünf Tänze statt. Oder Vorführungen mit ausgewählten Teilen aus den großen Epen *Mahabarata* oder *Ramayana*. Wer die Möglichkeit hat, sich online zu informieren, der sollte auf die Website von Fabulous Ubud gehen und die dortigen Beschreibungen der Geschichten und Tänze lesen. Hier wird genau erklärt, welche Performance-Gruppe an welchem Wochentag welches Stück aufführt. Auch ist beschrieben, wie das Programm aussieht und welche Tänze dargeboten werden. Wer nicht die Möglichkeit hat, der kann sich von einem der vielen Ticketverkäufer aufklären lassen. Aber auch wenn man den Inhalt nicht kennt, wird man von der Farbenpracht der Kostüme und der intensiven Darstellung der Schauspielerinnen und Schauspieler angetan sein.

**Mitte:** Ganz in die Geschichte und den Legong vertieft ist der männliche Tänzer.
**Unten:** Konzentration: Bei klassischen Tänzen wird nichts dem Zufall überlassen.

Im Legong zählen Gestik und Mimik – da kommt jedem Augenrollen Bedeutung zu.

## Auf verträgliche Länge reduziert

Die Vorstellungen für Urlauber dauern 60 bis 90 Minuten und sind somit auf eine verträgliche Länge gekürzt. So bleibt nach dem Kunstgenuss noch Zeit für einen Absacker in einer der Bars in Ubud oder im Hotel. Bei den Tickets, die in der Tourist Information verkauft werden, ist größtenteils gleich der Transport dabei. Man wird im Hotel abgeholt, zum Spielort gefahren, und dann wieder zurückgebracht. Normalerweise, und vor balinesischem Publikum, dauern die Vorführungen etliche Stunden bis hin zu einer ganzen Nacht. Hier kommt dann das ganze Dorf zusammen, um von Gesang und Tanz untermalt zu picknicken, zu rauchen, das andere Geschlecht zu begutachten oder einfach, um dem Alltag zu entfliehen. Auch wird das Geschehen auf der Bühne durchaus fachkundig kommentiert und diskutiert. Die Kinder des Hauses sind meist dabei, staunen, rennen herum oder schlafen irgendwann den Schlaf der Gerechten – um mit dem Sonnenaufgang und kulturgestärkt einen neuen Tag beginnen zu lassen.

## Infos und Adressen

**INFORMATION**
**Fabulous Ubud – Ubud's Official Tourist Information Center.**
Tgl. 8–21 Uhr, Kreuzung Jalan Raya Ubud und Jalan Monkey Forest, Tel. 0361/97 32 85, www.fabulousubud.com

Eintrittskarten kann man meist zum selben Preis auch direkt auf der Straße kaufen oder an der Hotelrezeption erstehen. Beliebte Spielorte sind der Palast von Ubud, der Wasserpalast, der Bale Banjar Ubud Kelod oder der Pura Dalem. Besonders beeindruckend ist eine Vorstellung des Kecak- und Feuertanzes vor dem in Ehren gealterten Tempel Pura Batukaru.

# 17 Penestanan
## Malereigeschichte und Verbrennungszeremonien

**Rund um Ubud gibt es nette kleine Dörfer, die inmitten von Reisfeldern liegen und bei einem Spaziergang balinesisches Landleben vermitteln. Es stehen immer drei Tempel im Dorf, und in der Mitte des Ortes, unter einem Pavillondach, trifft sich tagsüber die männliche Dorfgemeinschaft zum Plaudern. So wie in Penestanan mit seinen gut 1500 Einwohnern – einem Dorf mit Geschichte und eindrücklichen Verbrennungszeremonien.**

Wer in dem Film *Eat Pray Love* Julia Roberts gesehen hat, wie sie auf dem Rad durch die Reisfelder fährt, der bekommt einen ersten Eindruck von Penestanan. In der Tat wurden einige Szenen hier oben gedreht. »Hier oben«, denn der Ort liegt oberhalb von Ubud, zwischen Campuhan unten und Sayan oben. Die netteste Art dorthin zu kom-

**Mitte:** Auch die Flussgötter wollen wohlgestimmt werden und erhalten ihre Opfergabe.
**Unten:** In den Reisterrassen rund um Penestanan geht es deutlich ruhiger zu als in Ubud.

## GUT ZU WISSEN

### KLEIDERORDNUNG BEI VERBRENNUNGEN
Urlauber müssen sich nicht in traditionelle Festkleidung zwängen, um an einer Verbrennungszeremonie teilzunehmen. Vielmehr reicht ein »ordentliches Aussehen«: Keine Hotpants und kein Muscle-Shirt, das die tätowierten Oberarme frei lässt. Lange Hose oder Rock mit gedeckten Farben passt immer, Schultern bedeckt. Es hat aber etwas für sich, mit Sarong, Hemd und Udeng – der traditionellen Kopfbedeckung in Form eines Wickels um die Stirn – auf die Straße zu gehen. Man wird als Tourist durchaus anders wahrgenommen.

men, ist ein Spaziergang ab dem Blanco Renaissance Museum in Campuhan. Ab hier der Hauptstraße gute 400 Meter folgen, bis linker Hand eine steile Treppe folgt. Diese geht es hinauf, dabei werden einige Bäche überquert, die die Reisterrassen bewässern, und oben liegt Penestanan. Hier ist es merklich ruhiger als in Ubud, und die Luft ist ein wenig frischer. Ab jetzt geht es einen von Mopeds befahrenen Fußweg hinunter, eine Schlucht wird gequert, eine Treppe muss erstiegen werden, dann ist die Ortsmitte von Penestanan erreicht.

## Schüssel für heiliges Wasser

Der Name Penestanan stamme von penastan, so heißt es. Das bedeutet »Schüssel für heiliges Wasser«. Wasser und Schluchten gibt es reichlich. Der Fluss Bhangsuh entspringt im Norden des Ortes und mündet im Süden in den Fluss Campuhan. Viele der ersten Besucher aus dem Westen, die in den 1920- und 1930er-Jahren nach Ubud kamen, ließen sich in Penestanan und Umgebung nieder. Walter Spies lebte in Campuhan und ebenso der holländische Maler Arie Smit ab 1956. Hier, so heißt es, hätte er seine ersten Erfahrungen mit der balinesischen Malerei und dem Talent der Künstler gemacht: Bei einem Spaziergang seien ihm Kinder begegnet, die mit den Fingern Zeichnungen in den Sand machten. Davon war er so begeistert, dass er die Kinder in sein Studio einlud. Er gab ihnen Pinsel und Farbe und brachte ihnen seine Technik bei. Daraus entwickelten die jungen Menschen einen eigenen Stil – die Young Artists waren geboren.

## Penestanan heute

Penestanan ist eine Hochburg der balinesischen Malerei. Das fällt auch Urlaubern auf, wenn sie durch die Gassen streifen. Es gibt etliche Ateliers,

*Einfach gut!*

### FRÜHSTÜCK IM CAFÉ VESPA

Das im Dezember 2011 eröffnete Café Vespa liegt in der Ortsmitte von Penestanan. Früher war in der Etage eine kleine Galerie, heute ist es ein überschaubares Café. Von hier aus kann man dem bunten Treiben im Dorf zuschauen – nicht nur, wenn eine Zeremonie stattfindet. Davon abgesehen ist das kleine Café ein netter, gechillter Ort für ein ausgedehntes Frühstück oder einen Saft zwischendurch. Hier kann man sich treffen, lesen oder Briefe schreiben. Und wer nur auf sein iPad schauen will, der kann das machen. Das Café hat eine eigene Bäckerei, die täglich frisches Brot, Croissants und Kuchen hervorbringt. Daneben gibt es ein ausladendes Frühstücks-, Lunch- und Dinnermenü.

**Café Vespa.** Tgl. 8–22.30 Uhr, Jalan Raya Penestanan Kaja, Penestanan, Tel. 0361/97 30 34, http://cafe-vespa.com

**Oben:** Ein farbenprächtiges Begräbnis ist eine der wichtigsten Zeremonien der Balinesen.
**Unten:** Groß und Klein sind dabei, um den Verstorbenen das letzte Geleit zu geben.

die zum Besuch einladen. Gleichzeitig haben sich wegen der frischen Luft und der Ruhe viele Yoga- und Meditationsstudios in Penestanan angesiedelt. Und laut wird es eigentlich nur, wenn ein Tempelfest stattfindet oder eine Verbrennungszeremonie.

## Verbrennungszeremonie – ein Fest für das ganze Dorf

Juli und August sowie Dezember und Januar sind gute Monate für die Teilnahme an einer Verbrennungszeremonie. Das klingt makaber, ist es aber nicht. Denn so eine Zeremonie ist ein Fest für das ganze Dorf – und Urlauber dürfen gerne mitmachen. Auch Fotografieren ist erlaubt. Wenn also die Jalan Raya Penestanan Kaja herauf eine bunte Prozession mit viel Getöse herannaht, dann sollte man die Kamera zücken. Die männlichen Teilnehmer der Prozession sind fein gekleidet und tragen auf den Schultern Holzgestelle, auf denen wiederum ein Tier steht oder sitzt – vielleicht ein Löwe oder Elefant. Gebaut aus Holz, beherbergt er

# Infos und Adressen

den Leichnam, der heute gemeinsam mit anderen zu Grabe oder vielmehr zur Verbrennung getragen wird. Denn eine ordentliche Verbrennung kann erst dann stattfinden, wenn die Familie genügend Kapital zur Verfügung hat. Und da es besser ist, Kosten zu teilen, werden an einem Tag oft gleich mehrere Leichname in einer Prozession zum Verbrennungsplatz in Penestanan gebracht. Diese wurden nach ihrem Ableben »eingelagert« und werden zur Zeremonie wieder herausgeholt. An den Vorbereitungen, beispielsweise dem Ausarbeiten der Dekorationen, dem Gestalten der Sarkophage, den Göttergaben, den Speisen und der richtigen Auswahl der Musik, ist das ganze Dorf beteiligt. Diese Vorbereitungen dauern mehrere Tage.

Während der Prozession drehen sich die Träger des Sarkophags samt Gestell auf den Schultern immer wieder auf der Stelle und mit rasender Geschwindigkeit. So werden die hinterhereilenden bösen Geister verwirrt und können dem Leichnam kaum mehr folgen. Die farbenprächtige Prozession führt unter lautem Gejohle und Gamelan-Klängen durch das Dorf, entlang der Hauptstraße, zum Verbrennungsplatz nahe dem Tempel Pura Merajapati. Hier werden die Sarkophage aufgereiht, die Priester treffen letzte Vorbereitungen und sprechen letzte Gebete. Schließlich werden alle Tierfiguren angezündet und brennen spektakulär ab. Spätestens zu diesem Zeitpunkt balgen sich die Hobbyfotografen um den besten Platz und die beste Perspektive für das perfekte Bild. Die Balinesen aber bleiben ungerührt, denn das kann den Toten nichts mehr anhaben. Ist alles verbrannt, wird die Asche zusammengefegt und aufbewahrt. In einer weiteren Prozession zu einem späteren Zeitpunkt werden die Überreste der Toten dann dem Wasser des Meeres oder eines nahen Flusses anvertraut.

### SEHENSWÜRDIGKEITEN
Infos über die Verbrennungsze-remonien gibt es bei der Tourist Information Fabulous Ubud.

### ESSEN UND TRINKEN
**Made's Warung.** Als einer der ersten Warungs im Jahr 2000 eröffnet. Die Lage über den Reisfeldern ist schön, das Essen ausgezeichnet. Tgl. 8–22 Uhr, Jalan Campuhan, Tel. 0361/97 78 85, www.madeswarungubud.com

**Yellow Flower Café.** Kommt mit einem netten Ambiente, in dem sich die Yoga-Schüler aus den umgebenden Studios wohlfühlen. Tgl. 8–21 Uhr, Tel. 0812/38 89 96 95.

### ÜBERNACHTEN
**Sri Ratih Cottages.** Mitten in die Reisfelder wurde diese schicke Anlage gesetzt. Heute ist sie eine Oase in einem schönen Garten, 15 Gehminuten von Ubud entfernt. Jalan Campuhan 1, Tel. 0361/97 56 38, www.sriratih.com

**Villa Nirvana.** Opulente Hotelanlage mit Villen im Balistil, die in einem Park samt Pool verteilt sind. Wer etwas zu Papier bringen will, fühlt sich sicher in der Luxury Villa samt »Writer's Suite« wohl. Jalan Raya Penestanan Kaja, Tel. 0361/97 94 19, www.villanirvanabali.com

**Gerebig Bungalows.** Freundliche, sympathische Anlage, umgeben von den hauseigenen Reisfeldern. Jalan Raya Penestanan Kelod, Tel. 0361/97 45 82, www.gerebig.com

# 18 Jalan Andong
## Echtes Kunsthandwerk

**Ubud und die umliegenden Dörfer sind ein Paradies für Kunsthandwerk. Ernsthafte Shopper verlassen sich nicht auf das Angebot und die Preise in den Touristenläden der Innenstadt oder dem Kunstmarkt in Ubud. Sie ziehen los und gehen dorthin, wo der Einkauf weniger stressig ist, wo die Produkte hergestellt werden und wo sich das Handeln lohnt. Ein hervorragendes Ziel ist die Jalan Andong.**

Die Jalan Andong beginnt 15 bis 20 Fußminuten entfernt vom Kunstmarkt in Ubud. Ihn lässt man rechter Hand liegen und folgt der Hauptstraße Richtung Osten bis zur großen Statue an deren Ende. Jetzt geht es nach links, also nach Norden. Weitere fünf bis zehn Minuten später folgen die ersten Kunsthandwerksläden. Und das sind nicht nur zwei oder zehn oder fünfzig, sondern wahr-

Was man aus einem Kürbis machen kann, zeigt dieser Handwerker in Ubud.

## GUT ZU WISSEN

### EINKAUFEN UND FEILSCHEN

Auf dem Kunstmarkt lohnt sich das Feilschen immer. In Shops, in denen die Objekte nicht mit einem Preiszettel ausgezeichnet sind, sollte man ebenfalls handeln. In Shops mit Preiszetteln nach einem Discount fragen. Falls die Verkäuferin oder der Verkäufer nachgibt: verhandeln. Falls gar nicht nachgegeben wird, sollte man zögern oder Anstalten machen, den Laden zu verlassen. Jetzt greift der Verkäufer ein. Natürlich darf man nicht vergessen, dass manchmal um Centbeträge gefeilscht wird. Und ob das nötig ist, das muss jeder für sich selbst entscheiden.

# Jalan Andong

scheinlich ein paar Hundert. Denn die Jalan Andong ist auf der ganzen Strecke bis nach Tegallalang links und rechts der Straße gespickt mit Shops. Rund neun Kilometer sind es bis Tegallalang, da gibt es viel zu sehen und einzukaufen. Nicht umsonst wird die Jalan Andong bei Fachleuten auch Handicraft Highway genannt – »Kunsthandwerks-Autobahn«. Hier gibt es alles für Menschen, die sich oder ihre Wohnung zu Hause aufhübschen wollen: Armreife, Ohrringe, Halsketten, Holzschnitzereien, Arbeiten aus Metall, Statuen, Musikinstrumente, Töpferware, Malerei, Lampenschirme, antike balinesische und javanische Holzbungalows sowie Möbel aus recycelten Schiffsplanken. Dazwischen haben sich Firmen angesiedelt, die gleich den Transport des ausgesuchten Gartenhäuschens per Container und Frachtschiff in die Heimat organisieren.

## Zu Fuß, auf zwei Rädern oder mit einem Fahrer

Die Jalan Andong und ihr Angebot wollen erobert werden, und man sollte sich dafür ein wenig Zeit nehmen. Viele Shops führen dasselbe Angebot, man muss nicht in jeden hineinschauen. Auch machen einige den Eindruck, lange nichts verkauft zu haben. Die Auslage ist verstaubt und lieblos. Hier kann man sich den Besuch getrost sparen, zehn Meter weiter sieht es gleich wieder anders aus. Um sich der Straße anzunähern, gibt es mehrere Methoden. Wer gut zu Fuß ist, lässt sich von einem Bemo oder einem Taxi nach Tegallalang fahren. Von hier kann man die Jalan Andong bis nach Ubud hinunterlaufen. Es geht zwar immer bergab, aber einen Bürgersteig gibt es nicht und Verkehr dafür reichlich. Andererseits ist man flexibel und kann jeden Shop, der einen mit seinem Angebot anspricht, besuchen. Nachteil ist

*Geheimtipp*

**KUNSTHANDWERK AUF DEM DORF**

Wer zu den Wurzeln des balinesischen Kunsthandwerks gelangen will, der kann das mit dem eigenen Fahrzeug oder einem Fahrer machen. Verschiedene Ortschaften rund um Ubud sind bekannt für »ihr« Kunsthandwerk. Das heißt, dass hier Kilometer für Kilometer und Shop für Shop das Gleiche hergestellt wird. Wer beispielsweise bei der Taxifahrt vom Flughafen zum Hotel in Ubud aus dem Fenster schaut, der erlebt gleich einige dieser Dörfer: Batubulan, der erste Ort hinter der Hauptstadt Denpasar, ist das Zentrum der balinesischen Steinmetzkunst. In Kutri und Singapadu haben sich Steinmetze und Holzschnitzer niedergelassen. Celuk, das bald erreicht wird, ist der Ort für Silber- und Goldschmiedekunst. In Mas wird geschnitzt. Heute eher für den Massengeschmack, früher hauptsächlich Masken. Ein eigenes Museum erzählt die Geschichte der Masken. Nyuh Kuning ist bekannt für seine Holzschnitzereien. Und wer neugierig ist und wissen möchte, wie es auf der anderen Seite von Tegallalang aussieht, der fährt die Hauptstraße weiter und erreicht das Örtchen Pakudui. Die Kunsthandwerker hier schnitzen riesige Garuda- und Tierstatuen. In den Orten gilt, genauso wie entlang der Jalan Andong: Bei Interesse anhalten, reingehen, schauen und eventuell feilschen. Falls man hier nicht fündig wird, dann sicher in einem der nächsten Shops.

natürlich, dass man die wunderschöne Buddha-statue für den Garten nicht gleich mitnehmen kann, da sie 1,50 Meter groß ist und 30 Kilo wiegt. Also muss ein Taxi her. Möglichkeit zwei ist eine Fahrradtour ab Ubud. Allerdings geht es die gesamte Strecke bis Tegallalang bergauf, was nicht nur schweißtreibend, sondern dank des Verkehrs auch stressig ist. Hinunter kann man rollen lassen und wieder anhalten, wo man möchte. Und das Fahrrad hat immerhin einen Gepäckträger oder einen Einkaufskorb für die Errungenschaften. Mit dem Moped ist die Tour dementsprechend einfacher, Flexibilität in Sachen Anhalten und Schauen ist gegeben. Profis allerdings, die zielgerichtet einkaufen und die Sachen mitnehmen wollen, nehmen sich ein Taxi samt Fahrer. Ihn kann man anhalten lassen, wo es einem gefällt. Der Fahrer muss dann schauen, wo er parken kann. Auch kann man ihm sagen, dass er die Shopper erst wieder in einem Kilometer einsammeln soll. Und so ein geräumiger Kofferraum ist eine feine Sache.

## Das Tegallalang Handicraft Centre

Ein guter Auftakt für das Shopping-Abenteuer ist der Ort Tegallalang mit den dramatischen Reisterrassen und dem Tegallalang Handicraft Centre. Hier werden Stücke verkauft, die in den umliegenden Dörfern hergestellt worden sind. Mit ein bisschen Glück bringt ein Maler gerade die Reisterrassen auf eine Leinwand, und man kann beim kreativen Akt zuschauen. Die meisten Waren allerdings sind Souvenirs, für den touristischen Geschmack gemacht. Darunter Ringe, Armbänder, Halsketten und Tücher, gefertigt aus Muscheln, Holz, Stein oder Perlen. Manche Artikel sind mit einem Preis ausgezeichnet und damit eigentlich fix. »Eigentlich«, denn oft gibt es einen »Discount«, wenn man zwei Stücke oder mehr kauft.

**Oben:** Bildhauer bei der Arbeit: Urlauber können gerne dabei zuschauen.
**Unten:** Die kleinen Läden in den Gassen von Ubud sind eine wahre Fundgrube für Souvenirs.

# Infos und Adressen

### SEHENSWÜRDIGKEIT
**Setiadarma House of Masks and Puppets.**
Gilt nicht nur unter Fans als eines der
schönsten Museen in Ubud und Umgebung.
Ausgestellt sind mehr als 1000 Masken und
mehr als 4000 Puppen aus ganz Indonesien,
Afrika, China, Lateinamerika und Europa.
Tgl. 8–16 Uhr, Jalan Tegal Bingin, Mas,
Tel. 0361/898 74 93.

### ESSEN UND TRINKEN
**Warung Saya.** Klein, aber oho. An die
wenigen Tische passen nur wenige Leute, aber
die gereichten Speisen sind ausgezeichnet.
Mo–Sa 12–21 Uhr, Jalan Raya Andong
11–30, Tel. 0857/92 59 19 69,
www.facebook.com/warungsayaubud

**Gula Bali.** Liegt schön idyllisch im ruhigen
Reisfeld, ein wenig zurückgesetzt von der
hektischen Jalan Andong, und ist bekannt
für gute typisch balinesische Küche. Tgl.
12–21.30 Uhr, Jalan Raya Andong 93, Petulu,
Tel. 0812/36 51 09 00.

### ÜBERNACHTEN
**ZEN Rooms.** Folgt nach gut einem Kilometer
ab der Kreuzung mit der Jalan Raya Ubud auf
der rechten Straßenseite. Günstig und gut.
Die netten Bungalows sind in einem Garten
rund um einen hübschen Pool gruppiert.
Jalan Andong, Petulu, Tel. 0855/74 67 10 04.

### EINKAUFEN
**Delta Dewata Supermarket.** Wer von der
Jalan Andong ermüdet ist und noch ein paar
Früchte, Cornflakes oder Flaschenbier für den
Abend einkaufen will, ist hier richtig. Der Delta
Dewata in der Jalan Andong ist einer der drei
großen Supermärkte in Ubud, Parkhaus inklu-
sive. Tgl. 8–22 Uhr, Jalan Raya Andong 14,
Tel. 0361/97 30 49.

### INFORMATION
Die meisten Shops entlang der Jalan Andong
schließen am Sonntag. Geöffnet ist Mo–Sa ab
10 Uhr. Falls in einem der Dörfer entlang der
Jalan Andong gerade eine Zeremonie abgehalten wird, sind viele Läden geschlossen.

Auch die Schmuckherstellung kann in Bali auf eine lange Tradition zurückblicken.

# 19 Ubuds Umland
## Ausflug in die Reisfelder

**Die Gegend um Ubud lädt zu morgendlichen Spaziergängen und Wanderungen ein. Sattgrüne Reisterrassen, plätschernde Bächlein, idyllische Pfade, lauschige Cafés und nette Kunsthandwerkshops sowie Galerien liegen entlang der Wege. Ganz abgesehen von den wunderbaren Ausblicken über Ubud und der meditativen Ruhe in den Reisfeldern. Die beiden bekanntesten Spaziergänge sind der Ricefield Walk und der Campuhan Ridge Walk.**

Beide Wege, die man in einer bis drei Stunden begehen kann, beginnen westlich des Kunstmarktes in Ubud, Richtung Campuhan. Die Einstiege sind einfach zu finden. Die Touren kann man allein oder in der Gruppe problemlos und auf eigene Faust machen. Wer nicht allein unterwegs sein will, kann beide Wege auch mit einer Gruppenwanderung angehen. Hier ist der Transport zu

Unterwegs auf dem Campuhan Ridge Walk: Hier geht es hinauf in die Reisfelder.

## GUT ZU WISSEN

### SONNENSCHUTZ UND TASCHENLAMPE
Auch harmlose Spaziergänger, die morgens um sieben Uhr losgezogen sind, werden bald intensiv von der balinesischen Sonne bestrahlt. Umso mehr, als dass die beiden Wege nicht viel Schatten bieten. Daher unbedingt ordentlich Sonnenschutz auftragen. Ein Hut oder eine Kappe ist eine gute Wahl, genauso wie Kleidung, die die Schultern bedeckt. Man sollte auch nicht vergessen, die Wasservorräte aufzufüllen. Wer abends unterwegs ist, sollte die Taschenlampe oder das Handy nicht vergessen. Die Pfade sind nicht beleuchtet.

Der Pura Gunung Lebah ist mit seiner einmaligen Atmosphäre einen Besuch wert.

Ein- und Ausstieg normalerweise inklusive. Die Verweildauer hängt vom eigenen Gehtempo ab und von der Verweildauer in den Reisfeldern und den dortigen Cafés und Galerien. Es ist auch kein Problem, den ganzen Vormittag hier oben zu verbringen. Ein Fotomotiv jagt das nächste, ein Reisfeld ist schöner als das andere.

## Der Ricefield Walk

Dieser Spaziergang führt ab Zentral-Ubud in die Reisfelder an der nördlichen Stadtgrenze von Ubud. Hier oben wird es auf einen Schlag ländlich, die Luft ist frisch. Man läuft auf einem schmalen Pfad durch die Reisfelder und begegnet vielleicht ein paar weiteren Spaziergängern aus der ganzen Welt, denn der Ricefield Walk ist längst kein Geheimtipp mehr. Dazu kommt das eine oder andere Moped, das mit einem Reisbauern oder Handwerker besetzt und schwer beladen den Pfad kreuzt. Für Autos ist hier oben glücklicherweise kein Platz, was eine nette Erholung zur Hektik von Ubud ist. Sicher passieren die Wanderer ein paar Reisbauern, die ihre tägliche Arbeit im Feld verrichten. Auch für Vogelfreunde ist der Spaziergang eine Bereicherung. Nicht ohne Grund gehört ein Teil des Weges zum Programm der Touren von Bali Bird Walks.

*Geheimtipp*

### BESUCH IM PURA GUNUNG LEBAH

Der Pura Gunung Lebah – übersetzt »Tempel auf dem kleinen Hügel« – wurde nach einer aufwendigen Sanierung im Herbst 2014 wiedereröffnet und erstrahlt in neuem Glanz. Er wird auch Campuhan-Tempel genannt, da er in der Schlucht des Flusses liegt. Der Pura Gunung Lebah gilt als einer der ungewöhnlichsten und spannendsten Tempel auf Bali. Denn hier sollen mächtige Energieströme aufeinandertreffen, davon sind die Einwohner Ubuds überzeugt. Der Tempel selbst wurde wohl im 8. Jahrhundert durch den buddhistischen Mönch und Gründer von Ubud, Rsi Markandya, gegründet. Der Hindupriester Dang Hyang erweiterte ihn im 16. Jahrhundert. Nirartha zeichnet auch für die spektakulären Tempel in Uluwatu und Tanah Lot verantwortlich. Im Pura Gunung Lebah geht es recht ruhig und andächtig zu. Neben der einmaligen Atmosphäre kann man die bunt bemalten Statuen bewundern, die in Gold und Rot glänzen.

# Ab in die Reisfelder

Wer der Beschilderung zum Café Sari Organik folgt, passiert im nordwestlichen Teil Ubuds erst ein paar Häuser und Unterkünfte. Doch bereits nach fünf Minuten steht man mitten in den Reisterrassen und genießt einen grandios schönen Ausblick auf den weiteren Spaziergang. Der schmale Pfad windet sich durch die Reisfelder, die in den bekannten Terrassen angelegt sind. Links plätschert der Bach, mit dem die Felder bewässert werden. Enten schnattern, die Reispflanzen flüstern im Wind. Es geht vorbei an kleinen, einfachen Häuschen und noch kleineren Schreinen. Diese sind meist Dewi Sri gewidmet, der Fruchtbarkeits- und Reisgöttin. Der Blick reicht weit und wird gelegentlich abgelenkt durch ein Café oder eine Galerie mit einer farbenprächtigen Auslage. Auch Maskenschnitzer zeigen und erklären gerne ihre Kunst. Je weiter es nach Norden geht, desto ländlicher wird es. Den Ausblick auf Ubud hat man jetzt im Rücken, von vorne grüßen bei klarem Wetter die Vulkane herüber. Cafés und Warungs laden zur Stärkung.

Weiter geht es den Pfad entlang mitten durch die Reisterrassen, bis der Weg nach gut drei Kilometern an der Jalan Suweta endet. Wer vom Genuss noch nicht genug hat, geht den Weg wieder zurück. Andernfalls kann man sich hier einen Transport organisieren oder entlang der Straße zurück nach Ubud laufen. Hier endet der Weg an der Kreuzung Jalan Suweta und Jalan Raya Ubud.

## Der Campuhan Ridge Walk

Der Einstieg des Campuhan Ridge Walks liegt ungefähr 500 Meter westlich des Ricefield Walks in der Schlucht des Campuhan Flusses. Rechts liegt das Hotel Warwick Ibah, hier beginnt der Weg. Auf dem Campuhan Ridge Walk geht es meist noch ru-

**Oben:** Wer den Wegen durch die Reisfelder folgt, wird mit tollen Ausblicken belohnt.
**Unten:** Das gemütliche Karsa Kafe ist ein lohnendes Ziel auf dem Campuhan Ridge Walk.

# Wanderungen durch die Reisfelder bei Ubud

Mit ein bisschen Glück kann man bei der mühsamen Reisernte zuschauen.

Für eine Wanderung durch die pittoresken Reisfelder oberhalb von Ubud bieten sich zwei Möglichkeiten an: der Campuhan Ridge Walk und der Ricefield Walk.

**Anfahrt und Ausgangspunkte:**
**Ricefield Walk** – Der Einstieg befindet sich am westlichen Ende der Jalan Raya Ubud, vor dem tiefen, gemauerten Einschnitt der Straße mit dem Aquädukt obendrüber. Hier geht es rechts hoch, der Beschilderung Ricefield Walk und Sari Organik folgen.
**Campuhan Ridge Walk** – Der Einstieg liegt ungefähr 500 Meter weiter westlich des Ricefield Walks in der Schlucht des Campuhan Flusses am Hotel Warwick Ibah.
**Ziel:** Man kann in den Reisfeldern jederzeit umkehren oder den beschriebenen Wegen bis zum Ende folgen.
**Länge:** jeweils ca. 3,5 km
**Höhenunterschied:** jeweils ca. 100–200 m
**Mitnehmen:** Sonnenschutz, Sonnenhut.
**Verpflegung:** Wasser und eventuell Proviant. Es gibt einige Cafés entlang der Wege.
**Wegbeschaffenheit:** Schmale Pfade durch die Reisfelder.

**Ricefield Walk (Rote Linie)**
**Ⓐ Galerien** – In kleinen Ateliers kann man Malerei und Holzschnitzerei bewundern.

**Ⓑ Sari Organik** – In dem bekannten Bio-Restaurant lohnt sich ein Zwischenstopp.

**Ⓒ Jalan Suweta** – Ab dem Sari Organik geht es den Pfad entlang mitten durch die Reisterrassen bis zur Jalan Suweta. Hier kann man umkehren oder entlang der Straße zurück nach Ubud laufen oder fahren.

**Campuhan Ridge Walk (Grüne Linie)**
**Ⓐ Tempel Pura Gunung Lebah** – Einen der schönsten Tempel Ubuds erreicht man nach dem Abstieg in die Campuhan-Schlucht.

**Ⓑ Auf dem Grat** – Nach dem Tempel geht es bald hinauf auf den Grat. Hier gibt es schöne Ausblicke über die Schlucht und die Reisfelder.

**Ⓒ Karsa Kafe** – Hier kann man es sich gemütlich machen in kleinen Pavillons, die über einen Karpfenteich gebaut wurden. Der schöne Pfad endet, dafür kann man auf der Straße und durch kleine Orte wie Bangkiang Sidem weitergehen. In Kedewatan, an der Jalan Raya Sanggingan, besorgt man sich einen Transport oder läuft die letzten Kilometer die Straße hinunter, bis die Campuhan-Schlucht wieder erreicht ist.

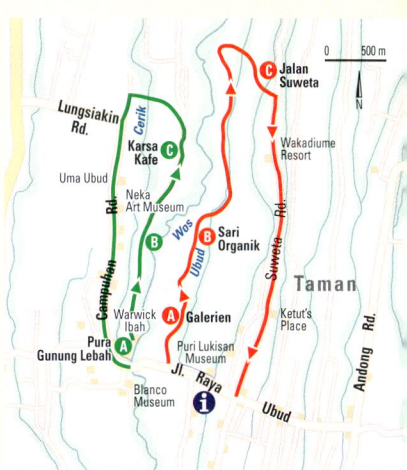

## SARI ORGANIK: BIO-CAFÉ MIT AUSBLICK

**Einfach gut!**

Wer auf dem Ricefield Walk vor lauter Aussicht und Ruhe ein Päuschen braucht, ist im bekannten und beliebten Café »Sari Organik« richtig. Wie der Name schon sagt, wird hier bio und aus eigenem Anbau produziert. Die Preise sind ein wenig höher als in benachbarten Cafés, aber einen Besuch ist das Sari Organik immer wert. Hier kann man rechter Hand die Gärten und das Treibhaus besichtigen, im Café links den dazugehörigen hauseigenen Salat genießen und frisch gepresste Säfte trinken. Das Sari Organik wurde auf Stelzen ins Reisfeld gesetzt. Auf der so entstandenen Holzterrasse gibt es eine Bar und reichlich Sitzmöglichkeiten – Ausblicke inklusive. Unterstützt von einem frisch gepressten Obstsaft und der gechillten Atmosphäre lohnt es sich, ein wenig Zeit vergehen zu lassen.

**Sari Organik.** Tgl. 8–22 Uhr, Jalan Subak Sok Wayah, Tjampuhan, Tel. 0361/97 20 87.

higer zu als auf dem Ricefield Walk. Die Magie des Weges hat sich noch nicht so weit herumgesprochen. Dafür aber ist es hier landschaftlich umso spektakulärer. Wer frühmorgens aufbricht, könnte zumindest am Anfang noch allein unterwegs sein. Und das Alleinsein lohnt sich: Die Ausblicke über die Schlucht und die Reisfelder suchen ihresgleichen, die meditative Ruhe lädt zu mancher Pause. Auch ein pittoresker Tempel mit großer Geschichte gehört zu den Highlights: der Pura Gunung Lebah.

## Ab in die Schlucht

Nachdem man in die Campuhan-Schlucht hinabgestiegen ist und den Tempel Pura Gunung Lebah passiert hat, verläuft der Weg auf gut drei Kilometern auf einem Grat, dem Campuhan Ridge. Hier oben ist es einfach schön, da sind sich alle Begeher einig. Zu beiden Seiten des Grats reicht das Grün der Reisterrassen weit in die Ferne, dazwischen Schluchten mit tropischem Regenwald, darüber zwitschernde Vögel. Bald erreicht man auf der linken Seite des Weges das Karsa Kafe. Zeit für eine kleine Pause zur Stärkung, Zeit für einen frischen Saft. Hier kann man es sich gemütlich machen in kleinen Pavillons, die über einen Karpfenteich gebaut wurden. Das Menü ist überschaubar, aber mehr als ausreichend. Frisch gestärkt kann man jetzt überlegen, ob man den Weg zurückgehen will oder noch ein wenig weiterläuft. Der schöne Pfad endet, dafür kann man auf der Straße und durch kleine Orte wie Bangkiang Sidem weitergehen. Es geht hinunter zum Fluss Sungai Cerik, dann wieder hoch in die Hügel von Payangan bis zum Dorf Kedewatan. Hier, an der Jalan Raya Sangginggan, besorgt man sich einen Transport zurück nach Ubud oder läuft die letzten Kilometer die Straße hinunter, bis die Campuhan-Schlucht wieder erreicht ist.

# Infos und Adressen

### SEHENSWÜRDIGKEITEN

**Bali Bird Walks.** Auf Wanderungen in die Umgebung von Ubud kann man hier und unter fachkundiger Anleitung die bunte Vogelwelt der Insel kennenlernen. Profis haben sicher ein Fernglas dabei, man kann aber auch eins ausleihen. Tjampuhan, Tel. 0361/97 50 09, www.balibirdwalk.com

**Bali, Off Course.** Bietet ebenfalls anerkannt gute Touren und Wanderungen durch die Umgebung von Ubud an. Eingeläutet wird der dreistündige Wandertag durch eine kleine Zeremonie durch einen Brahmanenpriester. Dusun, Banjar Laplapan, Tel. 0361/369 90 03, www.balioffcourse.com

### ESSEN UND TRINKEN

**Yuga Warung.** Wer bis zum Café Sari Organik nicht mehr durchhalten kann, ist hier richtig. Der Warung bietet gute indonesische Küche und wunderbare Ausblicke über die Gegend. Tgl. 9–20 Uhr, Ricefield Walk, Tel. 0857/38 93 86 85, www.yugawarungubud.com

**Kafe Karsa.** Tgl. 7.30–19.30 Uhr, Campuhan Ridge Walk, Tel. 0817/34 46 58.

### ÜBERNACHTEN

**Warwick Ibah Luxury Villas & Spa.** Wer sich etwas gönnen will, ist in den großzügigen Bungalows mit Aussicht richtig. Nach den Spaziergängen kann man es sich im hauseigenen Spa richtig gut gehen lassen. Jalan Raya Campuhan, Tel. 0361/97 44 66, http://warwickhotels.com/ibah

### INFORMATION

Sowohl der Ricefield Walk als auch der Campuhan Ridge Walk sind frei begehbar und kosten keinen Eintritt. Falls ein offiziell aussehender Mensch Touristen abkassieren will, sollte man ihn ignorieren oder mit der Polizei drohen.

Nette Begegnung bei einem Spaziergang oberhalb Ubuds

# 20 Tampaksiring
## Gunung Kawi – Bali in der Nussschale

**Wenn man die Magie Balis und all das, was Bali für Besucher aus der ganzen Welt einmalig macht, in eine Nussschale packen würde, käme wahrscheinlich Gunung Kawi dabei heraus. Die Tempel- und Grabanlage in Tampaksiring stammt aus der Hochzeit der balinesischen Steinmetzkunst und ist eine faszinierende archäologische Anlage in einer tief eingeschnittenen Schlucht – inmitten von idyllischen Reisfeldern.**

Der Ort Tampaksiring liegt gute 15 Kilometer von Ubud entfernt in Richtung Nordosten auf dem Weg zum bekannten Bergdorf Penelokan am Kraterrand des Gunung Batur. Tampaksiring ist bekannt für die Holzschnitzerfamilien. Eine der beiden sowohl bei Balinesen als auch bei Touristen beliebten Attraktionen des Ortes ist der sehenswert verwunschene Tempelkomplex von Gunung Kawi. Dieser befindet sich nur ein paar Hundert Meter östlich der Hauptstraße Jalan Raya Tampaksiring und ist einfach zu finden. Erbaut wurde Gunung Kawi im 11. Jahrhundert.

## Aus dem Stein gekratzt

Wobei »erbaut« der Legende zufolge nicht das richtige Wort ist: Denn der gewaltige Kriegergott Kebo Iwa soll die zehn Tempel in den Wänden der Schlucht ganz allein, nur mit den Fingernägeln und in einer Nacht aus dem Felsen gekratzt haben. Auch für das 25 Meter lange Steinrelief von Yeh Pulu, 20 Kilometer südlich von Tampaksiring, soll Kebo Iwa seine Fingernägel genutzt haben. Eine stolze Leistung. Auch wenn an der Legende

**Mitte:** Wie aus dem Fels geschnitten wirken die Tempel- und Grabanlagen von Gunung Kawi.
**Unten:** 300 lohnende Stufen führen hinunter zum Heiligtum, hinauf ist es ebenso weit.

nichts dran sein sollte, so kann man sich der Magie von Gunung Kawi kaum entziehen: Auf beiden Seiten des heiligen Flusses Pakerisan, der mitten durch die Tempelanlage sprudelt, stehen die Felsentempel mächtig und beeindruckend. Der Pakerisan ist heilig, da er einen Kilometer weiter nördlich auch durch den Tempel Tirta Empul fließt – die zweite Attraktion von Tampaksiring. Verteilt sind die bis zu sieben Meter hohen Felsentempel im Westen, Osten und Süden der Anlage. Den Fluss quert man über eine gebogene Steinbrücke, und auf der anderen Seite liegt ein balinesischer Tempel vom Feinsten.

Um zu diesem magischen Ort zu gelangen, müssen Besucher allerdings mehr als 300 steile Stufen hinuntersteigen, vorbei an Souvenirshops und Verpflegungsständen. Beim anstrengenden Abstieg sollte man aber nicht nur auf die eigenen Füße achten, sondern bei kurzen Verschnaufpausen den Blick nach links und rechts schweifen lassen. Beeindruckend schön terrassierte Reisfelder begleiten den Weg nach unten. Die gegenüberliegende Seite der Schlucht ist dicht bewaldet, über der Szenerie strahlt der Himmel.

## Heiliges Wasser und Ruhestätte

Unten angelangt geht es durch ein Tor im Felsen. Hier steht eine kleine Säule, die als irdene Vase dient. Darin ist heiliges Wasser, das auch Touristen vor dem Betreten des Tempels über sich sprenkeln sollten. Hinter dem Tor eröffnet sich einem die ganze Schönheit von Gunung Kawi. Dazu gehören die hohen Tempelhöhlen oder Schreine, die aus dem Felsen geschnitten wurden. Diese liegen in einer vom Wasser geprägten Parklandschaft, die sich die Natur weitgehend zurückgeholt hat – was auch den ganz besonderen Charme des von der

*Nicht verpassen*

### DIE HEILIGEN QUELLEN VON TIRTA EMPUL

Tirta Empul bedeutet so viel wie »sprudelnde Quelle«, und die Quellen sind das Thema des Tempels. Dieser gehört zu Balis wichtigsten Tempelanlagen. Das dortige Wasser aus dem Fluss Pakerisan ist sogar heilig, somit ist es ganz besonders wertvoll. Balinesinnen und Balinesen kommen hierher, um sich von den Lasten des Alltags und dessen Problemen zu reinigen, sich körperlich und geistig zu erfrischen. Jede einzelne der über 30 Fontänen, aus denen das Quellwasser herausströmt, stehe für eine ganz bestimmte Aufgabenstellung, heißt es. Allerdings weiß man nicht mehr genau, welches Thema welcher Fontäne zuzuordnen ist. Das macht aber nichts: Einheimische und Touristen kommen gerne, um im kühlen Nass einfach ein erfrischendes Bad zu nehmen.

**Pura Tirta Empul.** Tgl. 7–17 Uhr, Jalan Tirta, Manukaya, Tampaksiring.

Neuzeit scheinbar unberührten Tals ausmacht. Der zweite Teil der Legende übrigens sagt, dass diese Schreine im Felsen die letzte Ruhestätte des balinesischen Königs Udayana sowie der gesamten Familiendynastie der Warmadewas seien.

## Kleine Höhlen zur Meditation

Neben den zehn großen und mächtigen Höhlen gibt es etliche kleine, die man barfuß besichtigen kann. Diese sollen, so heißt es, buddhistische Mönche für die Meditation genutzt haben. Daneben liegt die eigentliche Tempelanlage, die bis heute als Pura Gunung Kawi bezeichnet und von der Dorfgemeinschaft rege genutzt wird. Es handelt sich um einen typisch balinesischen Tempel mit seinen Schreinen, Nischen und Pavillons. Besonders zu »Piodalan«, dem jährlichen Tempelfest, wird es voll hier unten. Tausende Pilger kommen, um das Fest gemeinsam zu begehen und zu feiern. Piodalan findet jährlich nach dem dritten Vollmond des balinesischen Kalenders statt. Wer zu dieser Zeit in der Nähe ist, sollte sich das Fest und vor allem die Vorbereitungen nicht entgehen lassen. Nicht nur für Fotografen ist die lebendige Szenerie ein Leckerbissen.

## Zeit für ein Picknick

Die Anlage von Gunung Kawi ist nicht sonderlich groß. Wer es darauf anlegt oder eilig hat, kann das Tal in einer Stunde gut besichtigen. Was aber schade wäre: Hier kann man wunderschön flanieren und sich treiben lassen. Und bald überkommt einen sicher das Gefühl, aus der Zeit gefallen zu sein. Da bietet es sich an, dieses Gefühl bei einem kleinen Picknick in einer der lauschigen Ecken weiter zu vertiefen – bevor es wieder die anstrengenden 300 Stufen hinaufgeht, vorbei an Souvenirshops und Verpflegungsständen.

**Oben:** Der Zahn der Zeit nagt – was viel vom Charme von Gunung Kawi ausmacht.
**Mitte:** Auch die Gebäude des heutigen Tempels sind reichlich mit Schnitzereien verziert.
**Unten:** Das nächste Tempelfest kommt bestimmt.

# Infos und Adressen

### SEHENSWÜRDIGKEITEN

**Gunung Kawi.** Tgl. 8–18 Uhr, Banjar Penaka, Tampaksiring, Tel. 0878/62 21 64 35, www.penaka.com

### ESSEN UND TRINKEN

**Kafe Kawi.** Hier kann man sich auf der schönen Terrasse mit tollem Blick über die Reisfelder gut ausruhen. Entweder vor oder nach den 300 Stufen, die zum Tempel führen. Das Kafe liegt direkt am Treppenanfang, nahe beim Ticketbüro. Tgl. 9–18 Uhr, Objek Pura Gunung Kawi, Jalan Werkudara 1, Tel. 0813/38 17 75 54.

**Warung de Koi.** Liegt ganz in der Nähe von Tirta Empul und hat einen Teich, in dem Koi-Karpfen ihre Kreise ziehen. Gute und günstige balinesische Küche. Tgl. 9–21 Uhr, Jalan Tirta 25M, Manukaya, Tampaksiring.

### ÜBERNACHTEN

**Bird Nest Sanctuary.** Die meisten Besucher von Gunung Kawi oder Tirta Empul kommen für einen Tagesausflug oder mit einer geführten Tour. Wer allerdings in Tampaksiring absteigen will, der ist im Bird Nest richtig. Holzbungalows in einem schön gestalteten Garten vermitteln ein wenig Gefühl vom ländlichen Leben auf Bali. Banjar Kawan Tengah, Tampaksiring. Buchbar über www.booking.com

**Geriya Homestay.** 15 Fußminuten von Gunung Kawi entfernt und fünf Minuten von Tirta Empul liegt dieses nette Homestay mit Familienanschluss. Für Selbstversorger gibt es eine Gemeinschaftsküche. Jalan Surya Brata, Tampaksiring. Buchbar über www.booking.com

### INFORMATION

»Piodalan« – die Tempelfeste im Pura Gunung Kawi der nächsten Jahre:
– 26. August 2018
– 14. September 2019
– 2. September 2020

Zu den regelmäßigen Zeremonien im Tempel findet sich immer das ganze Dorf ein.

# 21 Tegallalang
## Die vielleicht schönsten Reisterrassen auf Bali

**Wer nach Bali reist, der muss einfach die schönen Reisterrassen sehen, keine Frage. Frage ist allerdings, welche die schönsten sind. Zur Auswahl stehen auf Bali drei ungemein beeindruckende Flecken: Jatiluwih, Sidemen und Tegallalang. Letztere Reisterrassen haben den Vorteil, dass sie nicht weit von Ubud entfernt liegen und sich ihre Pracht schon beim ersten Blick aus dem Taxi erschließt.**

Urlauber bewundern an den Reisfeldern von Tegallalang vor allem die terrassierte Bauweise, bei der die mit Reis bepflanzten Etagen aus den Schluchtwänden herausgeschnitten zu sein scheinen. Was wirklich beeindruckend aussieht. Vor allem, wenn gerade auf einem Feld gearbeitet wird und man erkennt, wie mühsam das Geschäft wirklich ist. Gleichzeitig können sich Interessierte hier zum ersten Mal, und ohne lange Anreise, mit

**Mitte:** Man muss sie einfach gesehen haben, die berühmten Reisterrassen von Tegallalang.
**Unten:** Der Reisbauer freut sich sicher über einen kleinen Plausch.

## GUT ZU WISSEN

### RECHTZEITIG ANREISEN

Wer zu spät kommt, den strafen die Besuchermassen am Aussichtspunkt in der Dorfmitte von Tegallalang. Es lohnt sich, früh aufzustehen und vor dem Eintreffen der touristischen Minibusse und Taxis hier zu sein, um die Aussicht zu genießen. Auch sind die Ticketverkäufer noch nicht da. Ab spätestens 10 Uhr wird es voll. Wer die Möglichkeit hat, kommt mit dem Moped. Damit kann man sich durch den Stau schlängeln und das Moped problemlos am Straßenrand abstellen.

# Tegallalang

der Funktionsweise des Subak vertraut machen – dem traditionellen balinesischen System der Feldbewässerung, die durch eine dörfliche Kooperative geregelt wird. Man kann ein wenig durch die Reisfelder flanieren, zerbrechliche Brücken kreuzen und auf Tuchfühlung gehen mit den hiesigen Reisbauern.

Die Schönheit ihrer Reisfelder haben die Dorfbewohner längst erkannt und ein einträgliches Geschäft daraus gemacht: Eintreffenden Taxis und Minibussen, die mit Touristen beladen sind, wird normalerweise ein Eintrittsgeld abgenommen. Was dazu führt, dass sich der Verkehr am südlichen und nördlichen Ende des Dorfes staut. Im Ort selbst versuchen die Taxifahrer, für ihre Gäste den besten Parkplatz zu ergattern, damit diese nicht weit laufen müssen bis zu ihrer persönlichen Aussicht auf die Reisterrassen. Das alles führt dazu, dass Bali-Wiederholungstäter Tegallalang meiden und den Ort als »Touristenfalle« bezeichnen. Das mag sein, aber der Ausblick ist nun mal einmalig.

## Was für ein Ausblick!

Urlauber, die mit dem Taxi oder dem Minibus aus Ubud anreisen, brauchen kurz nach Erreichen der Ortsgrenze von Tegallalang nur auf der rechten Seite aus dem Fenster schauen. Und dann heißt es: staunen. Die Reisterrassen selbst liegen mitten im Dorf oder vielmehr zu Füßen des Dorfs. Hier geht es hinunter in eine tiefe Schlucht, und der Weg nach unten glänzt auf beiden Schluchtseiten mit Reisfeldern. Sie sind anscheinend ineinander verschachtelt, überlappen einander, bauen aufeinander auf. Auf etlichen steht der Reis in sattem Grün, auf anderen eine Wasserlache, weiter hinten stehen bräunliche Stängel. Direkt über den Reisterrassen kann man aussteigen und sich ein wenig die Füße vertreten. Am Aussichtspunkt ist die Luft

*Geheimtipp*

**D'ALAS WARUNG: GARTEN UND KAFFEE-PLANTAGE**

Hat man sich an Tegallalang sattgesehen, aber noch Lust auf leckere balinesische Speisen, Getränke, einen Kräutergarten und vielleicht einen Blick auf eine Kaffeeplantage, der ist im d'Alas Warung richtig. Dieser folgt nach gut fünf Minuten Fahrzeit und gut ausgeschildert in Richtung Norden ab Tegallalang auf der linken Seite. Hier speisen Besucher in kleinen Pavillons, die in einem grünen Garten auf einem Hügel angeordnet sind. Auch hier genießt man einen tollen Ausblick über Reisfelder, die nur einen Hügel von denen von Tegallalang entfernt, aber wahrscheinlich ebenso schön sind. Die Küche ist gut, das Personal sehr freundlich und schnell.

**d'Alas Warung.** Tgl. 10–20 Uhr, Jalan Raya Tegallalang, Tel. 0361/ 90 21 10, www.d-alas.com

klar und frisch, daher eröffnet sich ein weiter Blick in das Tal hinein. Leider ist man tagsüber nicht allein am Aussichtspunkt. Hier haben sich etliche Maler und lokale Künstler am Straßenrand eingerichtet, um den Urlaubern ihre Kunst in einem schönen Umfeld näherzubringen. Daneben bieten Touristenführer Spaziergänge in die Reisfelder an. Manchmal ist die Fotogelegenheit mitsamt lächelndem Reisbauern inklusive. Andernfalls sollte man aufpassen beim Fotografieren, dass man den Reisbauern auf dem nächsten Feld nicht allzu auffällig mit ins Bild nimmt. Es wäre nicht das erste Mal, dass dieser seine Arbeit unterbricht, herkommt und Geld für das Foto verlangt. Unterhalb der Straße und damit des Aussichtspunkts gibt es Cafés und Restaurants, die für den touristischen Bedarf vorgesorgt haben. Hier gilt im Allgemeinen: je besser der Blick aufs Reisfeld, desto teurer die Mahlzeiten. Aber für einen frisch gepressten Saft sollte man sich schon Zeit nehmen, denn die Aussicht entschädigt für so manchen Auflauf und damit Stress in Tegallalang.

## Weitere Blicke auf die Reisterrassen

Besucher, die dem möglichen Stau der Urlaubertaxis aus dem Weg gehen wollen, können die Reisterrassen auch von woanders genießen: Unterhalb des Orts und knapp oberhalb des Kampung Resorts mit seinem netten Café führt eine kleine Straße nach rechts ab. Hier geht es erst steil hinunter in die Schlucht mit den Reisterrassen, dann auf der anderen Seite wieder steil hinauf. Entlang des Weges tun sich immer wieder interessante Blicke auf. Wer aus nördlicher Richtung kommt, der kann oberhalb der Reisterrassen ein nettes Fleckchen zum Schauen aufsuchen: das Café Dewi. Hier sitzt man direkt am Geschehen und genießt frisch gepressten Saft oder balinesischen Kaffee.

**Oben:** Den beeindruckenden Ausblick über die Reisterrassen vergisst man so schnell nicht. **Unten:** Am Straßenrand gibt es etliche einheimische Maler, die die Schönheit festhalten.

# Infos und Adressen

### SEHENSWÜRDIGKEITEN

Die Reisterrassen von Tegallalang sind täglich geöffnet. Mit einem Führer kann man einen Spaziergang durch die Felder machen oder man mietet sich einen Guide vor Ort.

### ESSEN UND TRINKEN

**Kampung Café.** Hauptsächlich der Ausblick von der Terrasse des Cafés aus auf die Reisfelder lockt Urlauber an. Dabei ist das Angebot nicht schlecht. Vor allem die indonesischen Speisen sind mehr als annehmbar. Tgl. 8–21 Uhr, Jalan Ceking, Tegallalang Tel. 0361/90 12 01, www.thekampungresortubud.com

**Café Dewi.** Von hier ist die Aussicht besonders schön, da einem die gesamte Schlucht zu Füßen liegt. Tgl. 9–18 Uhr, Jalan Pakudui, Kedisan, Tegallalang, Tel. 0819/16 33 46 39.

### ÜBERNACHTEN

**The Kampung Resort Ubud.** Wie im hauseigenen Café sind die Ausblicke in der Anlage der Hit. Die fünf Häuser mit ihren neun Zimmern in schickem, balinesischem Design, sind in den Hang gebaut, so gibt es zu jeder Tageszeit einen grandiosen Ausblick. Jalan Ceking, Tegallalang Tel. 0361/90 12 01, www.thekampungresortubud.com

**Ubud Sawah Homestay.** Liegt auf der anderen Seite der Schlucht. Hier ist es deutlich ruhiger als im Ort, die Ausblicke in die Reisfelder aber sind auch nicht von schlechten Eltern. Einfache, aber gute Bungalows und freundliche Gastgeber erwarten Besucher im Ubud Sawah. Banja Dukuh, Kendra, Tegallalang, Tel. 0821/45 84 27 04, www.ubudsawahhomestay.com

Frühstück mit Blick aufs Palmenmeer gibt es im Kampung Resort Ubud.

# 22 Susut
## Wo der Luwak-Kaffee herkommt

Ein schöner Ausflug führt vom Süden Balis, Ubud, Tampaksiring oder Tegallalang Richtung Norden, Richtung Penelokan in den Bergen. Ziel ist der Krater des Vulkans Gunung Batur mit seinem in der Sonne gleißenden See, dem Danau Batur. Auf der Strecke nach Norden oder auf dem Rückweg lohnt sich ein Stopp in einer der Kaffee-, Tee- und Gewürzplantagen entlang der Hauptstraße. Hier kommt der berühmte Luwak-Kaffee her.

Der Kopi Luwak oder »Luwak-Kaffee« gilt als der teuerste Kaffee der Welt. Ein Pfund kostet mehr als 120 Euro, nach oben gibt es keine Grenzen. Seit Anfang der 1990er-Jahre steht er auf der Spezialitätenkarte von Kaffeeröstern, seitdem steigt die Nachfrage beständig. Seinen Weg in die Tassen der europäischen und US-amerikanischen Genießer fand er aus dem Dschungel Indonesiens heraus.

## Kaffeebohnen, ausgeschieden vom Palmenroller

Sein vorheriger Werdegang führte den Kaffee durch das Gedärm eines possierlichen Palmenrollers, auch Fleckenmusang genannt. Diese gab es reichlich und wildlebend in Indonesien. Sie streiften nachts durch die Kaffeeplantagen und naschten an den reifsten und prallsten Kaffeekirschen. Diese waren dann erst mal weg vom Strauch, sehr zum Ärger der Kaffeebauern. Doch der Palmenroller, der in Indonesien Luwak heißt, verdaut nur das rote Fruchtfleisch der Kaffeekir-

**Mitte:** Die Palmenroller werden heute meist in Käfigen gehalten und mit Kaffee gefüttert.
**Unten:** Die Bohnen des Luwak-Kaffees werden zum Trocknen in die Sonne gelegt.

Hier kann man einige Kaffeesorten probieren – der Luwak sollte schon dabei sein.

schen. Den Rest, sprich die Kaffeebohnen, scheidet er als Luwak-Bohnen wieder aus. Ihren Weg in die Kaffeekanne fanden sie, so berichtet die Legende, als ein genervter Kaffeebauer sich aus den gereinigten Verdauungsresten des Luwaks einen Kopi, einen Kaffee braute. Und dabei feststellte, dass man das Ergebnis nicht nur trinken kann, sondern dass diese Art Kaffee auch ganz besonders schmeckt. Denn im Magen des Luwaks werden die Kaffeebohnen angesäuert. Anschließend folgt im Darm durch die natürliche Mikroflora ein Fermentierungsvorgang. Hauptsächlich Milchsäurebakterien sind dafür zuständig. Das Ergebnis dieses Prozesses sei der einzigartige Geschmack, heißt es. Ein gutes Tröpfchen für besondere Anlässe also. Das sprach sich herum.

## Luwak-Kaffee heute

In den Anfangszeiten gingen die Kaffeebauern noch durch ihre Plantagen und suchten die Verdauungsreste des Palmenrollers zusammen. Heute werden Luwaks auf den balinesischen Kaffee-, Tee- und Gewürzplantagen als Nutztiere gehalten und täglich mit Kaffeekirschen gefüttert. »Nutztiere«: Das heißt, dass die Tiere in den Gehegen

**Nicht verpassen**

### LUWAK-KAFFEE PROBIEREN

Eine Verkostung mit Luwak-Kaffee kostet pro Person um die 50 000 Rp. (3,50 Euro), und ist den Einsatz wert. Meist werden diese Verkostungen schön in Szene gesetzt. Da wird der Kaffee in die Glaskanne gehäuft, aufgeblubbert, dann muss er ein wenig abkühlen, dann kleine Schlucke in ebenso kleine Tassen gefüllt. Die Verkosterin erklärt während der Zeremonie alle Schritte und die Herkunft des Kaffees. Dann heißt es probieren – und hier scheiden sich häufig die Geister. »Muffig« oder »bitter« sind oft die ersten Geschmackserlebnisse. Dabei sind sich Kaffeekenner und Lebensmittelwissenschaftler einig, dass sich der Kopi Luwak geschmacklich nicht sonderlich von anderen Kaffeesorten abhebt. Bitterstoffe, Säuren und Aromastoffe seien fast gleich festzustellen und zu schmecken. Da hilft nur eins: selbst probieren und ein eigenes Urteil bilden.

133

der Plantagen frei herumlaufen dürfen oder in Käfigen gehalten werden. Und das sieht nicht immer tierfreundlich aus. Die ausgeschiedenen Bohnen werden anschließend gewaschen, getrocknet, leicht geröstet und dann an die zahlende Kundschaft verkauft. Diese Kundschaft kommt auf Bali meist aus dem Westen oder in den letzten Jahren verstärkt auch aus dem asiatischen Raum. Und viele Besucher der Insel wollen den Luwak-Kaffee probieren. Das kann man auch in der Einkaufsmall Kuta Beachwalk im Café Rollaas. Gute 100 000 Rp. kostet ein Tässchen. Aber schöner ist es natürlich, an den Ort des Geschehens zu gehen und Informationen über die Gewinnung aus erster Hand zu erfahren.

## Kaffee in Indonesien

1696 kam der Kaffee mit den Kolonialherren aus Holland nach Batavia, dem heutigen Jakarta. Die

**Oben:** Nicht nur fein verpackt ist der Luwak-Kaffee der teuerste Kaffee der Welt.
**Unten:** Das duftet: Bei einer Vorführung werden die Kaffeebohnen im Mörser zerstampft.

# Infos und Adressen

Arabica-Pflanzen wurden aus Indien importiert. Zum ersten Mal wurde 1711 Kaffee aus Indonesien nach Holland exportiert. Bald war die Insel Java der größte Kaffeelieferant für das damalige Europa. Heute ist Indonesien der drittgrößte Kaffeeproduzent der Welt. Arabica wird traditionell auf Sumatra, Sulawesi und Java angebaut. Flores, Papua und Bali kamen später dazu. Indonesien hat zahlreiche aktive Vulkane, die für fruchtbare Böden sorgen. Dazu erstreckt sich das Land entlang des Äquators und liegt somit in einer gemäßigten, regenreichen Zone. Für den Anbau guter Arabica-Kaffees sind das hervorragende Voraussetzungen. Dass die Anbaubedingungen an den Vulkanhängen auf Bali ideal sind, davon kann man sich bei einer Plantagenbesichtigung und einem Rundgang durch die meist recht hübschen Anlagen überzeugen lassen.

## Plantagenbesichtigung

Entlang der Straßen zwischen Ubud und Penelokan oder Kintamani gibt es mindestens 20 Kaffee-, Tee- und Gewürzplantagen. Viele werben damit, »organic« zu arbeiten, also Bio-Kriterien zu genügen. Das Angebot gleicht sich aber im Großen und Ganzen. Es lohnt sich, anzuhalten und solch eine Plantage anzuschauen. Häufig werden kostenfreie Führungen angeboten. Man kann sich bei einem Rundgang über die Kräuter und Gewürze der Insel informieren lassen, dabei Kakao, Vanille, Zimt, Muskatnuss, Pfeffer und Nelken riechen und anfassen. Es gibt auch Tee- oder Kaffeeverkostungen, bei denen man die unterschiedlichen Sorten kennenlernen kann – vom Schwarz- bis zum Kräutertee. Anschließend lockt der dazugehörige Shop zum Kauf der hauseigenen Produkte. Meist gibt es für Urlauber reichlich »Discount«, und man hat ein schönes Mitbringsel für die Lieben in der Heimat dabei.

### SEHENSWÜRDIGKEITEN

Die Kaffee-, Tee- und Gewürzplantagen haben meist täglich ab 8 Uhr geöffnet. Einige werden gezielt von Touristentouren angefahren. Wer die Plantage nicht in einer großen Gruppe besuchen will, der meidet die Parkplätze mit den Bussen. Hier ein paar Adressen mit guten Erfahrungen:

**Cantik Agriculture Luwak Coffee.** Jalan Raya Kintamani, Temen, Tampaksiring, Tel. 0877/61 05 62 88.

**Satria Coffee Plantation.** Jalan Raya Tampaksiring, Kintamani, Tel. 081/79 79 30 20, http://www.satriaagrowisata.baliklik.com

**Basanta Agro Organic.** Jalan Raya Jasan, Jasan, Sebatu, Tegallalang, Tel. 0361/90 22 27, http://basantaagrobali.com

**OKA Agriculture Bali.** Temen, Susut, Tel. 0813/38 38 84 22.

### EINKAUFEN

Wer in Stimmung ist, kann die Produkte der jeweiligen Plantage gleich dort im Shop kaufen. Allerdings ist der Preis auch mit dem Discount für Touristen meist höher als auf dem nächsten Markt. Dafür stammen sie eben direkt von hier.

# 23 Die Green School
## Zu Besuch im größten Bambusgebäude der Welt

In Sibang, ungefähr 20 Fahrminuten von Ubud entfernt in Richtung Westen, steht die Green School. Eine im wahrsten Sinne des Wortes »grüne« Schule. Hier wird nach anthroposophischem Ansatz unterrichtet, und die Schule ist in einem nicht nur vom Stil her einmaligen Bau untergebracht: Es handelt sich um das größte aus Bambus gebaute Gebäude der Welt. Und dieses kann man auf einer geführten Tour erkunden.

Das Gebäude wurde 2008 durch den Kanadier John Hardy erbaut. Er war mit seinem Schmuckhandel auf Bali reich geworden. Nach dem Verkauf seines Geschäfts widmete er sich dem nachwachsenden Rohstoff Bambus und gründete die Green School. Der Bau des mehrstöckigen Gebäudes sollte sein Gesellenstück werden. Heute werden hier zum Großteil Kinder aus dem Westen unterrichtet, deren Eltern auf Bali leben. Kinder aus Bali kommen zum Zug, wenn die Eltern das dementsprechende Kapital aufbringen können.

## Bau aus Bambus und eine eigene Quelle

Das beeindruckend organisch wirkende Gebäude besteht nur aus natürlichen Materialien wie Bambus und Holz. Nägel beispielsweise wurden nur verwendet, wenn es gar nicht anders ging. Die Energie kommt aus ausladenden Fotovoltaik-Anlagen, das Wasser für die Kinder aus einer eigenen Quelle. Gleichzeitig wird den Kindern an zahlreichen Stellen und auf Plakaten vermittelt, wie der

Auf dieser weltweit einmaligen Bambusbrücke gelangt man zur Green School.

Die Gebäude bestehen komplett aus Bambus – selbst die Tische und Stühle.

ökologische Ansatz der Green School aussieht und vor allem, wie gut er funktioniert. Die Toiletten sind unterteilt in »trocken« und »feucht«, für das große und das kleine Geschäft. Das große verschwindet dabei unter Blättern, und es wird kein Wasser zum Spülen verschwendet. Rund um die Green School wachsen viele einheimische Pflanzen wie Lemongras und Zuckerrohr, Ziegen und Kühe gehören zum Schulalltag. Die Kids bauen im Laufe ihrer Schulzeit eigenes Gemüse an und kümmern sich um die »Haustiere«. So vermittelt die Green School nicht nur über das Bambusgebäude einen verantwortungsvollen Umgang mit der Natur – vielmehr kann jeder mitmachen.

Auch in kleinen Bambusbungalows wird unterrichtet.

## Infos und Adressen

### SEHENSWÜRDIGKEITEN

**Green School.** Geführte Touren werden angeboten Mo–Fr 9–10, Sa und So 10.30–11.30 Uhr. Bei Führungen über den Campus lernt man das Gebäude, die Pflanzenwelt drumherum und vor allem die Idee hinter dem Projekt kennen. Es werden auch ausgedehntere Besuchsmöglichkeiten angeboten, bei denen interessierte Besucher Projekte der Schule in den Nachbardörfern kennenlernen können. Aktuelle Infos gibt es auf der Website, hier meldet man sich am besten auch an: www.greenschool. org/book-a-tour

### INFORMATION

Die Green School ist für Selbstfahrer nicht einfach zu finden. Von Norden oder Ubud her erreicht man Sibang und nimmt dann die dritte Abfahrt auf der rechten Seite. Die Straße sieht wenig vertrauenserweckend aus, führt aber zum Parkplatz der Schule. Hier wird man zur Besichtigung abgeholt.

# 24 Bedugul
## Bergsee, Botanischer Garten und Blumenmarkt

**Auf halber Strecke zwischen Süd- und Nord-Bali, hoch oben und fast schon in den Wolken, liegt der Bratan-See mit den Dörfern Bedugul, Candi Kuning und Pancasari. Der See ist vor allem berühmt durch einen der meist fotografierten Tempel Balis – dem Pura Ulun Danu Bratan. Candi Kuning glänzt mit dem Botanischen Garten und dem beliebten Blumenmarkt. Die Region bietet eine frische Abwechslung zur Hitze des Südens.**

Allein der Aufstieg über die von Lkw intensiv genutzte Hauptstraße aus Richtung Süden ist spektakulär: Mit Baturiti wird der regenreichste Ort Balis passiert, anschließend geht es auf engen Serpentinen Meter um Meter dem Himmel und den Wolken entgegen. Der Blick zurück zeigt Balis Süden, wie er den Bergen zu immer ländlicher wird. Es wird kühler, und ein kurzer Regenguss ist

**Mitte:** Der Bratan-See ist ein beliebtes Ausflugsziel für Urlauber und Einheimische.
**Unten:** Es ist kühler und feuchter als im Süden Balis, was gut für die Pflanzenwelt ist.

## GUT ZU WISSEN

### RICHTIGE KLEIDUNG MITNEHMEN
Auf dem Hochplateau rund um den Bratan-See herrschen andere Witterungsverhältnisse als im Süden oder Norden Balis. Hier ist es deutlich kühler als an den Küsten. Vor allem in der Nacht reicht die Deckendicke in den Hotels schnell nicht mehr aus. Gleichzeitig ist die Regenwahrscheinlichkeit hoch – egal, in welchem Monat man vorbeischaut. Wer also hier übernachten oder einige Zeil verweilen will, sollte durchaus eine Jacke und vielleicht einen Schirm mit einpacken.

immer drin. Auf gut 1200 Metern Höhe
ist Bedugul erreicht. Die Straße führt
um einen Berg herum, es geht ein wenig
bergab – und es tut sich ein hinreißender
Ausblick auf: Der Bratan-See mit seinen kleinen
Tret- und Fischerbooten, vielleicht ein wenig
wolkenverhangen, kommt ins Bild. Der See liegt
malerisch in einem Vulkankrater. Die Oberfläche
ist meist spiegelglatt, und man kann endlos über
ihn drüberschauen. Von der beliebten Aussicht
abgesehen ist der Bratan-See ein wichtiges Trink-
wasserreservoir für Bali.

Links geht es jetzt ab zum Botanischen Garten
und dem Blumenmarkt von Candi Kuning. Händler
preisen am Straßenrand Obst und Gemüse an, verpackt in reisefähige Plastikhüllen. Eine gute Gelegenheit, einen vegetarischen Snack mitzunehmen.
Ein paar Kilometer weiter Richtung Nordküste
dann der Pura Ulun Danu Bratan. Das Bali-Post-
kartenmotiv, tausendfach fotografiert und doch
bei jedem Besuch anrührend. Hier auf dem Hochplateau ist das Klima nicht nur für Menschen aus
dem Westen angenehmer als im heißen Süden.
Auch Einheimische besuchen das Ausflugsziel für
ein bisschen Sommerfrische. Daher kann es vor
allem am Wochenende schon recht voll werden
auf dem See und rund um den Tempel. Im Botanischen Garten allerdings kann man sich immer
schön verlaufen.

## Der Botanische Garten von Bali

Der Bali Botanical Garden (»Kebun Raya«) liegt
auf einer Höhe von 1250 bis 1450 Metern und
ist 157,5 Hektar groß. Bei 17 bis 25 Grad Außen-
temperatur unter Tag, 10 bis 15 Grad in der Nacht
und einer Luftfeuchtigkeit von 70 bis 90 Prozent
ist der Garten ein Paradies für die Pflanzenwelt.
Hier wird geforscht, vom Aussterben bedrohte

*Geheimtipp*

**ALTERNATIVE ZUM PURA ULUN DANU BRATAN**

Wer es nicht rechtzeitig
vor der Hauptbesuchszeit
geschafft hat, den Pura Ulun Danu
Bratan zu besichtigen, für den
ist der Pura Ulun Danu Buyan
eine schöne Alternative. Er liegt
prächtig am Ufer des Buyan-Sees,
der ungefähr zwei Kilometer vom
Bratan-See und seinen Touristen
entfernt liegt in Richtung Norden.
Hier ist es deutlich ruhiger, und bei
einem Besuch des Tempels kann
es durchaus sein, dass sonst niemand auf dem Gelände unterwegs
ist. Der Pura Ulun Danu Buyan im
Ort Pancasari bietet eine schöne
Aussicht über den See und einen
Meru mit neun Pagodendächern.
Also nicht ganz so heilig und
wichtig wie der gut besuchte Pura
Ulun Danu Bratan, aber doch von
Bedeutung für die Gläubigen. Hier
kann man sich ungestört ans Ufer
des Buyan-Sees setzen und das
in Candi Kuning gekaufte Picknick
verzehren.

**Pura Ulun Danu Buyan.** Danau
Buyan, Pancasari.

Neben dem Ausblick glänzt der Tempel Pura Ulun Danau Bratan mit viel Symbolik.

**Einfach gut!**

## BALINESISCHE ERDBEEREN GENIESSEN

Der Markt von Candi Kuning ist weithin berühmt für seine Blumenpracht. Daneben bieten die Bauern aus der Region aber auch etliche Spezialitäten an wie beispielsweise tropische Früchte. Darunter Mangosteen, Bananen, Mandarinen und Äpfel. Der Kassenschlager allerdings sind die hiesigen Erdbeeren. Sie werden auf dem Markt en gros oder in kleinen Mengen an den Mann und die Frau gebracht. Fliegende Händler am Rand der Hauptstraße recken die kleinen roten Leckereien den vorbeifahrenden Autos und Bussen entgegen. Eine gute Gelegenheit, sich den Gaumengenuss zu sichern. 500 Gramm kosten ab 25 000 Rp., also rund 1,70 Euro. Das sollte man sich nicht entgehen lassen.

Pflanzen werden konserviert, und es gibt etliche Angebote, die Natur des Landes kennenzulernen, vom Picknick im Grünen bis zur Pflanzenkunde bei einem Rundgang. Hier lernt man balinesische Heilpflanzen kennen oder solche, die bei Zeremonien zum Einsatz kommen. Vögel zwitschern, und trotz gut 200 000 Besuchern im Jahr tritt man sich nicht auf die Füße.

Das ist ganz im Sinne des Erfinders. Professor Kusnoto Setyodiwiryo war es, der 1955 gemeinsam mit Gleichgesinnten den Stein ins Rollen brachte. Setyodiwiryo war der Leiter der botanischen Gärten Indonesiens und fand, dass es höchste Zeit sei für einen Garten außerhalb der Hauptinsel Java. Den idealen Ort fand er auf Bali. 1958 hatte er die Verantwortlichen auf seine Seite gezogen, und am 15. Juli 1959 wurde der Eka Karya Botanical Garden eröffnet. Damals umfasste er 50 Hektar. 1988 waren es 154,5 Hektar mit gut 16 000 Pflanzen und 1500 Arten. Darunter Orchideen, Medizinpflanzen, Kakteen, Farne, Bambus und zahlreiche Bäume. Heute sind es um die 17 500 Pflanzen. Bald kamen ein Herbarium, eine Bücherei, Gewächshäuser und eine Baumschule dazu. Von den Besuchern stammen nur fünf bis zehn Prozent aus dem Ausland. Balinesen und indonesische Touristen lassen sich hier zeigen, wie Flora und Fauna Indonesiens in unberührten Zeiten aussahen. Und wer ein wenig Pflanzenwelt mitnehmen möchte, der ist auf dem Markt von Candi Kuning richtig.

## Der Markt von Candi Kuning

Der Pasar Merta Sari Candi Kuning, so die korrekte Bezeichnung, wird im Volksmund auch schlicht Pasar Bedugul genannt, »Markt von Bedugul«. Er ist berühmt für seine Blumenpracht, die Besucher aus nah und fern anzieht. Alle Produkte auf dem Markt kommen aus der näheren Umgebung und werden von den Bauern frisch hergebracht und jeden Vormittag aufs Neue aufgebaut. Neben Blumen und Pflanzen bietet der Markt die Dinge des täglichen Lebens sowie eine ausgedehnte Kitsch- und Souvenirecke. Denn die Verkäufer setzen auf Besucher, die von der Süd- an die Nordküste oder in der anderen Richtung unterwegs sind und die kurze Verschnaufpause hier oben für einen kleinen Einkauf nutzen. Dabei ist Feilschen ein Muss. Und dann geht es weiter zu einem der nicht nur von der Lage her schönsten Tempel Balis: dem Pura Ulun Danu Bratan.

## Der Pura Ulun Danu Bratan

Wahrscheinlich ist der Tempel das bekannteste Postkarten- und Bildbandtitel-Motiv von Bali. Hier kommt zur rechten Tageszeit – beispielsweise pünktlich zum Sonnenaufgang – alles zusammen, was Bali auszumachen scheint: ein pittoresker Tempel mit kleinen beschirmten Schreinen am Ufer eines verwunschenen Sees, im Hintergrund balinesisches Bergland. Da werden Reiseträume wahr. Und das zu Recht.

Gebaut wurde der Tempel 1663 durch den König von Mengwi. Er sah an diesem Kraftort spirituelle

**Oben:** Große Erdbeerplantage am Buyan-See
**Mitte:** Auf dem Markt von Candi Kuning werden bunte Stoffe angeboten.
**Unten:** Elf Pagodendächer hoch ist der Schrein von Shiva im Pura Ulun Danau Bratan.

Möglichkeiten und ließ einen hinduistisch-buddhistischen Tempel an den Wasserrand setzen. Ulun Danu steht frei übersetzt für »Tempel der Quelle des Sees«, der Bezug zum Wasser war also gewollt. Doch damit nicht genug: Auf zwei vorgelagerte Inseln stellten seine Baumeister zwei schlichte, aber schön anzuschauende Meru, also Schreine. Der größere Teil des Tempelkomplexes steht am Seeufer. Man blickt also über den Haupttempel auf die Schreine, die im See stehen – und der Blick wird weit. Dieser Blick macht einen Großteil der Magie des Tempels aus.

## Tempel für drei Gottheiten

Der Pura Ulun Danu Bratan ist den Gottheiten Shiva, Brahma und Vishnu geweiht. Der Haupttempel Pura Penataran Agung Batur ist umgeben von fünf Höfen. Darin steht selbstbewusst der Schrein für die Göttin des Sees: Vishnu, der Welterhalter, in seiner Erscheinungsform als Seegöttin Dewi Danu. Elf Pagodendächer hoch ist der Meru, höher geht es nicht. Die Anzahl dieser Dächer richtet sich nach dem Rang der Erbauer des Tempels und vor allem nach den Gottheiten, die dort ihren Sitz haben sollen. Elf Pagodendächer ist die höchste Anzahl auf Bali. Der deutlich kleinere Meru mit seinen drei Pagodendächern nebenan ist Shiva gewidmet. In einer dem Tempel vorgelagerten Parkanlage steht ein buddhistischer Stupa, der fünf meditierende Buddhas beheimatet. 1917 und 1926 wurde der Tempel bei Vulkanausbrüchen in Mitleidenschaft gezogen, aber wieder aufgebaut.

## Beste Besuchszeit

Wer den Tempel und seine Magie in Ruhe besuchen will, der sollte die frühen Morgenstunden nutzen. Ab 10 Uhr treffen regelmäßig die Busse mit in- und ausländischen Touristenhorden ein.

**Oben:** Der Pura Ulun Danau Bratan ist einer der wichtigsten Tempel Balis.
**Unten:** Bis heute finden hier beinahe täglich Zeremonien, Opferungen und Gebete statt.

# Infos und Adressen

### SEHENSWÜRDIGKEITEN

**Bali Botanical Garden.** Tgl. 8–18 Uhr, Jalan Kebun Raya, Candi Kuning, Tel. 0368/203 32 11, http://krbali.lipi.go.id

**Markt von Candi Kuning.** Tgl. 8–20 Uhr, Jalan Kebun Raya Bedugul, Candi Kuning.

**Pura Danu Bratan.** Tgl. 8–18 Uhr, Desa Candi Kuning, Tel. 0368/203 30 50, http://ulundanuberatan.com

### ESSEN UND TRINKEN

**Eat Drink Love Cafe Bedugul.** Frei nach dem Film »Eat Pray Love« gibt es hier neben Shakes und brauchbaren indonesischen Mahlzeiten ein wenig Kunst an den Wänden zu sehen. Tgl. 8–18 Uhr, Pasar Merta Sari, Candi Kuning, Tel. 0811/39 93 93, www.facebook.com/eatdrinklovebali

### ÜBERNACHTEN

**Strawberry Hill Hotel And Restaurant.** Vorne die Hauptstraße, dahinter der Wald und den Bratan-See im Blick. Das Strawberry Hill bietet einfache, aber brauchbare Bungalows, in Fußentfernung von Candi Kuning. Jalan Raya Denpasar-Singaraja, km 48, Bedugul, Tel. 0368/212 65, http://strawberryhillbali.com

### AKTIVITÄTEN

**Handara Golf & Resort Bali.** Das Handara ist ein beliebtes Ziel für Golfer aus der ganzen Welt. Die Anlage mit ihrem 18-Loch-Platz, der von Peter Thompson und Michael Wolferidge gestaltet wurde, gehört zu den »Top 50 Greatest Golf Courses in The World«, gewählt vom Golf Magazine, und wurde 2015 Gewinner des Preises »Best Golf Hotel in Indonesia«, der jährlich von »World Golf Awards« ausgeschrieben wird. Wer hier golft, sollte sicherheitshalber immer einen Schirm dabei haben oder dafür sorgen, dass der Caddy einen eingepackt hat. Desa Singaraja-Denpasar, Pancasari, Tel. 0362/342 26 46, www.handaragolfresort.com

Dieser Anblick lässt nicht nur die Herzen von Hobbyfotografen höherschlagen.

# GÜNSTIG

## durch Bali und Lombok

Bali und Lombok sind nicht mehr unbedingt Hochburgen für Backpacker. Es gibt sie noch, aber auffallend sind eher die jungen Familien mit großen Rucksäcken oder Rollkoffern, umgeben von ein oder zwei Kindern: eins an der Hand, eins auf dem Rücken oder dem Bauch. Die Preise sind jedoch immer noch gut: Auf Bali und Lombok kann man günstig wohnen, essen und trinken, einem Trip steht bei derzeit günstigen Wechselkursen nichts im Wege.

## Wahl der Unterkunft und der Weg dorthin

Wer den kompletten Urlaub gleich von zu Hause aus bucht, kann manches Schnäppchen im Reisebüro oder im Internet machen. Denn zusammen mit dem Flug gebucht werden zahlreiche Mittelklasse- bis Luxus-Hotels vor allem im Süden Balis zu preiswerten Alternativen. Ein Hotel aus der 200-Euro-Preisklasse kann hier gut für 100 Euro die Nacht für zwei Personen inklusive Frühstück über die Bühne gehen. Es lohnt sich, den aktuellen Übernachtungspreis des gewünschten Hauses auf dessen Website zu

Mobile Garküchen laden dazu ein, frisch zubereitete Mahlzeiten zu genießen.

checken und mit dem Angebot samt Flug zu vergleichen. Auch bieten die einschlägigen Webportale wie beispielsweise www.booking.com oder www.agoda.de einen guten Überblick über das tägliche Angebot und die zu erwartenden Kosten. Vorteil der Portale ist außerdem, dass hier bereits alle Kosten in den Übernachtungspreis mit einberechnet sind. Es werden also keine zusätzlichen Steuern und Ausgaben mehr fällig.

Wer ohne vorgebuchte Unterkunft auf Bali landet, sollte sich vorher überlegt haben, wo die Reise hingeht. Der Flughafen liegt im Süden der Insel. Hier könnte die erste Nacht verbracht werden. Abenteuerlustige Reisende verlassen den Flughafen zu Fuß. Einmal draußen, kann man an der Hauptstraße ein Taxi anhalten, ein Bemo, also einen öffentlichen Minibus, oder ein Moped-Taxi. Die nächste Ortschaft mit der wahrscheinlich höchsten Dichte an Unterkünften auf Bali ist Kuta. 10 000 Rp. sollte die zehnminütige Tour kosten. Müde Reisende

Am Mini- oder Tourist-Bus führt in Sachen zuverlässiger Transport kein Weg vorbei.

buchen ein Prepaid-Taxi am Taxistand im Eingangsbereich. Der Trip nach Kuta kostet dann 70 000 Rp.

In Kuta angekommen, lohnt es sich, bei einem Spaziergang in die verschiedenen Unterkünfte hineinzuschauen – im wahrsten Sinne des Wortes. Den Rucksack oder Rollkoffer kann man so lange in einem Café oder Restaurant deponieren. So liegt nahe des Bemo Corner die Gasse Poppies Lane I. mit günstigen Bali-Klassikern bis 200 000 Rp. In der Nebensaison lohnt es sich überall, um den Preis zu feilschen. Wer länger bleiben will, sollte das gleich sagen und einen Discount verlangen.

Die günstigsten Unterkünfte heißen Guesthouse. Sie haben oft nur wenige einfache, aber saubere Zimmer, es gibt Familienanschluss, ein eigenes Bad und einen Ventilator an der Decke. Frühstück ist häufig inklusive. Guesthouses findet man in der Preisklasse bis ca. 250 000 Rp., also 17 Euro fürs Doppelzimmer. Einzelzimmer gibt es in dem Sinne nicht.

## Günstiger Transport

Bali und Lombok werden von einem dichten Netz von Bemo-Linien überzogen. Bemos sind Kleinbusse, in die so viele Menschen, Hühner, Reissäcke und Fahrräder hineingestopft werden wie möglich. Dann fährt das Bemo los. Bemos haben feste Routen, die meist an der Windschutzscheibe angeschrieben sind. Die Fahrpreise sind für Touristen

Garküchen – wie hier in Legian – sind eine gute Möglichkeit, wieder Energie zu tanken.

Verhandlungssache, bewegen sich aber normalerweise im Cent-Bereich. Es hilft, sich vorher bei Einheimischen zu erkundigen. Neben den Bemos gibt es öffentliche Busse (Bis). Diese fahren von Terminal zu Terminal, können aber auch – wie Bemos – vom Straßenrand herangewunken werden.

Ein andere günstige Möglichkeit der Fortbewegung sind Moped-Taxis. Die Fahrer sind an ihren Westen erkennbar oder machen lautstark auf sich aufmerksam. Mit dem Moped kommt man noch in die kleinsten Gassen, nur ängstlich sollte man nicht sein. Und vor allem den Helm nicht vergessen.

Gut 90 Prozent aller Urlauber sind mit einem privaten Fahrer unterwegs. Tipp: den Fahrer mitsamt Fahrzeug nicht im Hotel und nicht am Hoteleingang buchen. Vielmehr hinaus auf die Straße gehen, sich ansprechen lassen, »Hey Mister, transport?«, dann verhandeln. Eine andere Fortbewegungslösung sind

Shuttlebusse. Bekanntester Anbieter ist Perama. Auf festen Routen geht es zu festen Zeiten sicher und zuverlässig über die Inseln.

## Günstig essen

In Indonesien wird rund um die Uhr gegessen. Das ist gut für Urlauber, denn das Angebot ist immer da und vor allem immer frisch. Wer also müde vom Hotelbüfett ist oder Abwechslung sucht, geht aus dem Hotel raus in die Gassen des Dorfes. Hier trifft er mit Sicherheit auf den einen oder anderen Warung, eine kleine Essbude. Hier kann man sich für ein bis zwei Euro den Bauch vollschlagen. Ein wenig teurer sind die Rumah Makan (Ess-Häuser), gefolgt von den Restorans. Leider auf Bali kaum mehr zu sehen, aber immer einen Versuch wert, sind die Kaki Lima. Hierbei handelt es um mobile Ess-Stände. In einem großen Kessel oder einem Wok werden die Speisen vor den Augen der Kunden frisch zubereitet – und das für ganz wenig Geld.

# 25 Gunung Batur
## Trekking auf einen aktiven Vulkan

**Viele Bali-Urlauber träumen davon, den Vulkan Gunung Batur zu erklimmen und von dort oben den Sonnenaufgang zu genießen. Der Batur mit seinen 1717 Metern Höhe und den grandiosen Ausblicken über die Insel sowie dem Batur-See zu seinen Füßen gilt daher als eines der beliebtesten Touristenziele im Hochland. Glücklicherweise ist der Aufstieg nicht nur für Freunde von Reinhold Messner durchaus machbar.**

Nicht nur der Vulkan selbst ist sehenswert. Vielmehr gibt es hier oben heiße Quellen und auf dem Kraterrand überschaubare Orte, die immer eines gemeinsam haben: einen tollen und spektakulären Ausblick auf den Vulkan und die umliegende Berglandschaft. Die drei Ortschaften auf dem Kraterrand sind Kintamani, Batur und Penelokan.

**Mitte:** Rauchwolke über dem Vulkan – zum Glück nur eine Animation im Batur Geopark Museum
**Unten:** Wer auf Gipfel oder Kraterrand wandern will, sollte sich passend ausrüsten.

## GUT ZU WISSEN

### AUFSTIEG NIE OHNE FÜHRER!

Offiziell ist es verboten, ohne ausgebildeten Führer den Batur zu erklimmen. Es sind etliche Unfälle passiert mit Ortsfremden, die sich ohne Ortskundigen an den Aufstieg gewagt haben. Dazu ist die Strecke den Berg hinauf weder ausgeschildert noch deutlich erkennbar, und der Aufstieg erfolgt in vollständiger Dunkelheit. Auch mit Taschenlampe kann man hier schnell verloren gehen. Am besten lässt man sich vom Guide schon vor dem Aufstieg seine Qualifikation erklären, um nicht an einen Anfänger zu geraten.

# Besteigung des Vulkans Gunung Batur

Zur Belohnung für den mühseligen Aufstieg gibt es Frühstück mit Sonnenaufgang.

Den aktiven Vulkan Gunung Batur kann man von verschiedenen Ausgangspunkten aus besteigen. Die Wanderungen beginnen in Penelokan, Kintamani oder Toya Bunkah. In Toya Bunkah beginnt der meistbegangene Pfad hinauf auf den Batur.

Der Aufstieg erfolgt ab der Bergflanke in Serpentinen. Nach gut 1,5 Stunden ist der erste Kraterrand erreicht und der Sonnenaufgang steht an. Ab hier kann man dann auch noch den Gipfel erklimmen und den Kraterrand ablaufen. Die Wanderungen, die in Penelokan und Kintamani beginnen, kann man ebenfalls in Toya Bunkah enden lassen. Der Vorteil ist, dass man nicht denselben Weg zurücklaufen muss und dass die Chance in Toya Bunkah groß ist, ein Bemo oder ein Taxi zurück zum Ausgangsort zu finden.

**Anfahrt:** Toya Bunkah. Anfahrt mit dem Bemo ab Penelokan oder dem eigenen Fahrzeug. Parkplätze sind vorhanden.
**Ausgangspunkt:** Toya Bunkah.
**Ziel:** Kraterrand oder Gipfel des Vulkans, anschließend Abstieg.
**Länge:** ca. 3 km, Wanderzeit inklusive Abstieg 5–6 Std.
**Höhenunterschied:** 600–700 m
**Mitnehmen:** Festes Schuhwerk, regen- und winddichte Kleidung.
**Verpflegung:** Wasser und Proviant. Bei einer geführten Tour ist die Verpflegung inklusive.

**Wegbeschaffenheit:** Steiler Anstieg auf Geröllpfaden. Trittsicherheit ist notwendig.
**Variante:** Aufstieg ab dem untergegangenen Ort Batur. Wer nicht in Penelokan selbst loslaufen will, der lässt sich in den von der Lava überzogenen und untergegangenen Ort Batur fahren. Hier geht es durch die Lavafelder aufwärts, immer den Vulkan vor Augen. Erst erreicht man den Kraterrand, von dort kann man dann den Gipfel erklimmen.

Ab Kintamani geht es, ähnlich wie ab Penelokan, erst mal den steilen Hang hinunter. Doch die Freude währt nur kurz, denn die Wanderung durch das Tal dauert nicht lange. Bald geht es den Hang zum Vulkan hoch.

**Ⓐ Kraterrand** – Der Aufstieg zum Kraterrand erfolgt ab der Bergflanke in Serpentinen. Nach gut 1,5 Stunden ist der erste Kraterrand erreicht und der Sonnenaufgang steht an.

**Ⓑ Gipfel des Gunung Batur** – Auf 1717 m Höhe eröffnet sich ein grandioser Ausblick über das umliegende Bali. Für den Rückweg bieten sich verschiedene Möglichkeiten an, beispielsweise nach Penelokan, Batur oder Kintamani. Rückkehr mit dem Taxi oder Bemo.

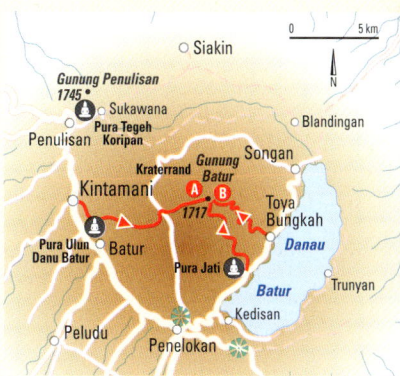

Großartig: Blick vom Gipfel des Gunung Batur auf den Gunung Abang und den Agung

**EIER KOCHEN AUF DEM VULKAN**

*Geheimtipp*

Dass der Batur ein aktiver Vulkan ist, merkt man bei der Wanderung in tiefster Dunkelheit auf den Gipfel vielleicht nicht. Dafür muss man einfach zu sehr auf seine Füße achten und dem umherirrenden Licht der Taschenlampe folgen. Aber vielleicht fällt bei einigen Skeptikern der Groschen, wenn der Sonnenaufgang ansteht und das gemeinsame Frühstück samt Tee vorbereitet wird. Denn die Führer machen sich einen Spaß daraus, rohe Eier in heißen Höhlen, im Gestein oder über aus dem Boden quellendem Dampf zu kochen. Wenn sie dann selbst den warmen Boden berühren, wird den Wandersleuten klar, dass sie auf einem Vulkan stehen. Da die Eier anschließend geschält werden, kann man sie meist unbeschadet essen. Vorsicht ist allerdings bei über dem Vulkan dampfgegartem Gemüse und Obst geboten: Die Dämpfe sind schwefelig und nicht unbedingt gesund.

Wem es nur um die Aussicht auf den Vulkan geht, der findet das beste Panorama an der Straße zwischen Penelokan und Batur. Das merkt man bereits an der Dichte der Restaurants, die an den Kraterrand gebaut wurden und meist Platz bieten für ganze Busladungen. Ab Penelokan, das auf 1500 Metern Höhe liegt, führt die Straße steil hinunter zum Batur-See. Diesen kann man nicht umrunden, aber immerhin bis nach Trunyan, einem Dorf der balinesischen Ureinwohner, ist eine schmale Straße ausgebaut. Am Ufer des Kratersees selbst haben sich etliche Restaurants und Hotels niedergelassen. Hier kann man gut fischen. Der See ist bis zu 100 Meter tief und mit 20 Grad Wassertemperatur erfrischend kühl. Liegen Nebelschwaden über dem See, dann wirkt die Szenerie wie entrückt aus der Welt.

Weiter im Uhrzeigersinn entlang des Sees überquert man gewaltige Lavafelder, um schließlich in Toya Bunkah mit seinen heißen Quellen anzukommen. Der Batur ist ein aktiver Vulkan: So tat sich im August 1926 südlich des Baturs eine Spalte im Berg auf, aus der Lava austrat und große Teile des Dorfes Batur verschüttete. Im September 1963 floss aus mehreren Schloten westlich des Gipfels Lava heraus und verteilte sich nach Süden und Westen. Beim letzten Ausbruch im Juni 2000 kam es glücklicherweise nur zu Ascheeruptionen. Aber wer weiß, was die Zukunft bringt. Ab Toya Bunkah führt ein steiniger, mit dem Moped befahrbarer Weg um den Vulkan herum. Die Attraktion des Batur aber ist eine Wanderung auf den Gipfel – gekrönt von einem grandiosen Sonnenaufgang.

## Trekking auf den Batur

Wer den Batur erklimmen will, muss früh aufstehen. Denn der Sonnenaufgang über der Nachbarinsel Lombok erfolgt pünktlich um 6.30 Uhr. Und da will zumindest der Kraterrand erreicht sein. Der Aufstieg mit gutem Schuhwerk dauert, je nach Ausgangspunkt, zwischen drei und fünf Stunden. Ganz Eilige – oder Fußlahme – lassen sich mit dem Minibus im Guesthouse abholen und dann nach Songan fahren. Von hier dauert der Aufstieg nur eine Stunde. Wer Lust auf längere Wanderungen mit besseren Aussichten hat, der kann von Kintamani in gut vier bis fünf Stunden den Gipfel erreichen. Ab Penelokan sind es rund vier Stunden, ab Toya Bunkah drei. Die angebotenen und geführten Touren haben aber nicht nur Aufstieg und Sonnenaufgang im Programm: Man kann nach dem Aufstieg auch eine anschließende Wanderung auf dem Kraterrand machen – ein wenig schwindelfrei und trittfest sollte man dafür allerdings sein.

Der Batur-See wirkt recht frisch und ist es auch – nur Mutige wagen sich hinein.

## Infos und Adressen

### SEHENSWÜRDIGKEITEN

**Batur Geopark Museum.** Das Vulkan-Museum wurde 2015 in Penelokan eröffnet und führt auf durchaus lebendige Art und Weise in die Welt der Vulkane ein. Mo–Fr 8–16, Sa & So 8–14 Uhr, Jalan Raya Penelokan, Tel. 0366/511 86, www.baturglobalgeopark.com

### ESSEN UND TRINKEN

**Pulu Mujung Warung.** Nettes Café mit tollem Ausblick und Bio-Speisen. Vor allem die Suppen sind eine Versuchung. Tgl. 9–18 Uhr, Jalan Raya Penelokan, Batur, Tel. 0361/879 60 29.

### ÜBERNACHTEN

**Batur Mountain View Hotel.** Hier, im neuen Ort Batur, gibt es einfache Zimmer mit toller Aussicht. Jalan Culali, Desa Batur Selatan, Tel. 0831/14 52 36 03, www.baturmountainview.com

**Lakeside Cottages.** Direkter Zugang zum Batur-See ist das große Thema in den Lakeside Cottages in Toya Bunkah. Die Zimmer könnten eine Renovierung vertragen, aber das Management ist sehr freundlich. Jalan Raya Toya Bunkah, Tel. 0366/512 49, www.lakeside cottagesbali.baliklik.com

### AKTIVITÄTEN

**Wandern mit ortskundigen Führern.** Am besten besorgt man sich einen Guide über das Guesthouse oder ein Reisebüro in den einschlägigen Orten.

**The Association of Mount Batur Trekking Guides.** Toya Bunkah, Tel. 0878/63 13 00 80.

# 26 Trunyan
## Dorf der Ureinwohner und des Totenkults

**Trunyan ist ein kleines Dorf an der Ost-seite des Batur-Sees. Bis vor wenigen Jahren konnte man es nur mit dem Boot besuchen. Mittlerweile gibt es eine schmale, aber ausgebaute Straße dorthin. Und am Ende der Fahrt wartet eine ganz besondere Attraktion: ein Dorf der Bali Aga, der balinesischen Ureinwohner, die auf ihrem Friedhof einen geheimnisumwo-benen Totenkult praktizieren.**

Der Weg nach Trunyan führt entweder mit dem eigenen Fahrzeug oder einem Fahrer über die Straße. Die schönere Anfahrt ist die mit dem gecharterten Boot ab Songan am Nordufer des Batur-Sees. Die Fahrt über den See hat den Vor-teil, dass man das beeindruckende Panorama des Sees und des drüber hängenden Kraterrands in Ruhe genießen kann. Am besten hat man sich vor dem Trip einen Führer besorgt, der die Menschen in Trunyan kennt. Das Dorf Trunyan wurde wahr-scheinlich schon vor dem 10. Jahrhundert gegrün-det und war viele Jahre isoliert vom Rest der Welt, duckte sich unter den Kraterrand und konnte nur von Händlern per Schiff erreicht werden. Die hier lebenden Bali Aga (»Berg-Balinesen«) lebten ein sehr traditionelles Leben, das seine Wurzeln in den Zeiten vor dem hinduistischen Einfluss auf Bali fand. Sie blieben gerne in ihrer persönlichen Steinzeit und mieden jeglichen Kontakt mit der Außenwelt. Mittlerweile hat sich das geändert und sie sind auf Tourismus eingestellt.

**Mitte:** Trunyan liegt am Batur-See und schmiegt sich an die aufsteigende Kraterwand.
**Unten:** Wie häufig auf Bali zu sehen, wird auch hier noch im See von Hand gewaschen.

Allerdings schickte das Dorf seine jungen Männer öfters mal hinaus in die Welt. Sie mussten dann im ländlichen Bali ihr Brot als Bettler verdienen. Die Wissenschaft sagt, dass dieser Brauch auf über tausendjähriges, buddhistisches Erbe zurückzuführen sei. Denn auch im heutigen Thailand beispielsweise müssen die Mönche ihre Mahlzeiten erbetteln.

Es ist schon vorgekommen, dass mit dem Moped anfahrenden Urlaubern am Ortseingang eine Pflichtbesichtigung mit fester Route aufgedrängt wurde, die dann auch ordentlich kostet. Wer den Ausflug als geführte Tour mit einem ausgebildeten Führer macht, wird Trunyan und den Friedhof vielleicht stressfreier kennenlernen.

## Der Totenkult in Trunyan

Im Dorf mit seinen 600 Einwohnern angekommen, ist eins der Highlights der Pancering Jagat Tempel, der »Tempel des Nabels der Welt«. Den Nabel bildet eine 3,9 Meter hohe Statue, genannt Ratu Gede Pantjering Djagat. Er ist die Schutzgottheit des Vulkans und des Dorfes. Tempelfest mit zeremonieller Reinigung der Statue, Blumen- und Opfergaben für die Gottheit ist jedes Jahr im Oktober. In den Tempel hinein dürfen allerdings nur echte Trunyaner. Doch das Ziel des Ausflugs ist der einen halben Kilometer Richtung Norden entfernte Friedhof. Und hier werden keine ausgedehnten Zeremonien für den Verstorbenen abgehalten, wie sonst im balinesischen Hinduismus üblich. Die Toten werden nicht eingegraben oder verbrannt. Ihre Körper werden schlicht auf den Boden gelegt und der Verwesung überlassen. Oder den Raubvögeln und dem Ungeziefer, die den Friedhof als Nahrungsstätte längst entdeckt haben. In der Tat verlaufen Beerdigung und anschließende Aufbewahrung des Leichnams so: Wenn ein Mitglied der Dorfgemeinschaft stirbt, dann werden seine Überreste nach einer

*Nicht verpassen*

### CHILLEN IN HEISSEN QUELLEN

Wer nach einem geschichtsträchtigen Ausflug nach Trunyan Lust hat, Körper und Geist nicht nur spirituell, sondern mit heißem Wasser zu reinigen, der ist in Toya Bunkah richtig. Der Ort liegt auf der anderen Seite des Batur-Sees und ist bekannt für seine heißen, vulkanischen Quellen, die Air Panas. Diese bis zu 40 Grad heißen Quellen sind zu Freibädern umgewandelt worden. Also Badehose einpacken und los geht's. Hier kann man bei einem entspannenden Bad über den See und in die Landschaft hineinschauen, sich unterhalten oder einfach nur chillen. Für das leibliche Wohl ist auch gesorgt.

**Batur Natural Hot Spring.** Tgl. 8–18 Uhr, direkt am Batur-See, Desa Pekraman Batur, Toya Bungkah, Tel. 0338/63 35 19, www.baturhotspring.com

**Oben:** Die Zivilisation und Plastik sind mit dem Bau der Straße im Dorf angekommen.
**Mitte:** Die Attraktion von Trunyan sind die ausgestellten Gebeine der Verstorbenen.
**Unten:** Früher mussten Besucher des Dorfs das Boot nehmen.

gründlichen und spirituellen Reinigung in Tücher eingewickelt und anschließend mit dem Boot zum Friedhof gebracht. Hier wird der Leichnam in einem Bambuskäfig vor einem großen Baum auf den Boden gelegt. Dieser Baum ist für die Bali Aga ein besonderer, denn seine Art gebe es nur hier. Davon sind die Ureinwohner überzeugt. Taru Menyan heißt der Baum. Frei übersetzt wäre das ein Myrrhe-Baum. Abgeleitet aus dem Namen entstand der Ortsname Trunyan. Der Taru Menyan sei ein Wunderbaum, sagen die Bali Aga aus Trunyan. Denn im Zusammenspiel mit der frischen Bergluft gelingt es dem Baum, mit seinen Ausdünstungen den Geruch der verwesenden Leichen zu vertreiben oder zu unterdrücken. Zurück bleiben letztendlich nur die Knochen. Diese werden dann auf einem treppenförmigen Altar abgelegt – ein ganz besonderes Fotomotiv für Urlauber.

## Geschichte des Totenkults

Der ganz besondere Totenkult ist wahrscheinlich zurückzuführen auf die steinzeitliche Sekte der Agama Bayu. Sie gehörte zu den sechs spirituellen Sekten, die Bali in den Zeiten vor der hinduistischen Einflussnahme beherrschten. Die Agama Bayu beteten die Sterne und den Wind an. Daher der Ansatz, die Leichen eben der Natur und besonders dem Wind zu überlassen. Eine weitere Eigenheit des Totenkultus von Trunyan ist, dass nur verheiratete Dorfmitglieder in den Bambuskäfigen abgelegt werden dürfen. Unverheiratete werden ganz »normal« auf dem Friedhof beerdigt. Auch dürfen bei der Pengiriman-Zeremonie, bei der die Leichen zum Baum gebracht werden, keine Frauen anwesend sein. Das würde nur Unglück heraufbeschwören, wie beispielsweise einen Vulkanausbruch oder ein Erdbeben. Davon sind die Bali Aga in Trunyan überzeugt – auch nach der Eröffnung der Straße zu ihrem Dorf.

# Infos und Adressen

### SEHENSWÜRDIGKEITEN

Den Batur-See mit seinen Sehenswürdigkeiten wie dem Bali-Aga-Dorf Trunyan, dem dortigen Friedhof und den heißen Quellen in Toya Bunkah kann man hervorragend mit einem Boot erleben. Ein solches lässt sich am Fähranleger in Kedisan chartern.

### C. Bali – Canoeing and Cultural (Cycling) Tours.
Veranstaltet professionell geführte Touren mit dem Kanu und dem Fahrrad in die Gegend rund um den Batur-See. Das Unternehmen hat sich dem nachhaltigen Tourismus verschrieben. Jalan Raya Kedisan, Segara Hotel, Room 1, Kedisan, Tel. 0813/53 42 05 41, www.c-bali.com

### ESSEN UND TRINKEN

**Resto Apung.** Das Resto Apung gehört zum Kedisan Resort. In dem Floating Restaurant sitzt man auf einem Holzdeck, das über das Ufer des Bratan-Sees hinausragt. Das erweckt den Eindruck, als ob das Restaurant schweben würde. Der Ausblick ist klasse, die Mahlzeiten sind in Ordnung. Tgl. 10–23 Uhr, Tel. 0853/67 36 89, Jalan Raya Kedisan, Danau Batur, https://resto-apung.com

### ÜBERNACHTEN

**Segara Hotel & Restaurant.** Hat zwar keinen direkten Seeblick, aber der Batur-See ist ganz in der Nähe. Brauchbare Unterkunft für den kleineren Geldbeutel. Je größer die teilweise renovierten Zimmer, desto schöner und teurer sind sie. Reinschauen lohnt sich also. Jalan Kedisan, Kedisan, Tel. 0366/511 36, www.batur-segarahotel.com

**Baruna Cottages.** Nur durch die Straße vom See getrennt warten die Baruna Cottages mit nett gestalteten Bungalows auf. Inklusive ist der hervorragende Blick auf den See. Es werden auch reichlich Trekkingtouren angeboten. Desa Buahan, Buahan, Tel. 0366/513 78, www.barunacottages.com

Im Dorfladen gibt es die Dinge des täglichen Lebens sowie reichlich Klatsch und Tratsch.

# OST-BALI

27  Pura Besakih                158

28  Pura Pasar Agung            162

29  Sidemen                     164

30  Tirta Gangga                168

31  Candidasa                   172

32  Tenganan                    182

33  Padang Bai                  184

# 27 Pura Besakih
## Seit 1000 Jahren der balinesische Muttertempel

**Der Tempel von Besakih wird auch »Muttertempel« genannt und gehört zum touristischen Bali–Pflichtprogramm. In gut 1000 Metern Höhe überblickt die Anlage den Südwesten Balis und hat den gewaltigen Vulkan Gunung Agung im Rücken. 86 verschiedene Tempel, so schätzt man, sind hier zu finden. Damit ist der Pura Besakih die größte und gleichzeitig heiligste Tempelanlage der Insel.**

Für Balinesinnen und Balinesen ist jeder Tempelbesuch in Besakih eine Wallfahrt. Die imposante Anlage des Tempels macht einem die eigene Unbedeutendheit bewusst, genauso wie der Anblick des mächtigen und heiligen Vulkans Gunung Agung. Hier erfahren Besucher, was Demut heißt – mythische Momente nicht ausgeschlossen. Was sicher auch daran liegt, dass Gläubige und Urlauber reichlich Treppenstufen emporsteigen müssen, um zu den Tempeln zu gelangen. Diese unterscheiden sich in Form, Bauart und Funktion – was auch den Reiz der einzigartigen Anlage ausmacht. Gleichzeitig ist die Region eine der schönsten Gegenden von Bali. Hier gibt es wunderschöne Reisterrassen, die Landschaft ist hügelig, und vom Berg herunter rauschen die Flüsse.

## Geschichte des Tempels

Im Tempel Pura Batu Madeg befindet sich ein Stein, auf dem geschrieben steht, dass die Gegend um Besakih schon in Urzeiten als heiliger Ort betrachtet wurde. So soll im 8. Jahrhundert ein hinduistischer Mönch eine Offenbarung gehabt

**S. 156:** Padang Bai mag als Hafenstadt hektisch sein, das Umland dafür ist umso schöner.
**Mitte:** Familienausflug zum Pura Besakih
**Unten:** Balis Muttertempel liegt prächtig am Fuße des heiligen Vulkans Gunung Agung.

# Rundgang im Pura Besakih

Die komplette Tempelanlage des Pura Besakih besteht aus mehr als 200 Gebäuden. Die beste Möglichkeit, die Anlage zu erkunden, bietet sich mit einem Führer. Wer nicht mit einer Tagestour kommt, bei der der Führer schon dabei ist, schaut sich nach einem der offiziellen Guides um. Diese sind an ihren einheitlichen Batikhemden erkennbar.

**Anfahrt:** Pura Besakih. Die meisten Besucher kommen mit einer organisierten Tour. Man kann auch mit dem Bemo oder dem eigenen Fahrzeug anreisen, Parkplätze sind vorhanden.
**Ausgangspunkt:** Parkplatz des Pura Besakih.
**Länge:** 1–2 km, je nach Anzahl der besuchten Tempel.
**Mitnehmen:** Sonnenschutz, Sonnenhut.
**Verpflegung:** Wasser und eventuell Proviant. Es gibt zahlreiche Imbiss-Stände am Parkplatz des Tempels.
**Wegbeschaffenheit:** Gut ausgebaute Wege, steile Treppen.

**Ⓐ Pura Penataran Agung** – Der Tempel befindet sich im Zentrum des Pura Besakih und ist damit der Zentraltempel. Er ist in weißes Tuch gehüllt und Shiva geweiht.

**Ⓑ Pura Batu Madeg** – Der Tempel ist Vishnu gewidmet, dem Bewahrer, und zeigt sich den Gläubigen in Schwarz.

**Ⓒ Pura Pangubengan** – Der am höchsten gelegene Tempel des Pura Besakih bietet wunderschöne Ausblicke und ist gute 30 Minuten Fußmarsch vom Haupttempel entfernt.

**Ⓓ Pura Batu Tirtha** – Hier kommt das heilige Wasser her, das für Reinigungszeremonien verwendet wird.

**Ⓔ Pura Kiduling Kreteg** – Dieser steht auf der rechten Seite des Haupttempels Pura Penataran Agung. Er zeigt sich in Rot, der Farbe von Brahma, dem Schöpfer.

## DER ALTERNATIV-TEMPEL: PURA KEHEN

*Geheimtipp*

Böse Zungen behaupten, dass Besakih nichts weiter sei als eine Touristenfalle. Und wer sich unvorbereitet mit unfreundlichen, fordernden Balinesen, falschen Führern und überhöhten Eintrittspreisen auseinandersetzen muss, wird das auch so sehen. Wer dem aus dem Weg gehen will, fährt ins nahe Bangli. Hier steht mit dem Pura Kehen eine der wichtigsten hinduistischen Tempelanlagen Balis und einer der neun großen Staatstempel der Insel. Seine Gründung wird auf das 11. Jahrhundert datiert, damit ist er einer der ältesten Tempel der Insel. Der Pura Kehen ist als Stufenheiligtum sehenswert an den Berg gebaut und die sieben Terrassen über ausladend verzierte Treppen erreichbar. Der Name bedeutet so viel wie »Tempel des Herdes«, und die aufwendigen Verzierungen versinnbildlichen den Reichtum der Kaste der Schmiede.

**Pura Kehen.** Tgl. 9–17 Uhr, Jalan Sriwijaya, Bangli.

haben: Seine Mission wäre es, den Göttern hier ein Haus zu bauen. Als das Projekt abgeschlossen war, wurde es Basuki genannt. Der Name stammt von der Gottheit Naga Besukian, die der Legende zufolge als Drache im Vulkan Agung lebt. Aus Basuki wurde mit der Zeit Besakih. Über die Jahrhunderte kamen weitere Schreine und Tempel hinzu. 1343, mit der Machtübernahme durch das aus Java stammende Königshaus von Majapahit, wurde der Tempel zum balinesischen Haupttempel erklärt. Alle Königshäuser der Insel errichteten hier ihren eigenen Tempel, um ihren Vorfahren zu huldigen und ihnen wiederum ein Obdach zu geben. So kam es zu der großen Anzahl von Tempeln und Schreinen. Man schätzt, dass hier mindestens 86 Tempel zu finden sind. Besakih liegt am Fuße des Vulkans Gunung Agung und musste unter dessen Ausbrüchen leiden: 1917 und 1963 wurde die Tempelanlage schwer beschädigt. Allerdings flossen die Lavaströme mehr am Tempel vorbei, als dass sie ihn berührten. Für die Gläubigen bedeutete das, dass die Götter ihnen ein Zeichen ihrer Macht zusenden wollten – ohne den Tempel, den die Gläubigen schließlich für sie gebaut hatten, zu zerstören. Im Oktober 2017 machte der Gunung Agung wieder auf sich aufmerksam, die Lava brodelte. Die Gegend um den aktiven Vulkan musste für einige Wochen geräumt werden, auch der Besakih Tempel lag in der Zeit verlassen. Vielleicht auch, um Zerstörungen und Gefahren vorzubeugen, befindet sich im Pura Besakih der wichtigste Kulkul Balis. Ein Kulkul ist ein Gong, der in einem Turm aufgehängt ist. Dieser Gong wird geläutet, um die Gemeinschaft der Gläubigen zu Festen zu rufen oder etwa vor Feuer und anderen Katastrophen zu warnen. Mit dem Tempel Pura Gua, im Osten der Anlage, gaben die Balinesen der Gottheit Naja Besukian ein Zuhause. Seit 1963 ist sie friedlich geblieben – und das soll so bleiben.

## Infos und Adressen

### SEHENSWÜRDIGKEITEN

**Pura Besakih.** Tgl. 8–17.30 Uhr, Desa Besakih. Sarong und/oder Schärpe müssen getragen werden. Beides kann auch ausgeliehen werden. Frauen dürfen während der Periode das Tempelgelände nicht betreten. Die beste Besuchszeit für Besakih sind der frühe Vormittag und der Abend. Am besten kommt man mit einer organisierten Tour.

**Trekking auf den Gunung Agung.** Besakih ist ein beliebter Startpunkt für Wanderungen auf den 3142 Meter hohen Vulkan Gunung Agung. Diese werden von zahlreichen Reisebüros und Guesthouses auf ganz Bali angeboten. Ab Besakih dauert der Aufstieg sechs bis sieben Stunden und endet auf dem Gipfel des Vulkans, die letzte Stunde ist die anstrengendste. Hier muss gelegentlich auf allen vieren gekrabbelt werden. Wer den Sonnenaufgang auf dem Gipfel mitnehmen will, muss also gegen 23 Uhr aufbrechen und die ganze Nacht hindurchwandern. Die Tour sollte nicht ohne Führer gemacht werden.

### ESSEN UND TRINKEN

In der Nähe des Besakih-Tempels gibt es keine Warungs oder Restaurants. Wer vor der Besichtigung noch eine kleine Stärkung braucht, kann sich in den (überteuerten) Shops am Parkplatz des Tempelgeländes versorgen. Eine gute Idee ist es also, sich einen eigenen Pausensnack mitzubringen.

### ÜBERNACHTEN

**Mahagiri Panoramic Resort & Restaurant.** Liegt ein paar Kilometer von Besakih entfernt in Rendang, belohnt aber mit netten Bungalows und reichlich Ausblick Richtung Agung und über ausladende Reisterrassen. Jalan Surya Indah, Rendang, Tel. 081/23 81 47 75, www.mahagiri.com

### INFORMATION

So gut wie alle Bali-Urlauber kommen mit einer geführten Tour nach Besakih. Wer sich öffentlichen Nahverkehrsmitteln anvertrauen will, muss sich in Semarapura in ein Bemo oder ein Taxi setzen.

Die Tempelanlage des Pura Besakih wird auch von heiligen Drachen bewacht.

# 28 Pura Pasar Agung
## Der Haustempel des größten Vulkans

Der Pura Pasar Agung ist nicht ganz einfach zu finden, aber den langen Aufstieg unbedingt wert. Die Jalan Gunung Agung schlängelt sich ab dem Ort Selat scheinbar endlos den Hang hinauf. Oben angekommen, geht es vom Parkplatz aus 297 Stufen hinauf, dann ist man da. In 1575 Metern Höhe und gefühlt fast schon in greifbarer Nähe zum Gunung Agung, wähnt man sich dem Himmel sehr nahe.

Eingeweihten Kreisen ist der Pura Pasar Agung bekannt als Ausgangspunkt zu einer Besteigung des Vulkans, der hinter ihm aufragt. Hier oben kann man einen Führer für den nächsten Morgen buchen. Der Aufstieg selbst beginnt beim Parkplatz, anschließend bringen die Führer den Göttern Opfergaben dar und bitten um Vergebung, Schutz und eine sichere Rückkehr vom Berg. Auch Wanderer aus dem Westen sollten sich hier anschließen. Sie können Räucherstäbchen anzünden oder ein eigenes Gebet sprechen. Das wäre eine schöne Geste Bali, den Menschen, dem Tempel und vor allem dem heiligen Vulkan gegenüber. Denn der Vulkan will besänftigt werden, wie sich im Oktober 2017 zeigte. Einige Wochen lang hielt er Bali in Atem, denn ein Ausbruch drohte. Anfang November hatte sich der Berg wieder beruhigt – vielleicht aufgrund der zahlreichen Gebete. Leider beginnt der Aufstieg vor Sonnenaufgang. Man sieht also nichts von der Umgebung, und man kann nicht nach Südost-Bali hinunterschauen. Dafür sollte man die Gelegenheit beim Abstieg nicht verpassen und trotz der Anstrengungen den Geist noch wachhalten. Es lohnt sich.

**Mitte:** Der Pura Pasar Agung liegt auf 1575 Metern Höhe und oft in den Wolken.
**Unten:** Tempel wird von Einheimischen gut besucht – man ist ganz nahe am heiligen Vulkan.

# Pura Pasar Agung

## Auch am Tage einen Besuch wert

Am Pura Pasar Agung ist es tagsüber sehr ruhig. Der Tempel wird von Touristenbussen nicht angefahren, und er steht selten auf den Tagesprogrammen von Touranbietern. Umso schöner und bedächtiger ist die Stimmung hier oben. Wer Pech hat, muss sich auf der Straße ab Selat durch Regen kämpfen, der hier am Hang des Agung in schweren Wolken hängen bleibt. Dafür steht man dann am Tempel im wahrsten Sinne des Wortes über dem Regen. Vor einem der Weitblick nach unten, hinter einem der scheinbar so nahe Gipfel des Vulkans. Im Berg, so heißt es, wohnen die Geister. Und der Pura Pasar Agung ist der richtige Ort, ihnen näherzukommen.

Die opulente Architektur balinesischer Tempel ist immer ein Hingucker.

# Infos und Adressen

### SEHENSWÜRDIGKEITEN
**Trekking auf den Gunung Agung.** Ab Pura Pasar Agung. Der Aufstieg auf den Gunung Agung dauert ab hier drei bis vier Stunden. Dabei müssen rund 1800 Höhenmeter zurückgelegt werden. Wer den Sonnenaufgang erleben will, sollte also gegen 2.30 Uhr in den Berg steigen. Die Teilnehmer werden beispielsweise gegen 1 Uhr nachts in ihrem Hotel in Sidemen abgeholt, um rechtzeitig zur Wanderung starten zu können. Bei einer organisierten Tour ist der Rücktransport zum Hotel inklusive. Der Aufstieg endet gut 100 Meter unterhalb des Gipfels. Von hier kann man die Aussicht über Südost-Bali oder über den spektakulären Vulkankrater genießen.

**Wayan Widi Yasa.** Ist als Führer schon lange dabei und genießt einen sehr guten Ruf. Er ist auch Teamleiter in der Mt. Agung Community Guides Association und kennt sich blendend aus. Tel. 0852/37 25 06 07, https://de-de.facebook.com/people/Wayan-Widi-Yasa/100008424878229

# 29 Sidemen
## Wandern in den Reisterrassen

**Sidemen, da ist sich die getreue Bali-Gefolgschaft einig, ist einer der kommenden Orte der Insel. Was kein Wunder ist. Die Landschaft hier oben in der frischen Luft ist schlichtweg atemberaubend schön. Das Auge schweift über satte Reisfelder, in die sich pittoreske Dörfer hineinschmiegen. Flüsse stürzen die Schluchten herunter, und von oben grüßt der mächtige Vulkan Gunung Agung.**

Bekannt ist die Gegend um das Örtchen Sidemen auch als Sidemen Road. In der Tat braucht man der aufsteigenden Straße ab Semarapura, der Jalan Semarapura-Karangasem, einfach nur stetig nach oben zu folgen. Mit dem Rad, dem Moped oder dem Auto. Vor einem liegt der Gunung Agung in seiner ganzen Pracht, links bestaunt man Reisterrassen und freundliche Dörfer, rechts grün bewachsene Hänge die Hügel hinauf. Und ganz schnell wird man gefangen sein von der Schönheit der Region. Denn der abwechslungsreiche Aufstieg gehört zu den schönsten und szenischsten Strecken auf Bali.

## Bekannte Besucher

Sidemen ist der touristische Mittelpunkt an der Straße, die in Selat endet. Zwischen Sidemen und Selat liegt Iseh. Hier oben war die Luft schon in den 1930er-Jahren frisch und klar und die Hektik der Kunst- und Kulturstadt Ubud weit weg. Daher baute sich der deutsch-russische Maler und Lebenskünstler Walter Spies bei Iseh 1937 kurzerhand ein Häuschen und genoss die Sommerfrische. Nach seinem Tod 1942 übernahm der Schweizer

**Mitte:** Wer bekommt bei diesem Anblick nicht Lust auf einen Spaziergang?
**Unten:** Sanft terrassiert liegen die Reisfelder bei Sidemen zu Füßen des Gunung Agung.

Maler Theo Maier das Haus. Heute kann man hier übernachten, Mick Jagger und David Bowie waren auch schon da.

## Spaziergehen und Kochen in Sidemen

Der Ort Sidemen ist überschaubar. Hier gibt es den einzigen Geldautomaten weit und breit, es gibt eine Post, und jede Saison kommen neue Unterkünfte und Bio-Restaurants oder -Cafés hinzu. Die kleinen Gässchen des Ortes und Weglein durch die Reisterrassen laden zu Spaziergängen und Radtouren ein – die Restaurants zum Verweilen und Chillen. Kurz: In Sidemen und Umgebung gehen die Uhren langsamer. Was den Ort auch zu einem Aufenthaltsort für die ganze Familie macht. Denn hier geht niemand verloren. Der einzige Aufreger könnte das frühe Aufstehen sein, wenn man den nahen Vulkan Gunung Agung besteigen will. Denn dann heißt es um 1 Uhr nachts: Los geht's, sonst wird das nichts mit dem Sonnenaufgang nahe dem Gipfel. Zum Glück kommt der Minibus um die Mittagszeit wieder zurück, somit bleibt ein prächtiger Nachmittag zum Ausspannen.

Sidemen hat sich in den letzten Jahren einen Ruf erarbeitet als der Ort mit der vielleicht höchsten Dichte an Kochschulen auf Bali. Sogar Tagestouren werden ab Ubud angeboten, damit man dann inmitten der Reisfelder und nach dem Marktbesuch in Sidemen etwas Schönes brutzeln kann. Ein gemeinsames Mittagessen rundet das Angebot ab. Zwei Stunden Anfahrt sind es ab Ubud, aber die Touren werden gut nachgefragt. Sidemen ist den Aufwand also wert. Davon können sich Kochanfänger und -profis beispielsweise im Green Kitchen überzeugen. Hier wird noch mit Holz befeuert, und der Ausblick beim Kochen auf die Reisfelder ist ungemein inspirierend.

*Nicht verpassen*

### JALAN JALAN

Jalan jalan bedeutet auf Indonesisch so viel wie »Spazieren gehen«. Und wo könnte man das besser tun als in und rund um Sidemen. Inmitten überwältigender Reisterrassen, üppig bewachsenen Hügeln und den steil ansteigenden Bergen kann man sich wunderbar dem jalan jalan hingeben. Wer Infos sucht, sollte im Guesthouse oder Hotel nachfragen. Hier gibt es vielleicht handgezeichnete Karten mit den »local walks«, also den Spaziergängen rund ums Dorf. Ansonsten kann man sich auch einfach so auf die Socken machen. Ein schöner Einstieg ergibt sich an der Hauptstraße, auf der Höhe des bekannten Shops Sari Collection. Hier geht es nach links hinunter, an etlichen Unterkünften, Cafés und Restaurants vorbei. Wer der Straße immer weiter Richtung Luah folgt, verschwindet langsam aber sicher in den Reisfeldern und bekommt schnell nicht mehr mit, wie die Zeit vergeht.

In den Reisfeldern sind immer nette Begegnungen möglich.

## Souvenir, Souvenir

Sidemen ist bekannt für seine handgewebten und -gefärbten Stoffe. Hier werden Songket und Endek hergestellt, die man an anderen Ecken Balis für reichlich Geld erstehen kann. Die Stoffe sind begehrt für ihre ausgeklügelten Motive und die hineingewobenen Seidenfäden. Stücke aus Seide werden auch angeboten, sind aber deutlich teurer. Ein lohnendes Ziel ist Akiko Songket & Ikat Production mit einer schönen Auswahl an Stoffen und der Werkstatt im Hinterhof. Wer noch ein bisschen Zeit übrig hat: Die Eigentümerin des Shops, Akiko Matsubara, ist Japanerin und eine anerkannte Handleserin. Menschen auf ganz Bali und auch Urlauber vertrauen ihren Kenntnissen und ihrem Rat, um ihr Leben auf eine vielleicht günstigere Bahn zu bringen oder etwas über die Zukunft zu erfahren.

## Palmwein zum Probieren

Ein weiteres Aushängeschild Sidemens ist der Palmwein, Tuak oder Arrak. Er wird gewonnen aus den Blütenkolben der Kokosnusspalme, bevor sie zu blühen beginnen. Der daraus fermentierte und damit alkoholhaltige Saft ist der Tuak. Dieser wiederum wird destilliert und in Teakholz-Bottichen gelagert. Das Endprodukt ist der Arrak. Ein Destillat, das geschmacklich von Kennern beschrieben wird als »irgendwo zwischen Rum und Whisky«, 33 bis 50 Prozent schwer. Dieser Palmwein wird in Sidemen hergestellt, man kann ihn bei lokalen Händlern kaufen. Führungen gewähren Einblicke in die Produktion. Der Vorteil von Arrak-Konsum in und aus Sidemen ist, dass man weiß, wo der Arrak herkommt. Denn in den letzten Jahren gab es einige Unfälle, bei denen Urlauber und Einheimische durch gepanschten Arrak schwer vergiftet wurden. In Sidemen kann man ihn problemlos genießen.

**Oben:** Sehr feines Material, sehr begehrt: Seidenstoff von Akiko Songket & Ikat
**Unten:** Handarbeit: Palmwein wird aus den Blütenkolben der Kokosnusspalme gewonnen.

# Infos und Adressen

### SEHENSWÜRDIGKEITEN
**Akiko Songket & Ikat Production.**
Tgl. 11–18 Uhr, Tebola, Sidemen.
Tel. 0819/16 24 50 66, https://www.facebook.
com/akiko.songket.ikat.sidemen

### ESSEN UND TRINKEN
**Warung Makan Dwijayanthi.** Bietet nach einer
kleinen Wanderung ab Sidemen schöne Ausblicke und ausgezeichnete Currys. Jalan Bukit
Asmara, Saggem, Tel. 0852/37 42 89 97.

**Warung Melita.** Gehört zum Darmada Eco
Resort (s. Übernachten) und bietet leckere Kuchen. Jalan Raya Luah, Tel. 0853/38 03 21 00,
www.darmadabali.com

### ÜBERACHTEN
**Darmada Eco Resort.** An einem kleinen säu-
selnden Fluss, dem Unda, und mitten im Tal
von Sidemen liegt diese kleine Anlage. Hier gibt
es nur vier Zimmer, die Stimmung inmitten der
Reisfelder ist locker und entspannt. Jalan Raya
Luah, Tel. 0853/38 03 21 00,
www.darmadabali.com

**Walter Spies Haus.** Heute gehört das ehemalige Haus von Walter Spies dem Künstler
Marco Boldrini, der aus Locarno in der Schweiz
stammt. Er hat es geschmackvoll renoviert
und versucht, das Haus in den ursprünglichen
Zustand zu versetzen. Das Haus kann man
auf Tages- oder Wochenbasis mieten. Iseh,
Tel. 08155/800 29 55, www.walterspies.com

### AKTIVITÄTEN
**Green Kitchen Cooking Class.** Tgl. 8–17 Uhr,
Tangkup, Sidemen, Tel. 0821/46 06 02 36,
http://greenkitchenbali.com

**Sidemen Tour and Trekking.** Die Brüder
Kadek and Komang führen seit Jahren kom-
petent durch die Reisfelder und organisieren
auch Wanderungen auf den Gunung Agung.
Sidemen, Tel. 0819/33 00 07 75,
http://sidementourandtrekking.com

Mama und Kids haben sich hübsch gemacht, denn das Fest Odalan steht vor der Tür.

# 30 Tirta Gangga
## Wassergarten in traumhaftem Umland

**Wie aus der Zeit gefallen zeigt sich der königliche Wassergarten von Tirta Gangga. Hier kann man auf Steinen über die Wasserflächen wandeln, die von Karpfen bevölkert werden. Ein beliebtes Fotomotiv sind die kräftigen Wasserfontänen, die aus steinernen Tiermäulern plätschernd in die Becken fallen, sowie die Brunnen. Hier lässt es sich wunderbar lustwandeln. Und das ist ganz im Sinne des Erbauers.**

Den Wassergarten von Tirta Gangga, was so viel bedeutet wie »Wasser aus dem Ganges«, hatte sich Anak Agung Anglurah Ketut Karangasem (1887–1966) 1946 bauen lassen. Er war der Regent der gleichnamigen Stadt Karangasem und voller Sehnsucht nach einer Zuflucht vor dem anstrengenden Hofleben in der Königsstadt. Da das Geräusch plätschernden Wassers gut für die Nerven und die Umgebung im Dorf Ababi schön grün und abwechslungsreich war, entstand aus seiner Idee heraus ein Wasserpalast. Heute ist der Tirta Gangga Royal Water Garden ein beliebtes Ziel für balinesische Tagesausflügler, durchreisende Urlauber sowie für Wanderer. Denn die Gegend um den Wasserpalast lädt mit ihrer schlichten, balinesischen Schönheit zu Spaziergängen und Wanderungen ein. Wer gut zu Fuß ist, kann von Tirta Gangga aus bis zum Bali-Aga-Dorf Tenganan laufen, das in der Nähe von Candidasa liegt. So gut wie alle Guesthouses und Hotels rund um den Wasserpalast bieten Führungen durch die Reisfelder und die Hügel der Umgebung an. Wer sich unbegleitet auf den Weg machen will, kann sich für wenig Geld eine Karte zeichnen oder geben lassen,

**Mitte:** Hier flaniert man über die Wasseroberfläche, von unten grüßen die Karpfen.
**Unten:** Jeder Wasserspeier ist ein kleines oder großes Kunstwerk.

auf der die Spaziergänge und ihre Attraktionen eingezeichnet sind.

## Der Wasserpalast heute

Seine heutige Form erlangte der Palast durch die
Renovierungsarbeiten, die der Vulkanausbruch
des Gunung Agung 1963 nach sich zog. Denn
über Tirta Gangga war reichlich Vulkanasche
niedergegangen, Aufräumaktionen waren nötig.
Heute, nach weiteren Renovierungsarbeiten im
Jahr 2017, warten 1,2 Hektar Wasserbecken, Teiche, Springbrunnen und Kanäle auf die Besucher.
Umgeben wird die Wasserlandschaft von gut
gepflegten Rasenflächen und Schatten spenden-
den, tropischen Bäumen. Über das Wasser läuft
man auf Trittsteinen und kann dabei die goldenen
Karpfen anschauen, die wiederum zu den Besuchern hochblicken. Die Karpfen, viele sind älteren
Semesters, sammeln sich dann und erwarten ein
wenig Futter.

Der Wasserpalast gehört immer noch der königlichen Familie aus Karangasem, die ihn gut pflegen
lässt. Davon profitiert auch das Dorf Ababi, in dem
der Wasserpalast steht. Vor allem an Wochenen-
den kann es recht voll werden. Denn dann kommen auch balinesische Familien her, um ein wenig

*Geheimtipp*

### PACK DIE BADE-HOSE EIN!

Der Wasserpalast von
Tirta Gangga ist nicht
nur gut für einen kühlenden
Rundgang. Es gibt zwei Wasserbecken, die für die Öffentlichkeit
zugänglich sind: den »upper«
und den »lower« Swimmingpool.
Neben der Eintrittsgebühr für den
Wasserpalast wird eine weitere geringe Gebühr fällig. Hier darf und
soll man baden und planschen. Es
gibt auch Toiletten und Umkleide-
kabinen, wo man den Staub des
Alltags abduschen kann, um dann
in Badesachen ins kühle Nass zu
springen. Die Schwimmbecken
sind ähnlich gestaltet wie die
Becken des Wasserpalastes allge-
mein: Die Wände sind aus Sandstein, natürliche Baumaterialien
wurden verwendet. Die Becken
sehen deswegen nicht so sauber
und ungetrübt aus wie in einem
heimischen Freibad – aber das
tut dem Badevergnügen keinen
Abbruch. Sie eignen sich dank der
verschiedenen Tiefen auch für die
ganze Familie.

frische Luft zu schnappen. An der Straße, der Jalan Abang, und an den Zugangswegen zum Palast haben sich dementsprechend Cafés, Warungs, Restaurants, Souvenirläden und Unterkünfte niedergelassen. Es gibt einen großen Parkplatz und ein Ticketbüro, in den Palast gelangt man durch eine schmale Pforte. Und dahinter wird der Blick weit.

## Zu Besuch im Wasserpalast

Erstes Highlight ist das große Becken, der Mahabarata Pond, in dem Wächterfiguren aus Stein entlang der Trittsteine aufgestellt wurden. Die Wächter tragen Knüppel und sorgen so für die nötige Ordnung, wie es sich in einem Palast gehört. Hinter diesem ersten Becken steht der größte Brunnen des Palastes mit seinen imposanten Wasserspielen, der Nawa Sanga. Er wird gekrönt von einem steinernen Lotus. Zehn Meter ist der Brunnen hoch, das Wasser plätschert über elf Etagen hinunter. So verdunstet besonders viel Wasser und sorgt für ein angenehmes Klima. Auf der südlichen Seite der Anlage liegt ein gut 100 Quadratmeter großes Wasserbecken, der South Pond, in dem ebenfalls Karpfen ihre Runden drehen. Hier kann man die Wasserfläche über zwei Brücken und eine Insel, Demon Island, überqueren. Es eröffnet sich ein schöner Blick. Die Brücken selbst sind auf jeder Seite verziert mit streng schauenden balinesischen Drachen.

## Heiliges Wasser und Ausblick

Das Wasser für die Becken entspringt auf der rechten, der nördlichen Seite der Anlage, unterhalb des Restaurants Tirta Ayu. Diese Seite ist den Bergen zugewandt. Somit kommt das Wasser frisch und kühl aus den Quellen. Es wird von den Einheimischen als heilig betrachtet und beispielsweise für Reinigungs-Zeremonien verwendet.

**Oben:** Beeindruckende Wächterfiguren gehören mit zum Ensemble.
**Unten:** Der größte Springbrunnen im Wasserpalast ist der zehn Meter hohe Nawa Sanga.

# Infos und Adressen

### SEHENSWÜRDIGKEITEN

**Tirta Gangga Royal Water Garden.**
Tgl. 7–19 Uhr, Jalan Abang, Tirta Gangga,
Ababi, Tel. 0363/225 03, www.tirtagangga.nl

### ESSEN UND TRINKEN

**Genta Bali.** Dieser kleine Warung liegt gegenüber dem Parkplatz auf der anderen Straßenseite und ist bekannt für seine ausgezeichneten
Nudelgerichte. Nyoman, der Inhaber, betreibt
auch ein empfehlenswertes Guesthouse und
bietet Wanderungen in die Reisfelder an. Tirta
Gangga, Ababi, Tel. 0363/224 36.

**Puri Sawah Bungalows & Restaurant.** Hier
sitzt man sehr schön und kann neben günstiger balinesischer Küche den Ausblick auf die
Reisfelder genießen. Wer sich gar nicht mehr
losreißen kann, der bucht als Nachtisch ein
Zimmer. Tgl. 8–20 Uhr, Tirta Gangga, Ababi,
Tel. 0812/36 36 98 04.

### ÜBERNACHTEN

**Rijasa Homestay.** Die einfache Unterkunft direkt gegenüber dem Eingang zum Wasserpalast
ist seit vielen Jahren besonders für Wanderer
empfehlenswert. Der Eigentümer kennt sich
sehr gut in der Gegend aus, bietet selbst Wanderungen an oder kann mit einer Karte weiter-
helfen. Rijasa Agung 1, Tirta Gangga, Ababi,
Tel. 0363/218 73.

**Tirta Ayu Hotel & Restaurant.** Sowohl Restaurant als auch die Bungalows hinter dem
Restaurant sind einen Versuch wert. Ein wenig
kolonialer Charme ist dabei, das internationale Publikum ist meist ein wenig älter und
feiner gekleidet, und die Stimmung wird zum
Sonnenuntergang über dem Wasserpalast
einfach magisch. Jalan Abang, Tirta Gangga,
Ababi, im Inneren des Wasserpalastes,
Tel. 0812/360 80 53,
www.hoteltirtagangga.com

Auch im Wasserpalast muss den Göttern jeden Tag mehrmals gehuldigt werden.

# 31 Candidasa
## Abtauchen und Easy Living

**Der lang gestreckte Ort Candidasa an der Ostküste Balis lässt sich am besten vom Boot aus entdecken. Bei einer Tour die Küste entlang blitzen die Hotels mit ihren persönlichen Stückchen weißen Strandes schön aus tropisch grünem Hintergrund heraus. Viele Besucher sehen Candidasa auch nur vom Wasser aus, denn eine Attraktion sind die hiesigen Tauchplätze. Dabei gibt es hier einiges anderes zu erleben.**

Candidasa blickt auf eine lange Geschichte zurück, in der Neuzeit stand vor allem die touristische Erschließung und Nutzung im Mittelpunkt: Das wohl im 12. Jahrhundert gegründete Fischerdorf liegt zwölf Kilometer von Amlapura entfernt. Früher hieß es Teluk Kehen, »Bucht des Feuers«. In den 1970er-Jahren entdeckten die Tourismus-Funktionäre das idyllische Fleckchen mit seinem langen, weißen Sandstrand und erschlossen das Fischerdorf. Kurzerhand bekam Teluk Kehen einen neuen Namen: Candidasa. Woher der Name stammt, das weiß heute niemand mehr so genau. Die schönste Geschichte lautet so: Nahe der Lagune von Teluk Kehen gibt es einen Tempel, der für seine mächtigen Kräfte bekannt ist. Der Tempel heißt heute Candidasa Tempel. Hier steht eine Statue der Fruchtbarkeitsgöttin Haiti. Diese wird umringt von einer Gruppe Kinder. Dieser Fruchtbarkeitsort hätte bei Kinderwunsch eine enorme Wirkung, weshalb viele balinesische Paare hierherpilgern. Das funktioniere so gut, dass es für bis zu zehn Kinder reichen könnte, sagt die Legende. »Zehn Kinder«, das heißt im Balinesischen cilidasa. Und aus dem Kinderwunsch-Wort heraus wurde wohl

**Mitte:** Der Blick vom Sandstrand Pasir Putih schweift über die davorliegenden Inseln.
**Unten:** Der Tempel Pura Candidasa ist für seine mächtigen Kräfte bekannt.

Die Schönheit des Strandorts in der malerischen Bucht erschließt sich gut von oben.

der Name Candidasa gebildet. Übersetzt steht das für »zehn Tempel«. Zehn Tempel gibt es allerdings im Ort nicht.

## Raubbau und Erosion

Dank der guten Schnorchel- und Tauchreviere, der Nähe zu berühmten Attraktionen wie Goa Lawah oder dem Bali-Aga-Dorf Tenganan sowie dem schönen Strand wurde Candidasa touristisch erschlossen. Schon in den 1970er-Jahren wurde geplant und gebaut – beinahe ungebremst. Einer der Baustoffe kam aus dem Korallenriff vor der eigenen Haustür. Dieses wurde in kleine Stückchen gesprengt, damit der dadurch gewonnene Kalk für die Herstellung von Zement verwendet werden konnte. Dadurch aber zerstörten die Verantwortlichen die natürliche Küstenbarriere, die bisher den Strand geschützt hatte. In der Folge wurde der Sandstrand Stück um Stück und Korn um Korn weggeschwemmt – bis fast nichts mehr übrig war. Die Hoteliers versuchten sich in Gegenwehr und pflanzten gewaltige, T-förmige Wellenbrecher an die Wasserlinie. Damit war der Anblick von Candidasa für die Zukunft bestimmt. Die Ergebnisse waren zwar eher bescheiden, allerdings sind zwischen den Wellenbrechern überschaubare Strandstückchen entstanden, die von den sie verwaltenden Hotels gut in Schuss gehalten werden.

*Geheimtipp*

**JAZZ BEI VINCENT'S**

Wenn Mopeds, Autos und Taxis aus allen Himmelsrichtungen in Candidasa eintreffen und Vincent's Bar und Restaurant anpeilen, dann muss Donnerstag sein. Der Donnerstagabend in Candidasa hat ein Motto: Jazz@ Vincent's. Kurzerhand verwandelt sich das Restaurant mitsamt dem Biergarten in eine Jazzkneipe, wo bei Fingergeschnippe und reichlich Swing auch getanzt werden darf. Die Musiker kommen aus aller Herren Länder. Und man sollte sich als Besucher nicht wundern, wenn unerwartet eine Jazzgröße aus den USA die Bude bei tropischen Temperaturen zum Kochen bringt. Gekocht wird bei Vincent's auch gut. Somit kann man sich vor dem Musikvergnügen noch eine ordentliche Basis schaffen für den folgenden Jazzabend. Eintritt kostet der Spaß keinen, aber reservieren sollte man unbedingt.

**Vincent's Restaurant.**
Tgl. 10.30–22.30 Uhr, Jalan Raya Candidasa, Tel. 0363/413 68, www.vincentsbali.com

Hier wird im alten Stil gekocht, über offenem Feuer und mit reichlich Handarbeit.

**IN HÜBSCHEM GARTEN SPEISEN**

Der Warung Padang Kecag am Mendira Beach ist seit einiger Zeit Treffpunkt für Freunde der guten balinesischen Küche. Denn der Koch des Hauses war Chefkoch im bekannten Alila Resort Manggis und hat sich mit seinem kleinen Warung selbstständig gemacht. Padang Kecag ist bis heute ein Familienbetrieb, in dem man wie ein Familienmitglied behandelt wird. Die Küche ist zum mit zehn Tischen überschaubaren Restaurant hin offen. Man kann also dabei zusehen, wie liebevoll die erwartete Mahlzeit zubereitet wird. Auf der anderen Seite des Restaurants geht der Blick auf einen schönen Garten. Und wer endlich mal balinesischen Wein probieren will, der kann sich an der Weinkarte orientieren oder sich vom Personal beraten lassen.

**Warung Padang Kecag.**
Tgl. 8–22 Uhr, Jalan Mendira, Mendira Beach, Tel. 0363/438 10 26.

Wer also beispielsweise am Mendira Beach Urlaub macht, der wird sicher ein kleines Stück Strand genießen können.

## Candidasa heute

Heute ist Candidasa ein relaxter Urlaubsort, der Besucher mit den Schlagworten Natur, Kultur und Freizeit anzieht. Und die Entspannung kommt schnell: Der Ozean ist normalerweise kristallklar, und sein Anblick – vielleicht über den Infinity-Pool des Strandhotels hinweg – tut dem Auge gut. Im Hinterland liegen schöne Reisfelder, die wiederum in eine tropische Hügellandschaft gepflanzt worden sind. Wer Action braucht, schwingt sich aufs Mountainbike, zieht die Wanderschuhe an oder streift den Neoprenanzug über. Wer Ruhe sucht, findet in Candidasa sicher den richtigen Fleck, um die Batterien wieder aufzuladen. Vom 5-Sterne-Resort bis zum einfachen Guesthouse-Zimmer, vom Warung am Straßenrand bis zur Jazzkneipe mit Live-Programm: Hier findet man alles.

## Die Lotus-Lagune

Eines der Wahrzeichen von Candidasa ist die Lotus-Lagune mitten im Ort. Die Lagune bietet eine

schöne Ansicht mit ihren vielen Lotuspflanzen, die in Pink oder anderen Farben auf der Wasseroberfläche liegen. Aus der Mitte der Lagune ragt eine kleine Insel, auf der ein Garten angelegt ist. Umgeben wird die Lagune von Restaurants, Cafés und Hotels, die alle mit einem großartigen Ausblick glänzen können. Gegenüber der Lagune, auf der anderen Straßenseite, steht ein wenig erhöht der Candidasa-Tempel mit seinen zwei Schreinen. Ab hier genießt man einen schönen Ausblick über die Lagune und die Umgebung.

Der renovierte Tempel hat bis heute nichts von seiner Anziehungskraft verloren. Wer ein wenig Geduld mitbringt, wird sicher erleben, dass ein Bus- oder Autofahrer anhält, um ein schnelles Gebet zu sprechen. Weiter den Hang hoch folgt der Shiva-Tempel mit mehr Weitblick. Fast könnte man die beiden Sandstrände sehen, die intakt und einen Besuch wert sind: Pantai Labuan Amok in Schwarz und Pasir Putih in Weiß.

## Die Strände von Candidasa

Pantai Labuan Amok liegt in Richtung Padang Bai, ein paar Kilometer hinter Mendira Beach. Hier kann man sich auf schwarzem Sand betten und gelegentlich die Maske herausholen, um ein wenig zu schnorcheln. Der Strand ist sauber, obwohl das hässliche Pertamina-Terminal in Sicht ist. Dort kommen die Öllieferungen für Bali mit dem Tankschiff an, um dann auf die rasenden Tanklaster verladen zu werden. Diese fahren von hier los, um alle Ecken Balis mit dem wichtigen Konjunktur-Treibstoff Benzin zu befeuern. Am Pantai Labuan Amok gibt es nette kleine Buchten, die über das seichte Wasser erobert werden wollen.

Das Highlight in Sachen Strandleben ist allerdings der bekannte weiße Sandstrand von Pasir Putih

**Oben:** Man muss einige Stufen erklimmen, um in den Pura Candidasa zu gelangen.
**Mitte:** Eine Attraktion von Candidasa ist die Lotus-Lagune.
**Unten:** Hinter dem schmalen Strand und im Schatten von Palmen liegen die meisten Hotels.

am anderen Ende von Candidasa, im Dorf Perasi. Pasir putih heißt »weißer Sand«, und der Name ist Programm. Früher ein Geheimtipp, ist er das heute längst nicht mehr. Aber ein Ausflug lohnt sich immer. Denn der Strand ist ein noch recht unverdorben wirkendes Band weißen Sandes. Das Bild wird lediglich angenehm gestört durch ein paar Streifen schwarzen und damit vulkanischen Sediments, die nahe der Kliffe den Sand durchziehen. Vor dem Pasir Putih liegt dekorativ am Horizont die kleine felsige Insel Gili Biaha. Eine besonders schöne Art zum Pasir Putih zu kommen, bieten die örtlichen Fischer. Man kann sich direkt am Strand ein Boot mieten, vom Hotel einen Picknickkorb packen lassen, und dann geht's los: eine nette Bootsfahrt am Ort Candidasa vorbei und weiter die Küste hoch. Bald ist der weiße Strand erreicht. Wer keinen Lunch dabei hat, kann sich an den kleinen Warungs eindecken.

## Tauchen vor der Küste

Ein großer Teil des Ruhms von Candidasa befindet sich unter Wasser. Vor dem Ort liegen mit Gili Tepekong, Gili Mimpang und Gili Biaha kleine Inseln, die hervorragende Tauchbedingungen bieten. Angesprochen werden in erster Linie fortgeschrittene Taucher, die mit ein wenig Strömung gut zurechtkommen. Aber auch Anfänger kommen, geführt von einem ortskundigen Divemaster, auf ihre Kosten. Ein anderer berühmter Tauchspot ist Jetty, am Terminal von Pertamina. Jetty gilt auf Bali als einer der Top-Spots für Macro-Tauchgänge. Und wer sich die Zeit nimmt und keine Angst vor der mächtigen Pieranlage hat, die durchtaucht wird, der erlebt reichlich Fisch: vom Anglerfisch bis zum Barrakuda, von Oktopoden bis Seepferdchen. Alle haben sich hier versammelt, um von den Tauchern in aller Ruhe betrachtet zu werden.

**Oben:** Der Strand Pasir Putih heißt nicht ohne Grund White Sand Beach.
**Mitte:** Die Inselchen Gili Mimpang und Gili Tepekong
**Unten:** Im Hafen von Candidasa kann man den Ausblick auf Ozean und Inseln genießen.

# Infos und Adressen

### SEHENSWÜRDIGKEITEN

**Lotus-Lagune und Candidasa-Tempel.** Liegen in der Ortsmitte, auf beiden Seiten der Hauptstraße.

### ESSEN UND TRINKEN

**Ari Home Stay & Hot Dog Shop.** Wer ein wenig Abwechslung sucht von Nasi Goreng, der ist hier richtig. Hier gibt es deftige Burger mit den dazugehörigen Zutaten. Tgl. 11–20 Uhr, Tel. 0817/970 73 39, www.arihomestaycandidasa.com

### ÜBERNACHTEN

**Candi Beach Resort & Spa.** Nicht nur bei Tauchern (s. Aktivitäten) eine erste Adresse in Candidasa. Das Resort liegt direkt am Mendira Beach. Von den schick-stylishen Bungalows und den guten Zimmern aus überblickt man einen schönen, grünen Park – dahinter glitzert das Meer. Das Ocean Spa hat einen sensationellen Ausblick. Mendira Beach, Tel. 0363/412 34, www.candibeachbali.com

**Ida's Homestay.** Liegt auch direkt am Strand, ist aber eine ganz andere Klasse. Hübsche balinesische Holzbungalows sind locker verteilt in einem Park, der Strand liegt vor der Bungalowtür. Obwohl direkt an der Hauptstraße, ist es hier angenehm ruhig und unaufgeregt. Jalan Raya Candidasa, Tel. 0363/410 96, www.facebook.com/Idas.Homestay.Candidasa

### AKTIVITÄTEN

**diving Candidasa.** Im Herbst 2015 wurde das Tauchcenter eröffnet. Es liegt direkt am Strand auf dem Gelände des Candi Beach Resort & Spa, zentral zwischen beiden Restaurants und Pools. Die Deutschen Natalie und Max haben sich in kurzer Zeit einen hervorragenden Ruf erarbeitet, wie auch die Kritiken in den einschlägigen Medien wie www.taucher.net bestätigen. Hier sind sowohl erfahrene Taucher als auch Anfänger gut aufgehoben. diving Candidasa, Candi Beach Resort & Spa, Mendira Beach, Tel. 0812/36 77 02 81, www.diving.de

Die Lotus-Lagune liegt im Ort und wird eingerahmt von Restaurants und Hotels.

# GUTE AUSSICHTEN
## Vor Candidasa unter Wasser

Unter Wasser gibt es einiges zu sehen: Ein Highlight ist das Wrack der Liberty.

Bali bietet zahlreiche erstklassige Tauchplätze mit einzigartiger Vielfalt: Es gibt Steilwände und sanft abfallende Sandflächen, Kalksteinklippen und schwarze, vulkanische Felsblöcke. Dazu kommen geschützte Buchten und nährstoffreiche Strömungen, unberührte Korallenbänke und atemberaubende Wracks. Nicht zu vergessen: rund 3000 Sorten Fisch und sechs der sieben Meeresschildkröten-Arten weltweit.

Auf Bali ist für jeden der richtige Tauchspot dabei – egal ob Anfänger oder Profi. Dabei sind die meisten Tauchplätze Balis Strandtauchgänge. Freunde einer kleinen Bootsfahrt kommen aber auch auf ihre Kosten.

## Tauchspots vor Candidasa

In Candidasa sind die lohnenden Tauchspots innerhalb einer Viertelstunde mit dem Boot erreichbar. Getaucht wird normalerweise in überschaubaren Gruppengrößen. Mehr als vier Taucher kommen nicht auf einen Guide. Daher tritt man sich auch unter Wasser selten auf die Füße. Das kann beispielsweise beim Wrack der USAT Liberty vor Tulamben ganz anders sein. Hier ein paar Lieblings-Spots vor Candidasa, natürlich ohne Anspruch auf Vollständigkeit:

## The Jetty

Für das Jetty-Abenteuer taucht man unter dem Pier des Pertamina-Tankschiffterminals. Keine Sorge, das Wasser ist nicht ölverschmutzt. Nur die Sicht kann gelegentlich eingetrübt sein. In Tiefen von drei bis 16 Metern ist es kein Zufall, wenn einem unverhofft riesige Anglerfische begegnen. Zwischen den mit Korallen bewachsenen Säulen tummeln sich zahlreiche Fledermausfische und ganze Schwärme juveniler Makrelen

und Barrakudas, Sardinen, Welse und anderer Fische. Nacktschnecken, Shrimps und Krabben gibt es in großer Zahl und Vielfalt. Oktopoden – darunter auch seltene Arten wie etwa Mimikry- und Kokos-Oktopus oder Wonderpus –, Kalmare und Sepien geben sich ein Stelldichein. Oder wie wäre es mit Blauring-Oktopus, Pracht-Sepien, verschiedenen Geisterpfeifenfischen, Sterngucker, Tentakel-Schluckspecht und Seepferdchen? Alle zeigen sich – leider nicht bei jedem Tauchgang – mit etwas Glück dem geübten Auge. Und wer die Pracht nicht erkennt, der wird vom Tauchguide freundlich darauf aufmerksam gemacht.

## Gili Mimpang

Gili Mimpang, das sind drei aus dem Wasser ragende Felsen. Diese werden von den Balinesen auch Batu tiga, »drei Felsen«, genannt. In Tiefen von fünf bis über 30 Meter gibt es abfallende Sandflächen und eine beeindruckend bewachsene Steilwand. Gili Mimpang ist ein sehr guter Spot, um Haie zu sichten. Vor allem Weißspitzen-Riffhaie wurden schon öfter gesehen. Relativ häufig begegnen einem Teppichhaie (»Wobbegong«), gelegentlich auch der seltene Korallen-Katzenhai. Dank der ungeschützten Lage der Insel und der regelmäßigen Versorgung mit Nährstoffen wimmelt es um Gili Mimpang geradezu vor Leben. Hier trifft man Schildkröten, Teufelsrochen, Mantas, Thunfisch und Makrelen, Muränen, Oktopoden und Fledermausfische. Während der Saison ist Gili Mimpang einer der besten Spots, um die seltenen Mondfische, die Mola Mola, zu beobachten. Die Insel ist auch für Anfänger geeignet, und auf der flachen, Bali zugewandten Seite von Gili Mimpang kann gut geschnorchelt werden.

## Mimpang Coral Garden

Die Ostseite von Gili Mimpang wird fast gar nicht betaucht, ist also einen Besuch unbedingt wert. Hier leben gesunde Korallen in abwechslungsreicher Umgebung. Man taucht über sanfte Schrägen bis hin zu Wänden, die tiefer als 40 Meter reichen. Begleitet von einem Schwarm Barrakudas kann man sich schön die Gegend ansehen. Mit etwas Glück sind gerade Riffhaie, Schildkröten oder jagende Thunfische unterwegs. Und natürlich gibt es Stachelmakrelen, Zackenbarsche, Kaiserfische, Grundeln und Drachenköpfe. In aller Regel ist dieser Tauchplatz für alle Taucher geeignet. Bei bestimmten Bedingungen sollten hier jedoch nur erfahrene Taucher tauchen, da die Strömung schlagartig wechseln kann.

## Gili Tepekong

Dieser große Felsen vulkanischen Ursprungs bietet bestes Tauchen für Fortgeschrittene. Aufgrund seiner Größe gibt es rund um Gili Tepekong mehrere Tauchplätze. Attraktion sind Steilwände,

Einen Mola Mola, einen Mondfisch, zu erleben, das ist der Traum vieler Taucher.

Vor Candidasa ist die Korallenwelt noch intakt, Farbenpracht inklusive.

sanft abfallende Korallen und medusenhaft wirkende Korallenblöcke, die in Tiefen zwischen fünf und über 30 Metern überall aus dem Grund zu wuchern scheinen. Dazu kommen blutrote Gorgonien und Röhrenschwämme sowie riesige Lavablöcke, unter denen sich Riffhaie verstecken. Nicht zu vergessen der erlebenswerte Unterwassertunnel. Die starken Strömungen, die hier häufig auftreten und zum Teil unvorhersehbar sind, versorgen Gili Tepekong mit Nährstoffen. Und das wiederum lockt unzählige Fische an. Es kommen kleine bunte Riffbarsche und Kaiserfische genauso vorbei wie Thunfisch, Barrakuda, Süßlippen und Schnapper – in teilweise gigantischen Schwärmen. Auch Schildkröten sind regelmäßig rund um Gili Tepekong zu Gast. Während der Saison lassen sich hier die beeindruckenden Mondfische putzen, zuschauen erlaubt.

## Gili Biaha

Diese kleine Felseninsel zwischen Candidasa und Amed ist unter Wasser nahezu komplett von gesundem Riff umgeben. Hier kann getaucht werden in Tiefen zwischen fünf und 40 Metern. Auf der Innenseite der L-förmigen Bucht liegt auf gut sieben bis zwölf Metern Tiefe eine Höhle, in der nahezu immer schlafende Weißspitzen-Riffhaie, Langusten und Laternenfische anzutreffen sind. Entlang der teilweise senkrecht abfallenden Wände tummeln sich Schnapper, Süßlippen, Oktopoden, Schildkröten, Sepien und die verschiedensten Rifffische. Gili Biaha ist ein rauer und wilder Tauchspot. Durch die oft starke Brandung ist dieser Platz eher etwas für fortgeschrittene Taucher und kann nicht immer angefahren werden. Aber wenn, dann lohnt es sich sicher.

**Mitte:** Es lohnt sich, durch das Tor hindurchzugehen – meist gibt es einen Shop.
**Unten:** Kunsthandwerk wird hier großgeschrieben, dazu gehört auch die Lontar-Malerei.

# 32 Tenganan
## Ein Dorf der Bali Aga im Original

**Tenganan ist nur ein paar Kilometer vom Urlaubsort Candidasa entfernt und doch ein paar Jahrhunderte weit weg. In einem der ältesten Dörfer Balis kann man dörfliches Leben kennenlernen, wie es die Ureinwohner, die Bali Aga, bis heute pflegen. In Tenganan werden auch die Geringsings hergestellt: doppelt gewebte Ikat-Tücher, denen magische Kräfte zugesprochen werden.**

15 Fahrminuten geht es ab Candidasa den Berg hinauf Richtung Norden, dann ist man da. Es gibt einen Parkplatz, die üblichen Souvenirstände, und durch eine Pforte geht es in den Ort hinein. Hier, in diesem lebenden Museum, kann man sich frei und gut ohne Führer bewegen. Die Einwohner sind, im Gegensatz zu denen in Trunyan am Batur-See, recht aufgeschlossen. Wer Fragen hat, kann einfach in einen der Shops gehen und ein wenig plaudern. Das Dorf ist über mehrere Terrassen am Berg angelegt und wird umgeben von einer Mauer. Tenganan soll übrigens der einzige Ort auf Bali sein, der von einer Mauer umgeben ist und so durch sie geschützt wird. Die hier lebenden Bali Aga, Ureinwohner der Insel, wollten offensichtlich in ihrem täglichen Leben nicht gestört werden. Heute aber werden für neugierige und zahlende Touristen Ausnahmen gemacht. Hochzeiten allerdings sind nach wie vor nur innerhalb der Dorfgemeinschaft erlaubt. Wer sich nicht daran hält, wird aus der Dorfgemeinschaft ausgestoßen und verliert somit seine Heimat. In der Folge werden die Bali Aga von Tenganan immer weniger, denn es kommt kein frisches Blut nach. Ungefähr

Während eines Besuchs kann einem durchaus eine kleine Prozession begegnen.

500 Menschen sollen hier und heute noch im Dorf leben.

# Schriftsteller, Weber oder Maler

Die Dorfgemeinschaft von Tenganan ist sehr wohlhabend. Ihr gehören rund um das Dorf viele Hektar fruchtbarer Felder, die sie durch balinesische Bauern bewirtschaften lassen. Denn die Einwohner von Tenganan sehen ihre Aufgabe in erster Linie darin, die eigene Geschichte und die eigenen Traditionen als Schriftsteller, Weber oder Maler am Leben zu erhalten. Für Arbeit auf dem Feld bleibt da keine Zeit. Bei einem Spaziergang durch das überschaubare Dorf kann man ein wenig vom Alltagsleben der Bali Aga erschnuppern – obwohl das Leben offensichtlich auf Touristen ausgerichtet ist. Da treffen sich die Frauen des Dorfes für einen Plausch auf dem Dorfplatz, die Kids kommen lärmend aus der Schule, und die Alten hocken im Schatten und betrachten das bunte Treiben.

Nach Tenganan kann man ab Candidasa auch laufen: Ein gut drei Kilometer langer Waldpfad beginnt gegenüber Ida's Homestay an der Hauptstraße und führt durch die Wälder zum Bali-Aga-Dorf.

## Infos und Adressen

### SEHENSWÜRDIGKEITEN
**Tenganan.** Tgl. 8–17.30 Uhr.

**Perang pandan.** Perang pandan ist ein Ritual zum Thema Erwachsenwerden. Sobald die Jungs des Dorfes ins richtige Alter kommen, treten sie zu einem rituellen Kampf gegeneinander an. Dieser Kampf ist Indra gewidmet, dem Hindu-Gott des Krieges und des Himmels. Bewaffnet mit einem Rattan-Schild und einer geflochtenen Keule aus dem Blatt des Pandanus zieht die Jugend in die Schlacht – ein Fest für das ganze Dorf. Perang pandan findet jedes Jahr im Juni oder Juli statt.

### ESSEN UND TRINKEN
**Candi Bakery.** Hier kann man kurz anhalten auf dem Rückweg von Tenganan nach Candidasa. Die Candi Bakery ist fest in deutschen Händen, dementsprechend das Angebot: Es gibt beispielsweise Marmorkuchen. Jalan Tenganan, Tel. 0363/418 83.

**Mitte:** 2500 Urlauber passieren in der Hochsaison Padang Bai auf dem Weg zu den Gilis.
**Unten:** Da ist es gut, dass gleich neben dem Fährhafen der ruhige White Sand Beach lockt.

# 33 Padang Bai
## Quirliger Fährhafen und buntes Dorf

**Das Fischerdorf Padang Bai hat in den letzten Jahren stark an Bedeutung gewonnen. Früher war es der Fährhafen nach Lombok, der den Ort am Laufen hielt. Heute sind es die Speed-Boote, die in der Hochsaison täglich bis zu 2500 Urlauber am Tag durch Padang Bai spülen – auf dem Weg zu den Gilis. Trotzdem gibt es durchaus noch so etwas wie ein unberührtes Dorf, in dem Hindus und Moslems konfliktfrei leben.**

Die dieselqualmenden und lautstarken Fähren nach Labuan Lembar auf der Nachbarinsel Lombok fahren 24 Stunden am Tag. Immer wird gerade einer der Kolosse be- oder entladen. Dementsprechend ist die Stimmung rund um den Fährhafen mitten im Ort immer die eines Übergangs. Es ist hektisch, nicht sonderlich sauber, die Warungs sind auf schnelle Kundschaft eingestellt. Wer das Dorf Padang Bai besser kennenlernen will, der muss sich links oder rechts des Fährhafens orientieren. Rechts geht es den Hang hoch, dort steht die örtliche Moschee und auf der anderen Straßenseite die Post. Linker Hand befinden sich Warungs, Guesthouses, Tauch-Center und auch der lange Anlegesteg. Hier starten die knatternden Schnellboote nach Gili Trawangan. Hinter dem Anlegesteg liegt die Ortsmitte mit dem Sagara Tempel. Dahinter beherrscht ein riesiger Parkplatz das Bild. Auf diesem treffen ab 8 Uhr morgens die Minibusse ein, die aus ganz Bali kommen. Sie bringen die Reisenden, die sich mit den Schnellbooten in eine andere Welt – die des reinen Strandlebens – auf die Gilis befördern lassen. Aber wer das alles

beiseitelässt, der findet in und rund um
Padang Bai ein paar schöne Strände, hervorragende Schnorchel- und Tauchspots
und ein paar besuchenswerte Tempel.

## Strände im Westen

Padang Bai bietet eine ausgedehnte touristische
Infrastruktur mit Unterkünften für jeden Geschmack und jeden Geldbeutel, Restaurants und
Warungs mit Speisen aus der ganzen Welt und
Bars für die lauen Nächte. Wer sich morgens mit
dem Moped oder zu Fuß aufmacht, um sein per-
sönliches Stück Strand zu finden, der kann seine
Schritte nach Westen oder nach Osten wenden.
Westlich des Orts, hinter dem Anstieg und vorbei
an der Post, folgt nach gut 30 Gehminuten auf
der geteerten Straße ein fast unberührter Strand
mit schwarzem Sand vulkanischen Ursprungs.
Dieses Stück Strand wird dementsprechend auch
Black Sand Beach genannt. Hier gibt es keine Warungs und somit keine Verpflegungsmöglichkeiten.
Man sollte also seinen Lunch und ausreichend
Wasser dabeihaben. Wer nicht so weit laufen will
und einen Strand mit weißem Sand vorzieht, der
biegt 200 Meter nach der Post links ab. Hier geht
es kurz einen Hügel hoch, dann auf der anderen
Seite steil hinunter. Der mühsame Weg lohnt sich:
White Sand Beach, auch Bias Tugel genannt, ist
ein 130 Meter breiter Sandstreifen, der südwest-
lich des Fährhafens liegt. Wer sich hier niederlässt,
kann den ein- und auslaufenden Fähren zuschauen. Oder sich in das kühlende Blau stürzen.
Das Wasser ist hier meist ruhig, große Wellen
eher selten. Gut ist es, die Taucherbrille und einen
Schnorchel dabeizuhaben. Es gibt unter Wasser
einiges zu sehen. Wer nichts dabei hat, kann die
Ausrüstung in einem der Warungs am Strand leihen. Hier gibt es auch reichlich Verpflegung und
Kaltgetränke für durstige Kehlen.

*Nicht verpassen*

### CHILLEN UND GUCKEN

Das Ozone Café ist
schon lange da und
ebenso lange ein optimaler
Ort, um das Treiben rund um
die Ortsmitte von Padang Bai zu
verfolgen. Umso mehr, seit der
Parkplatz Anlaufpunkt ist für hunderte von Minibussen, die Tag für
Tag Reisende auf die Gilis bringen.
Im Ozone Café geht es mit seinen
Sitzsäcken und urigen Holztischen
chillig zu. Seit einer Renovierung
vor ein paar Jahren ist es ein
wenig aufgeräumter, aber nicht
weniger herzlich oder weniger
lecker. Burger, Pizza, Nasi Goreng
oder Gado Gado – alles ist auf der
Speisekarte vorhanden. Und wer
Anschluss oder nette Gesellschaft
sucht, wird hier sicher nicht lange
allein bleiben.

Ozone Café. Tgl. 11–23 Uhr, Jalan
Silayukti, gegenüber dem Segara
Tempel, Tel. 0817/470 85 97,
www.facebook.com/Ozone2015

Auch im Puri Rai in Padang kann
man kulinarisch genießen.

# Strände und Tauchen im Osten

Im Osten von Padang Bai, auf der anderen Seite des nahen Hügels, liegt eine der besonders beliebten Attraktionen des Ortes: die Blue Lagoon. Die Bucht, die vom netten Resort Bloo Lagoon mit seinen schicken Villen überragt wird, ist mit gut 50 Metern Breite recht schmal, aber für ein Handtuch sollte immer Platz sein. Die Highlights der Blue Lagoon liegen ohnehin unter Wasser. Hier ist das Schnorcheln vom Feinsten. Das können auch die vielen Taucher bestätigen, die sich mit dem Boot ab Padang Bai oder Candidasa zum gleichnamigen Tauchspot schippern lassen. Dieser liegt direkt vor der Blue Lagoon und ist berühmt für Sichtungen von Katzen-, Teppich- und Weißspitzen-Riffhaien, verschiedenen Krabben und Krebsen, Nacktschnecken oder Kopffüßern. Auch Schildkröten, Seepferdchen, Geistermuränen und Fledermausfische sind hier nahezu bei jedem Tauchgang zu sehen. Welch eine Vielfalt!

# Attraktionen über Wasser

Neben dem lebendigen, quirligen Ort selbst können Interessierte auch ein paar Tempel besichtigen. Der bekannteste ist der Pura Silayukti. Er liegt auf dem Hügel, der die Blue Lagoon überragt. Man erreicht ihn auf einem schmalen Pfad, der immer wieder mit schönen Aussichten auf Padang Bai glänzt. Auf dem Hügel befinden sich zwei weitere Tempel: Pura Tanjungsari und Pura Telaga Mas. Pura Silayukti gilt als einer der vier ältesten Tempel auf ganz Bali. Im 11. Jahrhundert soll hier der Prediger Empu Kuturan gelebt haben, der auf Bali das Kastenwesen einführte. Unweit davon ist der kleine Hindutempel Pura Payogan ebenfalls einen Besuch wert. Er steht auf einem Felsvorsprung direkt über dem Meer. Von hier aus eröffnet sich ein beeindruckender Blick auf die Steilküste im Osten Balis.

**Oben:** Paradies für Taucher und Schnorchler: die Blue Lagoon
**Mitte:** Die Einheimischen treffen sich gerne vor dem schattigen Dorftempel und plauschen.
**Unten:** Auf dem Hügel vor Padang Bai liegt der sehenswerte Tempel Pura Tanjungsari.

# Infos und Adressen

### SEHENSWÜRDIGKEITEN
**Pura Silayukti, Pura Tanjungsari, Pura Telaga Mas, Pura Payogan.** Die vier sehenswerten Tempel liegen am östlichen Ende der Jalan Silayukti auf einer Landzunge mit einem Hügel über dem Meer.

### ESSEN UND TRINKEN
**Surf & Turf Warung.** Frischer Fisch, leckerer Reis, auf den Punkt gekochte Nudeln, vielleicht mit einem leicht italienischen Einschlag: alles da im beliebten Surf & Turf Warung. Tgl. 18–22 Uhr, Jalan Silayukti, Tel. 0819/15 62 14 33, www.facebook.com/surfnturfwarung

### ÜBERNACHTEN
**Bloo Lagoon.** Hier werden die Themen Öko- und nachhaltiger Tourismus großgeschrieben. Die 25 Villen überblicken den blauen Ozean, unten glänzt die Blue Lagoon und lädt zum Planschen und Schnorcheln ein. Es gibt auch ein Amphitheater für Kunst-Events und ein Spa.

Jalan Silayukti, Tel. 0363/412 11, www.bloolagoon.com

**Fat Barracuda Hostel.** Wer eine Übernachtungsmöglichkeit im Jugendherbergsstil – aber mit Ausblick und in der Ortsmitte von Padang Bai – sucht, ist hier richtig. 2014 wurde das Hostel eröffnet, das »Günstig-und-gut«-Konzept funktioniert. Nur zu große Ansprüche sollte man nicht mitbringen. Jalan Segara, Tel. 0822/37 97 12 12.

### AKTIVITÄTEN
**Water WorxX Dive Center.** Das deutsche Tauchcenter ist eines der ersten in Padang Bai und schon seit 2001 dabei. Hier kann man Tauchen lernen oder sich an die schönsten Tauchspots der Ostküste schippern lassen. Übrigens: Water WorxX bietet auch Tauchunterricht und -ausflüge für Menschen mit Behinderungen an. Jalan Silayukti, Tel. 0363/412 20, www.waterworxbali.com

Im Pura Tanjungsari werden die Opfergaben in schönem Geschirr angerichtet.

# NORD-BALI

34  Weinanbau in Nord–Bali     190

35  Pemuteran               196

36  Pemuteran – Dorf          200

37  Pulau Menjangan          204

38  Bali Barat Nationalpark    208

39  Sangsit und
    Kubutambahan           212

40  Singaraja               214

41  Lovina                 218

# 34 Weinanbau in Nord-Bali
## Zu Besuch in einem balinesischen Weingut

**Den Norden von Bali und dabei beson-
ders die Region zwischen dem Taucherort
Pemuteran und dem Dorf Seririt kennen
Urlauber normalerweise kaum. Meist wird
diese Ecke der Insel nur auf der Hauptstraße passiert, um schnell von Gilimanuk
zum Touristenzentrum Lovina zu gelangen.
Dabei gibt es hier viel zu entdecken: verwunschene Tempel, ursprüngliche Dörfer
und – ganz nebenbei – ein Weingut.**

Im Norden Balis wird bereits seit den 1950er-Jah-
ren Wein angebaut. Wobei das Ergebnis kaum
den Erwartungen eines europäischen Gaumens
genügen konnte. Dafür war der Saft dann doch
einfach viel zu süß. Was auch ein gängiges Vor-
urteil gegenüber Weinen aus Asien ist. Dabei gibt
es in Indien allein gut 50 Weingüter, in Thailand
ebenfalls etliche, genauso in Vietnam und Myan-
mar. Die beiden Weingüter in Kenia übrigens sind
die, die wahrscheinlich am nächsten am Äquator
liegen. Es war also nur eine Frage der Zeit, bis der
Weinanbau auch auf Bali Fuß fassen konnte.

## Hatten Wines

Hatten Wines ist heute der größte Produzent
balinesischen Weins. Und darauf ist das Haus
stolz: »Wir machen seit 1994 Wein und brechen
dabei alle Regeln des klassischen Weinbaus und
der Weinherstellung. Denn wir zähmen das Klima,
die Elemente und heftige Kritik. Auch wenn viele
Wein-Enthusiasten nicht glauben konnten, dass

**S. 188:** Zu Besuch im größten
buddhistischen Kloster Balis: das
Brahmavihara-Arama
**Oben:** Die Gegend um Pemuteran
ist gut geeignet für den Weinanbau.

# Weinanbau in Nord-Bali

man acht Grad südlich des Äquators auf einer tropischen Insel Wein machen kann, so haben wir doch das Gegenteil bewiesen«, heißt es auf der Website des Unternehmens. Der Stolz ist nicht unbegründet. Immerhin gehört das Weingut von Hatten in Nord-Bali zu ganz wenigen in der Welt, die so nahe am Äquator erfolgreich Wein anbauen.

## Gute Anbaubedingungen

Grundsätzlich sind die Anbaubedingungen auf Bali und vor allem in Nord-Bali mehr als gut: Die Sonne scheint reichlich, das Wasser aus den Bergen ist klar, und der fruchtbare vulkanische Boden begünstigt das Wachstum der Trauben. Dagegen steht allerdings eine strikte Rechtsprechung für Alkoholverkauf und -produktion in Indonesien als größtem muslimischen Land der Welt. So werden importierte, alkoholische Getränke mit einer bis zu 170 Prozent hohen Steuer belastet. Darunter fällt natürlich auch der Wein. Dazu kommen Mehrwertsteuer, Luxussteuer und Verbrauchssteuer. Auch dürfen in Indonesien seit 1990 keine neuen alkoholproduzierenden Gewerbe mehr eröffnet werden, Lizenzen werden nicht mehr erteilt. Ein Glück für Hatten Wines, dass das Haus eine Lizenz für eine Reiswein-Fabrik weiter nutzen konnte, die vor 1990 erteilt wurde.

Wer also in den frühen 1990er-Jahren an einem lauen Abend in der Hotellobby einen kühlen Weißwein zu sich nehmen wollte, der musste auf importierte australische Weine ausweichen. Und das wurde teuer. Die beiden einheimischen Produzenten Hatten Wines und Wine of the Gods machten sich also daran, den balinesischen Weinmarkt zu erobern. Und das sollte gelingen. Heute kostet eine Flasche Hatten-Wein um die 200 000 Rp., also rund 13,50 Euro. Importierte Weine aus Aus-

tralien oder Chile starten bei 350 000 Rp., rund 23,50 Euro und enden noch nicht bei 900 000 Rp. Der Wein zum frischen Fisch ist also für den Weinfreund auf Bali durchaus erschwinglich geworden.

## Zu Besuch auf dem Weingut

Wer mehr über balinesischen Wein, seine Geschichte und den Anbau erfahren will, ist im Weingut von Hatten Wines richtig. Es liegt zwischen Pemuteran und Seririt im Ort Sanggalangit. Bei einem Besuch des Weinguts bietet sich die Möglichkeit, eine Tour durch die Weinberge zu machen, Wein zu verkosten und sich mit ein paar Flaschen des neuen Lieblingsweins einzudecken. Zum Welcome Center gehört eine Aussichtsplattform mit weitem Blick über die Nordküste von Bali und ihren touristisch wenig erschlossenen Landstrichen und Stränden.

Die immergrünen Reben, die auf von Hand gefertigten und geflochtenen Spalieren gezogen werden, erlauben einen ganzjährigen Weinanbau. Um die Reben und die dort arbeitenden Menschen vor der intensiven Sonneneinstrahlung zu schützen, wird großflächig beschattet. Für die Reben gibt es keine Erntepause und somit auch nicht für die Erntehelferinnen und Erntehelfer. Sie können die Trauben das ganze Jahr über lesen. In den anderen Anbaugebieten der Welt kann nur einmal im Jahr geerntet werden. Somit bietet der Weinanbau in den Tropen durchaus auch Vorteile. Dazu kommt, dass der trockene Vulkanboden in Verbindung mit der Sonne auf Bali den Trauben die richtige Süße mitgibt. Da kann also nicht mehr viel schiefgehen – und das Ergebnis aus dem Weinkeller kann sich sehen lassen. Heute gehört Hatten Wines zu den Top 10 der am schnellsten wachsenden Produzenten in Asien, und die Weine werden regelmäßig international ausgezeichnet.

**Oben:** Bei Hatten wird von Hand geerntet und die Trauben anschließend gereinigt.
**Unten:** Zwischen den Rebstöcken ist auch das eine oder andere Schwein zu finden.

# Infos und Adressen

### SEHENSWÜRDIGKEITEN

**Vineyard of Hatten Wines – Welcome Center & Observation Deck.** Mo–Sa 10–16.30 Uhr, Jalan Raya Seririt-Gilimanuk, Sanggalangit, Tel. 0812/964 50 77, www.hattenwines.com

### ESSEN UND TRINKEN

**Bora Bora Restaurant.** Kleines Restaurant direkt am Strand von Ume Anyar, westlich von Seririt. Es gehört zum Mayo Resort, und hier kommt der Fang des Tages immer frisch aus dem Meer und lecker zubereitet auf den Teller. Tgl. geöffnet, Jalan Ume Anyar 3, Ume Anyar, Tel. 0811/385 23 22, www.facebook.com/bora-borarestaurantbali

**Sederhana Jaya.** Hier wird klassisch indonesisch gekocht, und das kommt gut an. Der kleine Warung mitten in der quirligen Stadt Seririt ist auf jeden Fall einen Zwischenstopp wert. Manche sagen, das hiesige Nasi Goreng sei das beste in Nord-bali. Jalan R. Suprapto 16, Seririt, Tel. 0362/922 68, www.facebook.com/RM-Sederhana-Jaya-353240374884229.

### ÜBERNACHTEN

**Zen Resort Bali.** In dieser schicken Anlage auf einem Hügel gibt es neben einem schönen Ausblick und zahlreichen Wassersportmöglichkeiten hübsche Bungalows im Bali-Stil. Wer vom morgendlichen Tauchgang am Hausstrand zurückkommt, kann sich anschließend mit Ayurveda-Anwendungen verwöhnen lassen. Jalan Ume Anyar, Ume Anyar, Tel. 0362/935 78, www.zenresortbali.com

### AKTIVITÄTEN

**Zen Dive.** Das Tauchcenter des Zen Resorts glänzt mit dem hauseigenen Harmony Diving Program. Hier kommen Yoga und Tauchen zusammen, das Ergebnis ist Harmonie – unter und über Wasser. Jalan Ume Anyar, Ume Anyar, Tel. 0362/935 78, www.zenresortbali.com

Der Showroom von Hatten Wines in Sanur ist nicht nur architektonisch ein Hingucker.

# EDLE TRÖPFCHEN
## Weinanbau auf Bali

Ein wenig sieht es aus wie in deutschen Weinanbaugebieten – nur heißer ist es.

**Urlauber auf Bali, die noch Anfang der 1990er-Jahre Sehnsucht hatten nach einem Gläschen Wein, taten sich schwer. Vielleicht hatte der örtliche Einkaufsladen noch eine importierte Flasche ganz hinten im Regal, schon ein wenig älter. Manch teures Strandhotel verfügte vielleicht über eine kleine, aber teure Auswahl an edlen Tröpfchen. Heute aber kommen Weinfreunde in Bali leichter auf ihre Kosten.**

Bier war schon immer beliebt auf Bali. Wer allerdings irgendwann die Nase voll hatte vom kalten Bier, für den gab es damals nur eine Alternative: Gin.

194

# Die Touristen kommen

Doch das konnte so nicht bleiben: Seit Anfang der 1990er-Jahre kamen immer mehr Urlauber auf die Hindu-Insel. Und diese hatten viele Wünsche. Neben »Sea, Sun and Sand« sollte es auch ein wenig mehr Abwechslung auf der Getränkekarte sein. Vor allem die Australier, die die Speerspitze der touristischen Eroberung Balis in der Zeit bildeten, machten lautstark auf sich aufmerksam. Bier gab es reichlich, billige Schnäpse auch, aber eine Flasche Wein, das wäre doch eine feine Sache. Die indonesische Regierung, die einen eigenen Plan hatte für die touristische Entwicklung Balis und Lomboks, beäugte diese Entwicklungen skeptisch. Sie untersagte kurzerhand 1990 die Neueröffnung von Alkohol-Produktionsstätten. Es wurden keine neuen Lizenzen mehr ausgegeben. Gut für die, die bereits eine hatten. Dazu gehörten Hatten Wines und Wine of Gods.

# Hatten Wine und Wine of Gods

Der Balinese Ida Bagus Rai Budarsa gründete mit Hatten Wines 1994 die bisher einzige rein balinesische Winzerei. Er baute die eigenen Reben im Norden Balis an und musste in den ersten Jahren damit kämpfen, dass sein Wein für westliche Gaumen schlichtweg zu süß war. Wine of Gods begab sich auf einen anderen Weg: Gegründet von einem Balinesen und drei Expats holte man sich Rebensaft aus Australien und schuf damit balinesischen Wein. Der Gedanke dahinter war, mit dieser Mischung nicht nur geschmacklich dem Weintrinkergaumen näherzukommen, sondern auch die hohen Alkoholsteuern zu umgehen. Doch das Konzept ging nicht auf, und Wine of Gods geriet Mitte der 1990er-Jahre in finanzielle Schwierigkeiten. Zwei andere Unternehmen schafften es, chilenischen Wein für 20–30 US$ pro Flasche auf dem Markt anzubieten.

# Wine of Gods in australischen Händen

Doch so richtig glücklich war damit keiner der Expats und keiner der Dauertouristen. Also übernahm der australische Kellermeister Craig Newton die Überreste von Wine of Gods und nannte das Unternehmen »Artisan Estate Wines«. Dank Rebensaft aus West-Australien und fünf Jahren Arbeit war der erste klassische Chardonnay 2009 fertig, der erste Sauvignon Blanc 2011. Diese Produkte gingen jetzt für bezahlbare 200 000 Rp. pro Flasche über die Theke. Damit war der balinesische Wein trink- und vor allem bezahlbar geworden. Das Konzept ging auf: Heute gibt es eine passable Auswahl an weißen, roten und Roséweinen, die sich nicht mehr verstecken muss.

# 35 Pemuteran
## Ideal zum Schnorcheln und Tauchen

**Einer der beliebtesten Anlaufpunkte in Nord-Bali ist der Ort Pemuteran. Er hat in Sachen Attraktivität dem früheren Platzhirschen Lovina längst den Rang abgelaufen. Was nicht verwunderlich ist: Glänzt Lovina vielleicht mit dem längeren Sandstrand, so hat Pemuteran den netteren Ort, einen feinen Strand und vor allem eine lebendige Unterwasserwelt, die nicht nur Taucher aus der ganzen Welt anlockt.**

Von Pemuteran aus starten die meisten Tauchtrips Richtung Palau Menjangan. Das Inselchen Menjangan gehört zum Nationalpark Bali Barat und ist einer der berühmtesten Tauchspots in ganz Indonesien. Doch auch der Küstenstrich vor Pemuteran und den Nachbarorten ist gespickt mit herausragenden Tauch- und Schnorchelspots. Zu einigen kommt man mit einem kurzen Trip im Boot, zu anderen braucht man vom Hotel oder Guesthouse aus nur den Strand hinunterzugehen und einzutauchen. Die Gemeinschaft der Taucher ist sich einig, dass rund um Pemuteran mit die besten Tauchspots Balis zu finden sind.

## Entwicklung nach Plan

Vor Pemuteran selbst liegen Riffe, die reich von Korallen bewachsen sind. Diese haben sich von der Zyanid-Fischerei der früheren Jahre gut erholt. Das war das Ziel einer großen Anstrengung: Als Pemuteran als Premium-Tauchziel entdeckt worden war und die ersten Tauchcenter eröffneten, gründeten die Verantwortlichen eine gemeinnützige Stiftung, die Karang Lestari Foundation, und suchten das

Die Küste rund um Pemuteran ist reich an Attraktionen, über und unter Wasser.

## Pemuteran

Gespräch mit den örtlichen Fischern. Ziel war es, diese über die Gefahren des Gift- und Dynamitfischens aufzuklären. Und ihnen klarzumachen, dass mit einer intakten Unterwasserwelt für alle Beteiligten mehr Profit drin ist. Überhaupt sollte sich Pemuteran nicht so entwickeln wie das nahe Lovina: schnell, überhitzt, billig, ohne Struktur und ohne Plan. Also setzte sich die Dorfgemeinschaft mit den Hotel- und Tauchcenterbesitzern zusammen, und gemeinsam wurde eine Art Entwicklungsplan für Pemuteran festgelegt. Der Ort sollte sich nachhaltig entwickeln, die Natur weitgehend unberührt bleiben oder wiederhergestellt werden. Ziel sollte es sein, nicht billig zu werden, sondern gut. Heute ist Pemuteran in jeder Hinsicht teurer als Lovina, aber dafür auch schöner und entspannter.

## Tolle Tauchspots

Die intakte Korallenwelt von Pemuteran zieht Schnorchler und Taucher in den Ort. Für Tagestrips aus dem Süden ist es bei einer Anfahrt von drei bis vier Stunden zu weit. Es lohnt sich also, ein paar Tage hierzubleiben. Zehn bis zwölf Tauchspots – ja nach Zählung – gibt es direkt vor dem Ort. Mit dem Boot geht es zum Bio Wreck, dem Deep Reef, zu Close Encounters, Gede's Reef oder dem Napoleon Reef. Jeder Name ein Versprechen, das für gewöhnlich eingehalten wird. Es gibt Korallen zu sehen, viele Arten von Riff-Fischen, Großfischschwärme und beim Napoleon-Riff auch reichlich Tintenfische.

Der leicht vom Strand aus zugängliche Teil der Spots beginnt in flachem Wasser beim Temple Garden, nordwestlich von Pemuteran, Richtung Osten gefolgt von Temple Wall und Garden of Gods, Kebun Chris und Fisherman's Basket. Temple Garden ist allein deswegen schon einen Besuch

*Nicht verpassen*

### »ADOPT A CORAL«

Bei den Bemühungen, das Leben unter Wasser zu schützen, ist den Verantwortlichen ein besonderes Programm für Urlauber eingefallen: »Adopt a Coral«. Eine Koralle zu adoptieren heißt in dem Fall, dass man eine kleine Drahtstruktur in der Bucht von Pemuteran versenken lässt, die in Form des eigenen Namens gebogen ist. Dieser Draht wird bald von den Korallen überwachsen, und es entsteht ein einmaliges Unterwasser-Denkmal, das den Namen des Urhebers trägt. Das Voranschreiten des Korallenbewuchses wird von Tauchern regelmäßig fotografiert und das Fotomaterial den Spendern zur Verfügung gestellt. So kann man auch aus dem fernen Westen beobachten, wie prächtig die Korallen auf dem eigenen Namen wachsen und erblühen. Infos und Fotomaterial gibt es online unter http://biorockbali.webs.com Hier kann man auch gleich spenden.

wert, weil man hier durch eine Tempelanlage taucht. Keine historische, sondern ein aus Steinstatuen im Jahr 2005 errichteter Unterwassertempel. Diese Statuen stellen die wichtigsten Götter aus der hinduistischen Lehre dar. Sie wurden aufgestellt, um Korallen eine neue Chance zum Anwachsen und damit dem Riff mehr Raum zu geben. Davon ganz abgesehen ist es eine nette Erfahrung, zwischen Statuen zu tauchen, die in 15 bis 30 Meter Tiefe stehen. Der Garden of Gods funktioniert ähnlich: Hier hat der Tauchpionier Chris Brown 2015 in 20 Metern Tiefe eine Statue von Shiva auf den Meeresboden gepflanzt. Umgeben wird sie von acht weiteren Gottheiten.

## Das Biorock-Projekt

Die wahre Attraktion, nur gut 50 Meter vom Strand entfernt, ist aber das Biorock-Projekt. Es ist nicht weniger als eines der größten Projekte der Welt zum Thema »künstliche Riffe«. Zwei Hektar ist das Gebiet groß, das im Jahr 2000 zur Schutzzone erklärt wurde. Damals begann man mit einem richtungsweisenden Pilotprojekt: Metall- und Drahtkonstruktionen wurden drei bis sieben Meter tief ins Wasser versenkt und in der nicht mehr so prächtigen Korallenwelt verankert. Anschließend wurde das Metall mit niedrigem Strom geladen. So werden Korallen dazu eingeladen, sich auf den Metallstrukturen anzusiedeln. Heute sind es mehr als 20 Projekte, die nach demselben Schema funktionieren und die Bucht von Pemuteran zu einer Tauchattraktion gemacht haben. Das Biorock-Projekt gilt als Vorreiter für weitere Projekte im Pazifik und in der Karibik. Hier entstand eine exotische Unterwasserwelt, die einerseits mit Attraktionen glänzt, die von Menschenhand geschaffen wurden. Anderseits lockt sie mit einer Tier- und Pflanzenwelt, die mit kleiner Hilfestellung wieder zu alter Schönheit gefunden hat.

**Oben:** Vor dem Ort kann man wunderbar schnorcheln, die Sicht ist meist hervorragend.
**Unten:** Das Biorock-Projekt vor Pemuteran hat längst weltweit Nachahmer gefunden.

# Infos und Adressen

### SEHENSWÜRDIGKEITEN

**Atlas Pearl Farm.** Wer erleben will, wie Perlen angebaut und gezüchtet werden, ist in der Atlas Pearl Farm in Penyabangan, rund zehn Kilometer westlich von Pemuteran, richtig. Auf einer geführten Tour kann man sich alles zum Thema Perlen aus dem Meer erzählen lassen und später im Shop aus erster Hand einkaufen. Um Anmeldung wird gebeten unter tours@atlaspearlsandperfumes.com.au oder per Tel. 0361/28 44 55, www.atlaspearls.com.au/pages/pearl-farm-tours

### ESSEN UND TRINKEN

**Warung Kadek Merry.** Man verpasst den kleinen Warung leicht, aber die Augen offen zu halten, lohnt sich. Hier wird lecker balinesisch gekocht, alles kommt frisch und knackig auf den Tisch. Tgl. 11–22 Uhr, Jalan Raya Seririt, Gang Rhipidura, Pemuteran, Tel. 0819/36 44 18 81, www.facebook.com/WarungKadekMerry

### ÜBERNACHTEN

**Taman Sari Bali Resort & Spa.** Liegt am Strand von Pemuteran. Die schönen Bun-galows in balinesischem Stil sind in einem geräumigen Park angelegt. Wer Ruhe sucht, findet sie. Wer Strandleben sucht, wird ebenfalls glücklich. Pemuteran, Tel. 0362/932 64, http://tamansaribali.com

### AKTIVITÄTEN

**North Bali Dive Center.** Das Tauchcenter in Penyabangan, das unter deutscher Leitung steht, hat sich über die Jahre einen exzellenten Ruf erarbeitet und das zu Recht: Die Gruppen sind klein, das Team herzlich und professionell, und das dazugehörige Guesthouse kommt mit netten Strandbungalows. Die Abende verbringen die Taucher gerne mit einem gemeinsamen Abendessen und vor allem mit reichlich Tauchergeschichten und farbenprächtigen Unterwasserfotos. Penyabangan, Tel. 0813/38 65 71 40, www.balidivecenter.com

### INFORMATIONEN

http://pemuterancoastalvillage.com und www.pemuteranbay.com bieten einen sehr guten Überblick über den Ort und seine Umgebung.

Diese Perle wird genau auf ihre Qualität überprüft.

# 36 Pemuteran – Dorf
## Netter Ort mit einigen Sehenswürdigkeiten

**Pemuteran mit seinen gut 7000 Einwohnern hat sich seine balinesisch-ländliche Ursprünglichkeit bis heute erhalten können. Zwar eröffnen Jahr für Jahr neue Hotels und Tauchcenter, aber im Innersten ist das Dorf ein Dorf geblieben. Mit Fischern, die morgens aufs Meer hinausfahren, reichlich Zeremonien und sehenswerten Tempeln – ein gutes Kontrastprogramm zum reinen Tauchurlaub.**

Gut fünf Kilometer lang ist der Küstenstreifen, der Pemuteran ausmacht. Wer das Dorf und seine Umgebung erkunden will, braucht also ein Fahrzeug. Ein Fahrrad ist eine gute Idee, denn sonderlich hügelig ist es hier nicht. Wer schneller unterwegs sein will, der besorgt sich ein Moped. Pemuteran wird von Westen nach Osten durch die Hauptstraße, die Jalan Singaraja-Gilimanuk, in zwei Teile gespalten. Auf der nördlichen Seite liegen die teureren Hotels und ein Großteil der Tauchcenter – hinter ihnen die Bucht und das

Im Tempel Pura Agung Pulaki muss man immer mit den dort lebenden Affen rechnen.

## GUT ZU WISSEN

### SCHIESSPLATZ BEIM PURA MELANTING

Bei einer Radtour zum Pura Melanting im Hinterland sollte man sich von Soldaten in Tarnkleidung am Straßenrand und wiederholten Schüssen nicht irritieren lassen. In der Nähe des Tempels befindet sich ein Camp der indonesischen Armee, die hier auch einen Schießstand unterhält. Normalerweise sind die Soldaten freundlich – nur fotografieren sollte man sie oder das Camp auf keinen Fall.

Meer. Auf der Südseite der Straße befinden sich die günstigeren Unterkünfte und Warungs, die über kleine Gassen angesteuert werden können. Es lohnt sich, ein wenig in diesen Gassen verloren zu gehen und in die Hinterhöfe der balinesischen Häuser zu schauen. Schnell kann man als Urlauber die eine oder andere Bekanntschaft machen. Hauptziel von Besuchern, die ein wenig Abwechslung vom straffen Tauchprogramm suchen, sind die berühmten drei Tempel von Pemuteran: Pura Agung Pulaki, Pura Pabean und Pura Melanting.

## Der Haupttempel von Pemuteran

Mit dem Tempel Pura Agung Pulaki haben die Balinesen der Ankunft des Hindupriesters Dang Hyang Nirartha ein Denkmal gesetzt. Dieser setzte wohl 1537 von der Nachbarinsel Java nach Bali über und veränderte in den folgenden Jahren das Leben auf der Insel von Grund auf. Unter anderem baute er den Tempel Pura Uluwatu ganz im Süden Balis sowie Tanah Lot. Nirartha hinterließ aber auch im Norden Spuren. So gehört der Pura Agung Pulaki zu den sechs wichtigsten Tempeln auf Bali und wird dementsprechend gepflegt. Und natürlich ranken sich um die Entstehung und Geschichte des Tempels Legenden. Nirartha, so heißt es, wurde von einer Affenherde begleitet, als er Pulaki erreichte. Da die Affen ihn beschützten, gründete er für sie den Tempel und machte sie zu dessen Wächtern. Die Affen sind auch heute unterwegs rund um den Tempel. Allerdings bewachen sie ihn weniger, als dass sie Besucher um die mitgebrachten Leckereien erleichtern.

## Der Legende zweiter Teil

Doch damit nicht genug an Legende: Denn Nirartha war hergekommen mit seiner wunder-

*Geheimtipp*

### PROYEK PENYU – DAS SCHILDKRÖTENPROJEKT

Mit dem Proyek Penyu soll Schildkröten in Not geholfen werden. Konkret geht es um die grüne Meeresschildkröte, die als gefährdete Tierart gilt. Seit 1979 darf sie weder gefangen noch verkauft werden. In Bali allerdings werden nach wie vor jedes Jahr rund 30 000 Schildkröten getötet. Die Eier der Schildkröte gelten als Delikatesse, und ihr Panzer wird als Dekorationsobjekt verwendet. Im Proyek Penyu, gegründet vom Tauchcenter Reef Seen, finden die grünen Meeresschildkröten eine sichere Unterkunft. Vor allem widmet man sich hier der Aufzucht der Art und der Aufklärungsarbeit für Einheimische und Besucher. Gegen eine kleine Spende kann man das Projekt besuchen oder eine Patenschaft für eine Schildkröte übernehmen.

**Reef Seen Divers Resort.**
Tgl. 8–17 Uhr, Pemuteran,
Tel. 0362/930 01, www.reefseen-bali.com/more/turtles.php

schönen Tochter Dewi Swabana. Diese wurde ihm geraubt und enthrt von einem Mann aus Pegametan. Nirarthas Rache war fürchterlich. Er verfluchte das ganze Dorf des Übeltäters, woraufhin es sofort von einer Feuersbrunst heimgesucht wurde. Die Einwohner verschwanden mit dem Feuer und sollten jetzt ihr armseliges Dasein als unsichtbare Dämonen fristen. Dewi Swabana aber konnte ihren geschändeten Körper verlassen und stieg als Dewi Melanting in den Götterhimmel auf. Denn Nirartha hatte sie zur Göttin des Handels und des Reichtums befördert – dafür steht Dewi Melanting – und ihr den Tempel Pura Agung Pulaki gewidmet. In der Gegend soll es bis heute unsichtbare Menschen geben, die sich gelegentlich in Tiergestalt der Öffentlichkeit zeigen. Doch ihrem Schicksal, der Verdammung, konnten sie nicht entkommen.

**Oben:** Im Pura Pabean beten die örtlichen Fischer für guten Fang und sichere Rückkehr.
**Unten:** Der »junge« Tempel Pura Melanting ist beeindruckend schön ausgeschmückt.

## Zu Besuch im Tempel

Der Tempel liegt direkt an der Hauptstraße in Banyupoh, und beim Aufstieg bieten sich sehr schöne Ausblicke auf das Meer und die umlie-

# Infos und Adressen

genden grünen Hügel. Durch ein schwarzes Tor, das 1983 erbaut wurde, gelangt man in das Tempelinnere. Schwarz ist die vorherrschende Farbe des Tempels mit seinen drei Innenhöfen. Begleitet werden die Besucher von Affenhorden. Gut ist es, sich am Eingang gleich mit den Weintrauben einzudecken, die von Verkäuferinnen angeboten werden. Offensichtlich sind sie das Leibgericht der hiesigen Tempelwächter.

Der Pura Pabean liegt gegenüber, direkt am Meer. Er wird bis heute von Fischern aus Pemuteran genutzt. Sie beten für eine sichere Rückkehr von ihren Ausfahrten auf das weite Meer und wünschen sich einen guten Fang. Der Tempel selbst ist eine Mischung aus balinesischen und chinesischen Stilelementen. Zu seinen Füßen liegt der Pura Segara. Von ihm sind allerdings nur noch wenige Steine vorhanden. Mehr Pracht gibt es im Pura Melanting, im Hinterland von Pemuteran.

# Der Pura Melanting

Zehn Radminuten vom Pura Pabean entfernt liegt der schöne Pura Melanting. Er steht auf einer Anhöhe im sattgrünen Hinterland von Pemuteran und bietet eine herrliche Aussicht auf das azurblaue Meer und die Hügel der Umgebung. Hier beten die Balinesen für Handel und Wohlstand, und im Tempel ist immer etwas geboten. Ein Besuch lohnt sich an so gut wie jedem Tag. Auch wenn der Pura Melanting in Sachen Geschichte nicht mit den beiden Tempelanlagen an der Küstenlinie mithalten kann, ist die Anlage durchaus beeindruckend. Interessanterweise wirkt der Pura Melanting alt, obwohl er es nicht ist. Erbaut wurde ein großer Teil des Tempels im 20. Jahrhundert von dem berühmten balinesischen Architekt Ida Bagus Tugur, der 1973 auch das Bali Arts Centre in Denpasar entworfen hat.

### ESSEN UND TRINKEN

**Warungs bei den Tempeln.** Zu Füßen von Pura Agung Pulaki und Pura Pabean gibt es reichlich Imbiss-Stände (Kaki lima), die spätestens am Nachmittag öffnen.

**Palm Restaurant.** Das schicke Restaurant gehört zum Kinaara Resort & Spa in Pemuteran. Von hier aus ist es nicht weit bis zu den Tempeln. Die Atmosphäre ist locker, die Mahlzeiten sind hervorragend. Tel. 0362/343 72 71, www.kinaararesort.com/restaurant

### ÜBERNACHTEN

**Doubleyou Inn.** Einfachere Unterkunft mit Familienanschluss. Die Bungalows stehen in einem Garten und haben einen Blick auf den hauseigenen Pool. Pemuteran, Tel. 0813/38 42 70 00, http://doubleyoubali.com

**Kubuku Ecolodge and Resto.** Das Kubuku nennt sich »bio« und in der Tat kommen Früchte und Gemüse aus eigenem, biologischem Anbau auf die Teller des Restaurants. Die Zimmer sind schön, das Personal ist sehr zuvorkommend. Pemuteran, Tel. 0362/343 73 03, www.kubukuhotel.com

### INFORMATION

Pemuteran kann man auch mit öffentlichen Verkehrsmitteln gut erreichen. Der Ort liegt an der viel befahrenen Jalan Singaraja-Gilimanuk, die die Nordküste von Bali entlanggeht. Mit Bemos oder Bussen kann man beispielsweise in Lovina zu- und in Pemuteran wieder aussteigen.

# 37 Pulau Menjangan
## Tauchen und Schnorcheln vom Feinsten

Der französische Tauchpionier Jacques-Yves Cousteau tauchte 1963 rund um die kleine Insel Pulau Menjangan und zählte aus wissenschaftlichem Interesse die Korallen. Dabei kam heraus, dass es hier mehr Korallenarten gibt als in der gesamten Karibik. Damit begann die Tauch-Erfolgsgeschichte von Menjangan. Auch heute noch können Taucher dort eine der spektakulärsten Unterwasserwelten Indonesiens entdecken.

Pulau Menjangan ist Teil des Nationalparks Bali Barat und unterliegt somit einem besonderen Schutz durch die Regierung. Das ist gut für die Umwelt. Wer sich anstrengt, kann bei genauem Hinschauen noch Spuren der Korallenbleiche sehen, die die Klimaanomalie El Niño 1998 mit sich brachte. Aber trotzdem und nicht ohne Grund ist die Insel berühmt für die herrlichen Korallenriffe, die nach ein paar Metern in die Tiefe völlig intakt sind. Wer will, kann bis auf 40 Meter hinuntertauchen – allerdings lässt mit jedem Meter die Farbenpracht nach. Die Tauchplätze liegen gut geschützt rund um die Insel verteilt und können vom Boot aus leicht betaucht werden. Dazu kommt meist klares Wasser und damit eine gute bis sehr gute Sicht auf Steilwände und Fächerkorallen.

## Mähnenhirsche und Tempelchen

**Mitte:** Intakte Korallen sind eine der Hauptattraktionen rund um Pulau Menjangan.
**Unten:** Die auf Menjangan lebenden Mähnenhirsche sind sehr selten, man muss Glück haben.

Auf der unbewohnten Insel Menjangan, die gut 170 Hektar groß ist, leben die seltenen Mähnenhirsche (Rusa timorensis). Auf Bali werden sie Menjangan genannt, daher der Name des Eilands.

# Tauchen rund um Pulau Menjangan

Die Schnorchel- und Tauchplätze rund um Pulau Menjangan werden ab Labuhan Lalang, Banyunandi und Pemuteran angefahren. Bereits vom Boot aus kann man die bunt bewachsenen Abhänge und Steilwände unter Wasser sehen. Mit ein bisschen Glück begleitet einen schon bei der Anfahrt mit dem Boot eine Schule Delfine, die sich im Wasser vergnügt. Auch fliegende Fische sind eine nette Abwechslung. Rund um Menjangan gibt es ungefähr zehn Tauchspots, die individuell angefahren werden können. Meist schlägt das jeweilige Tauchcenter das erste Ziel des Tages vor. Die erfahrenen Divemaster wissen, um welche Uhrzeit es wo am meisten zu sehen gibt. Wer spezielle Wünsche hat, kann diese natürlich mit den Divemastern besprechen. Da an der Nordküste von Bali meist in kleinen Gruppen – bis maximal vier Leute – getaucht wird, muss man nicht viel Rücksicht auf andere Taucher nehmen.

Die bekanntesten Tauchspots ab Südküste und gegen den Uhrzeigersinn:

🅐 **Pos 1** – 3–40 Meter, große Vielfalt an Fischen und Korallen.

🅑 **Cave Point** – 3–40 Meter, schwarze Korallen, gut zum Schnorcheln.

🅒 **Pos 2** – 3–40 Meter, Farne, Schwämme und viele Fische.

🅓 **Bat Cave** – 3–27 Meter, Tauchen bei Höhlen und Tempel.

🅔 **Temple Slope** – 3–40 Meter, flach, gut für Schnorchler und Einsteiger.

🅕 **Coral Garden** – 6–40 Meter, mit Korallengärten und reichlich Fischen.

🅖 **Sandy Slopes** – 3–30 Meter, Flundern und Aale im Sand.

🅗 **Mangrove Point** – 5–28 Meter, Hart- und Weichkorallen mit regem Unterwasserleben.

🅘 **Anchor Wreck** – 6–40 Meter, spektakuläres Wracktauchen.

🅙 **Eel Garden** – 5–27 Meter, netter Strömungstauchgang mit Röhrenaalen.

🅚 **Coral Towers** – 3–25 Meter, Kegel mit buntem Korallenbewuchs.

## TAUCHEN MIT FLEDERMÄUSEN

*Geheimtipp*

An Menjangans Westseite liegt der Spot Bat Cave, der nur mit dem Boot erreicht werden kann. Nicht nur Taucher kommen hier auf ihre Kosten, sondern auch Schnorchler und Wasserratten, die nur ein wenig planschen wollen. Denn direkt oberhalb der Wasserlinie sind kleine Höhlen im Felsen, die von unzähligen Fledermäusen bewohnt werden. Wer hier mit dem Boot ankommt oder schnorchelt, wird lautstark vom Gefiepe der Fledermäuse begleitet. Mutige können – in Abstimmung mit den Gezeiten – in eine der Höhlen hineinschwimmen oder -schnorcheln und sich das dortige Treiben anschauen. Unter Wasser gibt es auch einiges zu sehen: Ein Barrakuda bewacht aufmerksam sein Revier, Thunfische ziehen gemütlich vorbei, und Füsiliere geben sich ein Stelldichein.

Diese Boote bringen Taucher nach Menjangan.

Es gibt Bootsverbindungen ab den Orten Labuhan Lalang und Banyunandi auf dem Festland. Wer schnorcheln will, kann das wunderbar in den flachen Gewässern rund um Menjangan tun. Man braucht sich eigentlich nur vom Boot fallen zu lassen, um direkt oberhalb der Korallenwelt anzukommen. Das Wasser ist meist ruhig, womit auch die Schnorchelbedingungen als hervorragend gelten. Bei einem kleinen Spaziergang über die Insel kann man ein paar Tempel besichtigen. Der bekannteste ist der Pura Ganesha Menjangan am nordöstlichen Zipfel. Hier blickt ein Ganesha mit seinem Elefantenkopf entschlossen über das Meer.

## Berühmte Tauchspots

Der Großteil der Taucher kommt am Vormittag und direkt mit dem Speedboat aus Pemuteran. Auf dem Tagesplan stehen ein paar Attraktionen aus den neun bis zwölf Tauchspots – je nach Zählung und Tauchcenter –, die rund um die Insel angefahren werden. Zu den Highlights gehört beispielsweise der Coral Garden an der Nordseite von Pulau Menjangan. Hier taucht man ab sechs Metern Tiefe einen Hang hinunter und begegnet dabei zahlreichen farbenfrohen Korallen. Zwischen den Korallen tummeln sich zahlreiche Fische. Ganz anders zeigt sich der Tauchplatz Anchor Wreck, westlich des Korallengartens. Hier liegt in gut 40 Metern Tiefe ein spektakuläres und geheimnisvolles Wrack, was dem Tauchgang einen besonderen Reiz verleiht. Coral Towers an der Westspitze beeindruckt mit vielfältigem Korallenbewuchs, umkreist von unzähligen Fischen, während Pos 2. mit Farnen und Schwämmen glänzt. Auch werden hier die Herzen der Fotografen höher schlagen: Es gibt kaum Strömung, man kann ganz in Ruhe und ungestört das Objekt der Begierde ins Kameraauge fassen.

# Infos und Adressen

### ESSEN UND TRINKEN

Pulau Menjangan ist unbewohnt, es gibt keine touristische Infrastruktur. Wer mit einem Tauchcenter und per Boot anreist, für den sind normalerweise ein paar Snacks und Getränke eingeplant und im Preis enthalten. Wer auf eigene Faust beispielsweise in Banyunandi ein Boot mietet, sollte sich im Hafen mit dem Nötigsten eindecken. Schnorchel-Equipment kann geliehen werden.

### ÜBERNACHTEN

**Mimpi Resort Menjangan.** Schickes Resort im kleinen Örtchen Banyuwedang, nicht weit von Banyunandi entfernt. Hier wird natürlich das Thema Tauchen ganz groß geschrieben, aber auch die Yoga- und Spa-Angebote können sich sehen lassen. Banyuwedang, Tel. 0362/944 97, www.mimpi.com

**Naya Gawana Resort & Spa.** Nur einen kleinen Spaziergang vom Mimpi Resort entfernt und mit einem ähnlich hohen Standard. Schön sind die zwölf zweistöckigen Bungalows auf Stelzen im Lumbung-Stil, gebaut aus heimischen Hölzern und Baumaterialien. Banyuwedang, Tel. 0362/945 98, www.nayaresorts.com

### INFO

Da Pulau Menjangan zum Nationalpark Bali Barat gehört, ist beim Besuch eine Eintrittsgebühr fällig. Diese wird auf die Bootsmiete oder die Kosten für die Tauchgänge aufgeschlagen und gilt für Besucher, Schnorchler und Taucher: 200 000 Rp. beträgt die Gebühr, die unmittelbar dem Nationalpark und seiner Erhaltung zugutekommen soll. Für Schnorchler kommen pro Tag zusätzlich 15 000 Rp. dazu, für Taucher 25 000 Rp.

Wer im Mimpi Resort Menjangan absteigt, sollte sich eine Courtyard Villa leisten.

# 38 Bali Barat Nationalpark
## Vom Balistar und vielfältiger Tierwelt

**Der 1983 gegründete Nationalpark Taman Nasional Bali Barat umfasst mehr als 19.000 Hektar und damit den größten Teil von West-Bali. Er ist der einzige Nationalpark auf Bali und Heimat eines kleinen Vogels, den es nur auf Bali gibt: dem Balistar. Auch wenn man ihn nicht zu Gesicht bekommt, ist eine Tour durch den Nationalpark nicht nur für Naturliebhaber eine Entdeckungsreise.**

Der Entdeckung des Balistars (Leucopsar rothschildi), der heute als gefährdete Art gilt, ist es zu verdanken, dass es den Nationalpark gibt und dass Interessierte unberührte Natur und Landschaften erkunden können. Hier gibt es offene Savannengebiete und dichten Regenwald, Mangrovensümpfe

**Mitte:** Ein Blick über den Bali Barat Nationalpark enthüllt die ganze Pracht der Region.
**Unten:** Die Tierwelt ist ungemein vielfältig, daher wird im Park heftig geforscht.

## GUT ZU WISSEN

### BESUCH DES NATIONALPARKS

Wer die Hauptstraße zwischen Pemuteran und Gilimanuk verlässt, betritt das Gelände des Nationalparks. Bei den Resorts wie dem The Menjangan ist das kein Problem, hier kann man beruhigt die Zufahrt nehmen und beispielsweise einen Kaffee im Bali Tower trinken. Bei allen anderen Abzweigungen wird sofort eine Eintrittsgebühr fällig. Das Innere des Parks kann man nur im Rahmen einer geführten Tour erkunden. Infos über die Tourmöglichkeiten zu Fuß oder mit dem SUV gibt es in den Büros in Cekik und Labuhan Lalang.

und Korallenriffe. Diese gehören zu den kleinen Inseln an der Nordküste von Bali, darunter auch das Tauchparadies Pulau Menjangan. Im Park leben mehr als 300 Tierarten.

# Die Geschichte des Nationalparks

Der deutsche Naturforscher und Ornithologe Erwin Stresemann (1889–1972) ankerte am 24. März 1911 mit seinem Schiff im Hafen von Singaraja, um es für seine zweite Molukken-Expedition überholen zu lassen. Drei Monate sollten die Reparaturen dauern. Zum Zeitvertreib ging Stresemann auf Bali in die Wälder und entdeckte beim Dorf Bubunan, rund 50 Kilometer von Singaraja entfernt, den Balistar. Seine Entdeckung hielt er natürlich ordentlich und in Papierform fest. 1925 folgte der deutsche Forschungsreisende Baron Viktor von Plessen (1900–1980) den Aufzeichnungen von Stresemann und den Spuren des Balistars. Er fand heraus, dass dieser in der Region zwischen Bubunan und Gilimanuk, ganz im Westen der Insel, heimisch ist. Und eben nur hier, sonst war er nirgends zu finden. Seine Erkenntnisse führten dazu, dass auch andere Forscher auf den kleinen Vogel aufmerksam wurden. Da in derselben Region zu damaligen Zeiten noch Bali-Tiger (Panthera tigris balica) gesichtet wurden, wurde 1941 das Gebiet rund um Banyuwedang von den holländischen Kolonialherren kurzerhand zum Naturpark erklärt. 19 365 Hektar Land waren das, davon mehr als 15 000 auf dem Festland und mehr als 3000 auf den Inseln vor der Nordküste. Nach Ende der Kolonialherrschaft übernahm 1947 das jetzt unabhängige Indonesien das Gebiet und sicherte seinen Status als Naturschutzgebiet. Somit konnte und durfte hier offiziell nichts mehr verändert und kein Raubbau betrieben werden.

Dem Bali-Tiger nutzte das allerdings nicht viel: Der letzte wurde 1937 erschossen. Es gibt zwar bis heute Gerüchte über Sichtungen, aber es konnte kein klarer Nachweis geführt werden. 1983 erhielt das Naturschutzgebiet seinen heutigen Namen: Taman Nasional Bali Barat oder West-Bali Nationalpark, kurz Bali Barat. Das Innere des Parks kann man nur im Rahmen von Führungen, die das Büro im Ort Cekik organisiert, besuchen.

## Die Landschaften

Neben Savannen und Regenwäldern gehören zum Bali Barat auch etliche Berge, die teilweise weithin sichtbar sind: wie der Gunung Mesehe, der Gunung Musi, der Gunung Merbuk, der Gunung Sanglang, der Gunung Klatakan und der Gunung Prapat Agung. Der höchste Berg ist mit 1412 Metern Höhe der Gunung Patas. Die Inseln des Nationalparks heißen Menjangan, Burung, Gadung und Kalong.

## Vielfältige Tierwelt

Der Balistar ist der Star im Nationalpark. Er wird rund 25 Zentimeter groß, hat ein weißes Fe-

**Oben:** Nur noch sechs Balistar-Paare soll es im Park geben.
**Mitte:** Den Park kann man nur mit geführten Touren erkunden, zu Fuß oder zu Wasser.
**Unten:** Bei einer Tour sollte man Augen und Ohren offen halten, es gibt viel zu sehen.

# Bali Barat Nationalpark

derkleid sowie schwarze Spitzen an den Flügeln und am Schwanz. Bei einer Zählung Anfang der 2000er-Jahre kam heraus, dass im Park wohl nicht mehr als sechs Paare des Balistars leben. Daher wurde er jetzt auch auf der unberührten Insel Nusa Penida im Südosten von Bali wieder angesiedelt. Weit weg von jeglicher Zivilisation, so hoffen die Naturschützer, könne er ein neues Zuhause finden.

Im Bali Barat leben auch andere seltene Arten. Zu ihnen gehören beispielsweise das Malaiische Stachelschwein oder Kurzschwanz-Stachelschwein (Hystrix brachyura), der Paarhufer Java-Kantschil (Tragulus javanicus), die Marmorkatze (Pardofelis marmorata), der Bindenwaran (Varanus salvator) oder das Schwarze Riesenhörnchen (Ratufa bicolor). Wegen dieser einzigartigen Vielfalt ist das gesamte Gelände des Nationalparks ein Forschungsgebiet.

## Besuch im Park

Jeder, der das Innere des Parks erkunden will, braucht eine Erlaubnis. Diese erteilt das Büro in Cekik. Allerdings darf man sich dann nicht mit dem eigenen Fahrzeug oder zu Fuß und auf eigene Faust auf die Expeditionstour begeben, sondern muss an einer Tour teilnehmen. Diese geführten Touren dringen unterschiedlich weit in den Nationalpark ein. Der Bali Barat ist in Zonen unterteilt. Je schutzwürdiger Flora und Fauna in der jeweiligen Zone, desto schwieriger der Zutritt. Ein bekannter Wanderweg ist beispielsweise der zwei Stunden dauernde Tegal Bunder Trail. Er gilt als Attraktion für Vogelfreunde. Deutlich anstrengender ist der Gunung Klatakan Trail. Hier geht es in acht Wanderstunden in südöstlicher Richtung durch den dichten Regenwald bis zu einem Aussichtspunkt auf den Gunung Klatakan.

# Infos und Adressen

### SEHENSWÜRDIGKEITEN

**Bali Barat Nationalpark.** Hauptgeschäftsstelle in Cekik, südlich von Gilimanuk. Tgl. 7.30–17 Uhr. Jalan Raya Cekik-Gilimanuk-Jembrana-Bali, Tel. 0365/610 60. Informationsbüro in Labuhan Lalang. Tgl. 7.30–17 Uhr.

**Museum Manusia Purbakala Gilimanuk.** Hier kann man die Knochen von Urmenschen besichtigen, die vor 4000 Jahren in der Gegend um Gilimanuk gelebt haben. Tgl. 8–18 Uhr, Jalan Melaya, Gilimanuk, Tel. 0365/613 28.

### ESSEN UND TRINKEN

**Pantai Resto.** Eine große Auswahl an Restaurants bietet der Bali Barat Nationalpark nicht, aber das Pantai ist eine gute Wahl. West Bali National Park, Jalan Raya Gilimanuk-Singaraja km 17, Tel. 0362/947 00, http://themenjangan.com

### ÜBERNACHTEN

**NusaBay Menjangan by WHM.** Mitten im Nationalpark mit Spa, Yoga und einem eigenen Strandabschnitt. Allerdings ist man hier wirklich weit weg von der Zivilisation. Kotal Beach, West Bali National Park, Tel. 0361/48 40 85, www.wakahotelsandresorts.com/nusabay-menjangan

**Plataran Menjangan Resort & Spa.** Luxus, Privatsphäre und Komfort heißt das Konzept des Plataran. West Bali National Park, Jalan Raya Gilimanuk-Singaraja km 17, Tel. 0361/41 13 88, www.plataran.com/hotels-resorts/menjangan

# 39 Sangsit und Kubutambahan
## Schöne Tempel und radelnde Holländer

**Die Region östlich von Singaraja wird von Urlaubern häufig nur beim Durchfahren wahrgenommen, beispielsweise auf dem Weg nach Tulamben oder Amed. Das ist schade, denn hier gibt es zwei Tempel, die man unbedingt besuchen sollte: den Pura Beji in Sangsit und den Pura Meduwe Karang in Kubutambahan. Eine besondere Attraktion ist ein in Stein gemeißelter, radelnder Holländer.**

## Der Pura Beji in Sangsit

Der Pura Beji in Sangsit ist eine symmetrisch angelegte Tempelanlage, die etwa sieben Kilometer von Singaraja entfernt liegt. Sie wurde wohl im 15. Jahrhundert erbaut. Der Tempel wird von den lokalen Bauern verehrt und dient gleichzeitig als Pura Puseh, als Zentraltempel des Orts. Das Wort Beji steht für »Wasser«, denn der Tempel befindet sich über einer Quelle. Er ist Teil des Bewässerungssystems der nahen Reisfelder und damit ein wichtiger Teil des Subak, der Kunst der gerechten Wasserverteilung auf Bali. Die Sandsteinwände des Tempels sind in Ehren gealtert und verziert mit Geschichte aus den großen hinduistischen Epen. Zu sehen gibt es fratzenziehende Dämonen, Schlangen und die eine oder andere erotische Szene aus dem Alltagsleben von Mann und Frau. Nett sind zwei Statuen mit Gitarre spielenden, holländischen Musikern. Wer mehr von Holland sehen will, der fährt ein paar Kilometer weiter nach Kubutambahan zum Pura Meduwe Karang.

**Mitte:** Der Pura Meduwa Karang steht im Grünen und hält einige Überraschungen bereit.
**Unten:** Das Relief zeigt wohl den holländischen Künstler Nieuwenkamp auf dem Fahrrad – dazu gibt es eine Geschichte.

# Sangsit und Kubutambahan

## Der Pura Meduwe Karang

Der Tempel ist ein typischer Bau im nord-balinesischen Stil. Die Besonderheit ist ein Relief an einer der Wände: Hier ist ein wohl aus dem Westen stammender Mann, klassisch balinesisch bekleidet, auf einem Fahrrad unterwegs. Die Räder des Bikes sind verziert mit Blumen-Ornamenten. Man nimmt an, dass es sich bei dem Radler um den holländischen Künstler und Ethnologen Wijnand Otto Jan Nieuwenkamp (1847–1950) handelt. Er war wohl 1906 der erste europäische Künstler auf Bali. Nieuwenkamp verbrachte viel Zeit an der Nordküste und war mit dem Fahrrad unterwegs, um in den Dörfern das Leben und die örtliche Kunstszene zu studieren. Die balinesischen Künstler amüsierten sich prächtig über den fahrradfahrenden Künstler und verewigten ihn mit dem Relief in Sandstein.

Der Pura Beji in Sangsit ist der Zentraltempel des Orts und wird gerne besucht.

# Infos und Adressen

### SEHENSWÜRDIGKEITEN
**Pura Beji.** Tgl. 8–17 Uhr, Jalan Raya Sangsit, Sawan.

**Pura Meduwe Karang.** Tgl. 8–17 Uhr, Jalan Raya Air Sanih, Kubutambahan.
Bei beiden Tempeln ist der Eintritt frei, aber eine Spende wird gerne angenommen. Sarong und Schärpe können ausgeliehen werden. Wer sich einem englischsprachigen Führer anvertraut, sollte mit einem Honorar von 50 000 bis 100 000 Rp. rechnen. Dafür bekommt man im Gegenzug eine detailreiche Führung über das Tempelgelände.

### ESSEN UND TRINKEN
**Warung Pesisi Air Sanih.** Mahlzeit mit grandiosem Ausblick. Die Attraktion ist der fangfrische Fisch. Tgl. 8–18 Uhr, Jalan Air Sanih, Bukti, Kubutambahan Tel. 0813/39 56 10 90.

### ÜBERNACHTEN
**Air Sanih Beach Villa.** Direkt am Strand, nur durch ein Mäuerchen vom Sand getrennt, liegt diese Unterkunft in Air Sanih. Hier lässt es sich in freundlicher Atmosphäre gut aushalten. Jalan Raya Air Sanih, Bukti, Kubutambahan, Tel. 0438/60 01 15, http://airsanihbeachvilla.com

# 40 Singaraja
## Alte Königsstadt mit Lontar-Bibliothek

**Singaraja ist die zweitgrößte Stadt Balis und zehrt noch ein wenig von ihrer glorreichen Vergangenheit. Denn bis zur Unabhängigkeit Indonesiens im Jahr 1949 war Singaraja der wichtigste Hafen der Insel und die Hauptstadt Balis. Heute ist es ruhig hier und wenig touristisch. Aber zwei Attraktionen locken Besucher in die Stadt: der Königspalast und die Lontar-Bibliothek Gedong Kirtya gleich nebenan.**

Heute hat Singaraja rund 100 000 Einwohner und ist Hauptstadt des Regierungsbezirks Buleleng. In die recht verschlafen wirkende Stadt verschlägt es Urlauber eigentlich nur, wenn ein Amt oder ein Krankenhaus besucht werden muss. Ansonsten zieht die touristische Karawane regelmäßig weiter zu den prächtig-weißen Sandstränden des nahen Lovina. In früheren Zeiten war das anders: Die Stadtgründung geht wohl zurück auf den 1604 gebauten Palast des damaligen Herrschers – »Rajas« – des Buleleng-Reiches. Dank der strategisch günstigen Lage an der Balisee wurde Singaraja schnell zu einem bedeutenden Seehafen. Hier legte auch die VOC, die »Vereenigde Oostindische Compagnie«, mit ihren Fracht- und Personenschiffen an, die aus Europa kamen. Mit Beginn der Kolonialherrschaft durch die Holländer 1846 wurde Singaraja Balis Verwaltungszentrum. Bis zur Unabhängigkeit Indonesiens 1949 sollte sie die Hauptstadt bleiben. Bei einer Tour durch die Straßen und Gassen der Stadt spürt man noch ein wenig großstädtisches Flair. Es gibt einige Gebäude aus der Kolonialzeit und schön schattige Alleen. Eine Attraktion bei einem Ausflug ist das

**Mitte:** Wer mehr über das Leben der Herrscher lernen will, ist im Königspalast richtig.
**Unten:** Auch Nord-Bali ist reich an Reisterrassen, die sich nicht verstecken müssen.

Museum Buleleng im alten Königspalast,
dem Puri Singaraja Royal Palace.

# Besuch im Königspalast

Der 1604 gebaute Palast war das spätere Wohn-
haus des damaligen Herrschers von Nord-Bali,
Ki Gusti Anglurah Pandji Sakti (gestorben 1699).
Heute lebt hier einer seiner Nachkommen,
Anak Agung Ngurah Brawida. Der Palast in der
Oberstadt von Singaraja spiegelt die ehemalige
Pracht des Reichs von Nord-Bali wider: Bei einem
Rundgang kann man sich von der opulenten
balinesischen Architektur in den verschiedenen
Innenhöfen beeindrucken lassen, in der die Fami-
lie bis heute lebt. Im eigentlichen Museum, dem
Museum Buleleng, sind etliche der persönlichen
Besitztümer des Großvaters von Anak Agung
Ngurah Brawida ausgestellt. Anak Agung Nyoman
Panji Tisna (1908–1978) war sowohl als Schriftsteller bekannt als auch als erfolgreicher Unter-
nehmer. Er gilt als der Entdecker von Lovina Beach
und hatte an dem langen Sandstrand in Kaliasem
das erste Hotel mit dem Namen Tasik Madu errichtet. Im Museum sind Exemplare seiner Bücher
ausgestellt. Zu sehen gibt es eine Sammlung von
Zeitungsartikeln aus internationalen Medien, die
den Urlaubsort Lovina zum Thema haben, zahlreiche Fotografien und seine Schreibmaschine. Diese
funktioniert noch immer. Gleich nebenan befindet
sich aber Singarajas Hauptattraktion: die Biblio-
thek Gedong Kirtya mit ihrer Lontar-Sammlung.

# Geschichte auf Palmenblättern

In der 1928 erbauten Gedong Kirtya und ehema-
ligen Liefrinck van der Tuuk-Bibliothek werden
Tausende alte balinesische Handschriften aufbewahrt. Der erste Namensgeber, F. A. Liefrinck, war
ein hoher Beamter in der holländischen Kolonial-

*Geheimtipp*

## ERFRISCHUNG IM WASSERFALL VON GIT GIT

Auf der Strecke von Sin-
garaja nach Bedugul passiert
man nach gut zehn Kilometern
eine der Top-Attraktionen der
Region: den Wasserfall von Git
Git. Er gehört zum touristischen
Pflichtprogramm und ist der
bekannteste Wasserfall von Bali.
Für viele Besucher ist er auch
schlicht der schönste. Zumindest
ist er gut erreichbar. Man muss
nicht stundenlang durch den
Dschungel wandern, um ans kühle
Nass zu kommen. Vielmehr reicht
ein kleiner Spaziergang ab einem
der Parkplätze an der Hauptstraße
über einen ausgebauten Weg und
Treppen, die direkt zum Ticketbüro
führen. Hier gibt es reichlich
Verkaufsstände für Lebensmittel,
Sarongs und Souvenirs. Dahinter
fällt das Wasser lautstark über gut
40 Meter in das darunterliegende
Becken, in dem man ein erfrischendes Bad nehmen kann.

**Git Git-Wasserfall.** Jalan Raya Bedugul. Es gibt mehrere Parkplätze
an der Hauptstraße, von denen ein
Weg zum Wasserfall führt.

verwaltung. Er entdeckte bei seinem Aufenthalt auf Bali das Interesse an der balinesischen Kultur, forschte und schrieb viel. Das Land, auf dem die Gedong Kirtya heute steht, gehörte ihm. Die Handschriften, denen er einen Großteil seiner Aufmerksamkeit widmete, bestehen allerdings nicht aus Papier oder Pergament, wie man vielleicht erwarten würde. Vielmehr handelt es sich um Schriftstücke, die auf Palmenblättern festgehalten wurden, den sogenannten »Lontars«.

## Geschichten auf Lontars

Lontars erzählten Geschichten aus der Welt der Literatur, sie dienten als Kalender und entführten Lesende in die Welt der Mythologie und Religion. Palmenblätter anstatt Papier oder Pergament verwendete man aus praktischen Gründen. Sie wuchsen auf den Bäumen und waren nicht sonderlich empfindlich gegen die Feuchtigkeit. Die Lontarblätter (Borassus flabellifer) wurden nach der Ernte getrocknet und anschließend als Manuskriptseiten verwendet. Geschrieben wurde mit einer scharfen Feder, genannt Temutik. Anschließend befestigte man die beschriebenen Seiten in Form einer Ziehharmonika mit mehreren Fäden zwischen zwei Holzbrettern. Das Ergebnis war ein »Lontar-Buch« mit festem Einband, in dem man blättern konnte – Seite für Seite. Jedes Buch hatte sein eigenes Thema und seine eigene, künstlerische Qualität. Seit dem 13. Jahrhundert wurden so Weisheiten, Riten und Ratschläge von Generation zu Generation weitergereicht. Geschrieben wurde übrigens in der alten balinesischen Schriftsprache, dem Kawi, oder in Sanskrit. Wer sich heute also mithilfe von Lontars ein bisschen Weisheit, Wissen oder Einsicht verschaffen will, der braucht einen kompetenten Übersetzer. Interessierten Besuchern hilft das Museumsteam bei einer Besichtigung sicher weiter.

**Oben:** Geschrieben wurde auf Palmenblättern, diese wurden zum Lontar-Buch gebunden. **Unten:** Im Königspalast sind Besitztümer der Adligen zu sehen – auch aus der Neuzeit.

## Infos und Adressen

### SEHENSWÜRDIGKEITEN

**Royal Palace of Singaraja/Museum Buleleng.** Mo–Fr 9–16 Uhr, Jalan Veteran 23, Tel. 0362/213 41.

**Gedong Kirtya.** Mo–Do 7–14.30, Fr 7–12 Uhr, Jalan Veteran 20, Tel. 0361/94 23 54.

**Klenteng Ling Gwan Kiong.** Der sehenswert hübsche chinesische Tempel am Hafen von Singaraja stammt aus dem Jahr 1873 und wurde farbenprächtig renoviert. Heute belebt er das Hafenviertel, das in den letzten Jahrzehnten verfallen ist und jetzt Zug um Zug wiederhergestellt wird. Jalan Erlangga 65.

### ESSEN UND TRINKEN

**Restaurants auf Stelzen.** Am alten Hafen und entlang der Jalan Erlangga gibt es etliche Restaurants, die auf Stelzen über das Meer gebaut wurden. Attraktion ist der täglich frische Fisch. Hier kann man die aushängende Speisekarte studieren und sich bei Gefallen niederlassen.

**Loving Hut.** Gehört zu einer indonesischen veganen Fastfood-Kette. Ist aber eine gute Wahl, wenn man eine kleine Ruhepause bei einer Tasse Kaffee einlegen will. Tgl. 13.30–22 Uhr, Jalan Surapati 43, Tel. 0362/292 33, www.lovinghut.co.id

### ÜBERNACHTEN

**Hotel Grand Wijaya.** Schon lange da, einfach, brauchbar. Hier steigen hauptsächlich indonesische Geschäftsleute ab. Gemütlich ist es nicht unbedingt, aber für eine Nacht erträglich. Jalan Sudirman 74, Tel. 0362/219 15.

**POP! Hotel Hardys Singaraja.** Gehört zur Hardys-Kette, die auch in Kuta und am internationalen Flughafen über Hotels verfügt. Solide Unterkunft mit 149 Zimmern nach internationalem Standard und ohne Überraschungen. Pool in Strandnähe. Jalan Surapati 14, Tel. 0362/330 15 00, www.pophotels.com

In den Warungs auf Stelzen am Hafen kommt der Fisch frisch auf den Teller.

# 41 Lovina
## Chillen, Ausflüge und Delfine beobachten

**Lovina Beach, das klingt verlockend. Ein wenig »Love« steckt da wohl mit drin, ein liebenswertes Stück Strand scheint das zu sein. In der Tat wird ein ganzer Küstenabschnitt an der Nordküste als Lovina bezeichnet, der gute elf Strandkilometer lang ist. In den sieben Dörfern, die Lovina ausmachen, und im dazugehörigen Hinterland findet sich sicher für jeden Geschmack das richtige Ferienprogramm.**

Lovina ist ein Kunstbegriff, der sich kaum an den sieben Dörfern an der Nordküste festmachen lässt. Denn diese heißen, von Singaraja aus gesehen, Pemaron, Tukadmungga, Anturan, Banyualit, Kalibukbuk, Kaliasem und Temukus. Kenner sagen, der Name Lovina bedeute schlicht »Love & Indonesia«. Den Begriff erfunden hat aber wohl Anak Agung Nyoman Panji Tisna aus Singaraja. Er hatte in Kaliasem das erste Hotel gegründet, genannt Tasik Madu. Das Grundstück um das Hotel herum nannte er Lovina. Und in der Tat ist es liebenswert hier. Der hektische Süden ist weit weg, die bewaldeten Hügel ziehen sich bis hinunter an den Strand. Es gibt stille Buchten und Sandstrände, die mit ihrem flachen Wasser Große und Kleine zum Planschen einladen. Hier kann man schöne Urlaubstage verbringen, chillen und den Abend oder gleich die Nacht in einem der Clubs von Kalibukbuk zum Tag machen. Wer ein wenig Abwechslung braucht vom Strandleben, der kann eine Tour ins vielfältige Hinterland unternehmen. Das geht mit dem Fahrrad genauso wie mit dem Moped oder einem Taxi. Zu erleben gibt es ein grünes Hinterland mit kleinen, ursprünglichen Dörfern sowie

**Mitte:** Gute elf Kilometer lang ist der Sandstrand von Lovina.
**Unten:** Bad in den heißen Quellen bei Banjar.
**Rechte Seite:** Unbedingt einen Ausflug wert ist das buddhistische Kloster Brahmavihara-Arama.

# Rundfahrt im Hinterland von Lovina

Auf einer gut vierstündigen Rundfahrt kann man das Hinterland von Lovina erkunden. Zum Programm gehören ein Wasserfall, ein buddhistisches Kloster und ein Bad mit heißen Quellen.

**Anfahrt:** Kalibukbuk, erreichbar man mit Bemo, Minibus oder dem eigenen Fahrzeug.
**Ausgangspunkt:** Kalibukbuk, Jalan Seririt-Singaraja (Hauptstraße).
**Ziel:** Kalibukbuk, Jalan Seririt-Singaraja (Hauptstraße).
**Länge:** ca. 30 km
**Verpflegung:** Entlang der Strecke gibt es zahlreiche Supermärkte, Warungs und Restaurants.

**A Abzweigung Jalan Sing Sing** – Man folgt der Hauptstraße ab Kalibukbuk für gute vier Kilometer Richtung Westen bis Temukus. Hier geht es links ab in die Jalan Sing Sing.

**B Wasserfälle von Sing Sing** – Das Fahrzeug sollte man im Ort abstellen. Dann folgt ein kleiner, rund zehnminütiger Spaziergang den Hang hinauf. Dem Pfad folgt man bis zum Wasserfall. Wer sich nicht allein den Pfad hinauftraut, der nimmt sich einen Führer. Mit ein bisschen Glück führt der Fluss genug Wasser, damit man

sich in der Gischt erfrischen und vielleicht im Becken baden kann. Danach geht es wieder zurück auf die Hauptstraße Richtung Westen.

**C Abzweigung** – Gute 2 km weiter an der Hauptstraße Richtung Pemuteran folgt man der Straße Richtung Air Panas Banjar.

**D Abzweigung** – Der Weg zu den heißen Quellen und zum Kloster Brahmavihara-Arama ist ab der Hauptstraße gut ausgeschildert.

**E Brahmavihara-Arama** – Das Kloster erreicht man nach gut 2 km den Hang hinauf. Die beeindruckende Anlage des buddhistischen Klosters liegt auf der rechten Straßenseite. Vor dem Kloster befindet sich ein großer Parkplatz.

**F Heiße Quellen von Banjar** – Ab dem Kloster für rund 1,5 km der ansteigenden Straße folgen, bald sind die heißen Quellen erreicht. Auf dem Parkplatz kann man Auto oder Moped abstellen. Denn überquert man zu Fuß eine kleine Brücke und landet in einer verwunschenen Wasserlandschaft. Nach einem ausgedehnten Besuch geht es wieder zurück nach Kalibukbuk.

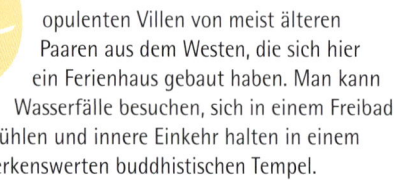

**Nicht verpassen**

## DELFINE BEOBACHTEN

Täglich werden Urlauber am Strand von Lovina angesprochen, ob sie keine Lust haben auf Dolphin watching. Und vom Boot aus könne man die Delfine hervorragend beobachten. Natürlich kommt hier schnell der Verdacht auf, dass es sich dabei um Tierquälerei handelt. Und in der Tat muss es einem nicht gefallen, wenn zahlreiche Schnellboote auf engstem Raum zur selben Uhrzeit zusammenkommen und Delfine vor sich hertreiben. Denn die Kapitäne versuchen natürlich, für ihre Gäste den besten Beobachtungsplatz zu ergattern. Doch weil sich viele Touristen beschwert hatten, gibt es mittlerweile Regeln, die die Bootsführer beachten müssen. So dürfen sie sich beispielsweise den Delfinen nur langsam nähern, sie nicht jagen und keine Delfinschulen durchfahren. Auch darf nicht gefüttert oder gar Müll ins Meer gekippt werden. Hält der Kapitän die Regeln ein, dann steht dem Delfin-Beobachten nichts im Wege.

opulenten Villen von meist älteren Paaren aus dem Westen, die sich hier ein Ferienhaus gebaut haben. Man kann Wasserfälle besuchen, sich in einem Freibad abkühlen und innere Einkehr halten in einem bemerkenswerten buddhistischen Tempel.

## Sing Sing–Wasserfälle

Die Wasserfälle von Sing Sing sind eine der Hauptattraktionen im Hinterland von Lovina, Richtung Temukus. In der Regenzeit kann es sein, dass der Wasserstand zu hoch und der Fluss zu reißend ist. Das krasse Gegenteil kann in der Trockenzeit passieren: Der Wasserfall tröpfelt nur wenig spektakulär vor sich hin. Das Wasser im Becken aber ist normalerweise kristallklar.

## Die heißen Quellen bei Banjar

In historischen Becken und unter wasserspeienden Schlangenstatuen kann man es sich in den Air Panas Banjar so richtig gut gehen lassen. Das heiße Wasser in den Becken entspringt einer eigenen Quelle, der therapeutische Nutzen des im Wasser gelösten Schwefels ist längst bewiesen. Sogar die Soldaten der japanischen Besatzungsmacht sollen hier während des Zweiten Weltkriegs ihre müden Knochen ausgeruht haben.

## Brahmavihara–Arama

Ganz in der Nähe der heißen Quellen liegt Balis größtes buddhistisches Kloster, das Brahmavihara-Arama. Es wurde 1970 eröffnet und erinnert von der Bauweise her stark an den Tempel von Borobodur auf Java. Bei einem Rundgang kann man die Meditationsräume besichtigen, den Garten und die Bücherei. Wer will, kann auch an einem mehrtägigen Meditationskurs teilnehmen.

# Infos und Adressen

**Banjar Hot Springs.** Tgl. 8.30–17.30, Jalan Banjar, Banjar, Tel. 0362/929 01, https://banjarhotspring.co.id

**Kloster Brahmavihara-Arama.** Banjar Tegeha, Banjar, Tel. 0361/929 54, http://brahmaviharaarama.com

### ESSEN UND TRINKEN

**Warung Apple.** Ein Klassiker in Kalibukbuk ist dieser sympathische Warung in Strandnähe. Hier kommt alles frisch auf den Tisch, die Bedienung ist sehr zuvorkommend und freundlich. Tgl. 10–22 Uhr, Jalan Mawar, Kalibukbuk, Tel. 0813/34 96 17 99.

**Warung Rasta.** Sandstrand direkt vor dem Warung, Blick aufs Meer, ein kaltes Bier und Bob Marley. Was kann man sich mehr wünschen für einen gechillten Nachmittag? Tukadmungga, Tel. 0362/412 75.

### ÜBERNACHTEN

**Gede Homestay.** Ein kleines Juwel am Strand von Lovina. Kleine, ordentliche Bungalows direkt am Wasser, das Restaurant bietet beim leckeren Frühstück schöne Ausblicke. Jalan Kubugembong, Tukadmungga, Tel. 0362/415 26, www.gedehomestay.com

### AUSGEHEN

**Kantin21.** Hier kann man allein oder mit neuen Freunden so richtig die Nacht zum Tage machen. Die DJs hauen so auf die Pauke, dass man den lauten Verkehr auf der vorbeiführenden Hauptstraße nicht mehr hören kann. Tgl. 13–2 Uhr. Jalan Raya Lovina, Kaliasem, Tel. 0362/343 56 35.

### INFORMATION

Vesak ist der höchste buddhistische Feiertag und erinnert an die Geburt, die Erleuchtung und das vollkommene Verlöschen des historischen Buddhas. Auch im Kloster Brahmavihara-Arama wird farbenprächtig gefeiert mit Gottesdiensten und Prozessionen. Wer in der Nähe ist, sollte sich das Fest auf keinen Fall entgehen lassen. Die nächsten Termine: 29. Mai 2018 und 19. Mai 2019.

In Lovina kann man es sich gut gehen lassen – die Auswahl ist groß.

# WEST-BALI

42  Mengwi                        224

43  Jatiluwih                     226

44  Negara                        234

45  Pura Luhur Batukaru           236

# 42 Mengwi
## Pura Taman Ayun – von Teichen umgeben

**Der Taman-Ayun-Tempel in Mengwi ist für viele schlicht der schönste Tempel von Bali. Er liegt inmitten von Lotus- und Fischteichen und bietet mit seiner großartigen balinesischen Architektur einen Ausflug in das frühe 17. Jahrhundert. Auch wenn heute nicht mehr die ganze Pracht von damals erhalten ist, kann man sich bei einem Besuch schön in diese Zeit hineindenken.**

Der Ort Mengwi, gut 17 Kilometer von Denpasar entfernt, ist für viele Reisende ein Zwischenstopp auf dem Weg an die Nordküste oder bei einem Ausflug nach Tanah Lot. Inmitten des Orts liegt der Taman-Ayun-Tempel, (»schöner Garten«). Er wurde um das Jahr 1634 von Tjokerda Sakti Blambangan erbaut, dem Herrscher des Reichs von Mengwi. Er wollte in seinem Reich für seine Untergebenen einen zentralen Ort zum Gebet schaffen. Auch sollte dem Volk die lange Anreise zu den anderen heiligen Tempeln wie Pura Besakih oder Pura Batur erspart bleiben. Ganz davon abgesehen stellte der Herrscher mit dem Bau des Taman Ayun seine Machtansprüche nach innen und außen klar. 1937 wurde der Tempel großflächig renoviert und die damalige Pracht wieder herausgeputzt

## Vier Höfe im Inneren

Der Tempel steht, umgeben von Lotus- und Fischteichen, auf vier Terrassen. Je höher die Terrasse, desto heiliger wird es. Zum Tempel gelangen Besucher über einen langen Steg ab dem Parkplatz. Rechts und links liegen große Teiche.

**S. 222:** Sonnenaufgang über dem Hafen der Insel Gili Trawangan.
**Mitte:** Neben dem Taman Ayun lohnt sich auch ein Besuch im Königspalast von Mengwi.
**Unten:** Die Blüten verströmen ein herrliches Aroma.

# Infos und Adressen

Hier, so heißt es, waren zu damaligen Zeiten die weiblichen Angestellten des Tempels in Booten unterwegs – sicher ein schöner Anblick, der nicht nur den Herrscher erfreute. Im nächsten Hof steht ein Häuschen mit dem Namen Bale Pengubengan. Es glänzt mit einer eindrucksvollen Darstellung der neun obersten Hindu-Gottheiten. Der innerste Hof heißt Utama Mandala. Dessen Tor wird allerdings nur zu Zeremonien und Tempelfesten geöffnet. Wer aber die Schönheit der Anlage in Gänze sehen will, der steigt auf den Glockenturm, den Bale kulkul. Hier oben kann man sich die beiden hölzernen Glocken anschauen und vor allem den Ausblick auf den Taman Ayun, die ihn umgebende Wasserlandschaft und die Stadt Mengwi genießen.

### SEHENSWÜRDIGKEITEN
**Taman Ayun-Tempel.**
Tgl. 9–16 Uhr. Jalan Ayodya 10, Mengwi.

**Museum Manusa Yadnya.** Hier kann man alles erfahren über die hinduistischen Rituale, die das Leben der Menschen auf Bali begleiten – von der Zeit im Mutterleib bis zum Ableben. Mo–Fr 8.30–17 Uhr. Gegenüber dem Taman-Ayun-Tempel, Jalan Ayodya, Mengwi.

**Ausfahrten mit dem VW-Kübelwagen.** Seit 1988 bietet der in der Schweiz geborene Gery Nutz Ausflüge mit den legendären VW-Kübelwagen an. Villa Kompiang, Jalan Mawar, Mengwi, Tel. 081/246 21 80 00, www.villakompiangbali.de

### ÜBERNACHTEN
**Villa Kompiang.** Nette Bungalows in einem kleinen Garten in einer der Gassen von Mengwi. Das Guesthouse wird betrieben von Gery Nutz und seiner balinesischen Frau Kompiang. Es werden auch Hochzeitspakete angeboten. Jalan Mawar, Mengwi, Tel. 081/246 21 80 00, www.villakompiangbali.de

In der Wasserlandschaft rund um den Tempel gibt es etliche Lotuspflanzen.

# 43 Jatiluwih
## Die wohl schönsten Reisterrassen der Welt

**Die Reisterrassen von Jatiluwih genießen den Ruf, nicht nur die schönsten von ganz Bali zu sein, sondern auch zu den beeindruckendsten der Welt zu gehören. Man kann es nicht leugnen: Die Landschaft hier im Hochland ist ungemein abwechslungsreich. Den passenden Rahmen für die opulenten Reisterrassen bildet das Bergpanorama der Vulkane Batukaru und der Kraterrand des Batur – ein ideales Postkartenmotiv.**

Wunderschön ist die Landschaft, die sich auf gut 700 Höhenmetern bis zum Horizont erstreckt: Hier oben ist es deutlich kühler als im Süden und Norden von Bali. Daher wächst und gedeiht der Reis aufs Feinste. Und Jatiluwih bedeutet eben auch »wunderschön«. Die Reisterrassen stehen bei so gut wie jedem Anbieter auf der »Muss man

**Mitte:** Auch ein Reisbauer braucht einmal eine Pause – Zeit für eine Nelken-Zigarette.
**Unten:** Bald wird geerntet in den wunderschönen Reisterrassen.

## GUT ZU WISSEN

### DÖRFER VERLANGEN EINTRITT
In Jatiluwih erhebt die örtliche Dorfgemeinschaft eine Eintrittsgebühr. Das gilt auch für Tegallalang und Penelokan. Der große Parkplatz in Padang Bai ist kostenpflichtig, genauso wie viele Strandzugänge. Die Gelder, so heißt es, kämen der Dorfgemeinschaft zugute. Denn diese müsse unter dem Ansturm der Urlauber am meisten leiden. Da es sich aber meist nur um Centbeträge handelt, sollte man sich nicht zu viele Gedanken machen und beim Zahlen hoffen, dass wirklich etwas im Dorf hängen bleibt.

Vielleicht sind die Reisterrassen von Jatiluwih wirklich die schönsten der Welt.

gesehen haben«-Liste. Meist nehmen die Tagestouren, die im Süden oder in Ubud starten, den Tempel Pura Batukaru mit, fahren dann nach Jatiluwih, um mit dem Sonnenuntergang bei Tanah Lot ihren spektakulären Abschluss zu finden.

Wer aber etwas mehr Zeit mitbringt als nur für Anfahrt, schnelles Mittagessen und einen kleinen Spaziergang durch die Reisfelder, der erlebt abseits der touristischen Ecken typisch balinesisches Landleben. Denn nach Abfahrt der Reisebusse wird es ruhig in und rund um Jatiluwih. Die Luft ist frisch, Regen nicht ausgeschlossen, und ein Pullover ist sicher eine feine Sache. Doch den Sonnenuntergang und vor allem die Stimmung über den Reisterrassen kann man schon fast meditativ nennen. Hier kreisen die Glühwürmchen über den flüsternden Reispflanzen, und man fühlt sich vor lauter Anmut plötzlich recht klein. Kein Wunder, dass sich einige Guesthouses und Hotels in den Bergen von Jatiluwih den Beinamen Retreat zugelegt haben – »Zuflucht«.

## Reisanbau seit dem 9. Jahrhundert

Die Reisterrassen von Jatiluwih bestehen aus mehr als 600 Hektar terrassierter Anbaufläche im

*Nicht verpassen*

**BESUCH DES SUBAK-MUSEUMS IN TABANAN**

Der Ort Tabanan liegt selten auf der touristischen Landkarte. Aber wer sich für das Thema Reis und Reisanbau interessiert, der kommt um Tabanan nicht herum. Denn hier steht das »Subak-Museum«, das einzige Museum zum Thema Reisanbau auf Bali. Im Museum werden all die Dinge aufbewahrt und ausgestellt, die mit dem Thema Reis zu tun haben. Von den Werkzeugen über die Hütten, in denen der Reis aufbewahrt wird, bis zum ausführlich beschriebenen Bewässerungssystem »Subak«. Hier kann man anhand eines Miniatur-Subaks nachverfolgen, wie es seit gut 1000 Jahren funktioniert. Eine kleine Bewässerungsanlage samt Teichen und Bächen wurde angelegt, die zeigt, wie das Wasser in die jeweilig zu bewässernden Reisfelder geleitet wird.

**Subak-Museum.** Mo–Do und Sa 7.30–16.30 Uhr. Jalan Gatot Subroto, Sanggulan, Tabanan, Tel. 0361/81 03 15.

Bezirk Penebel und folgen dem Verlauf der hügeligen Landschaft zu Füßen des Vulkans Gunung Batukaru. Hier kann man bei einem Spaziergang ein UNESCO-Weltkulturerbe kennenlernen, das wohl seit dem 9. Jahrhundert die Ernährung des balinesischen Volkes mit Reis sicherstellt: den Subak. Mit dem Subak, einem idealen Modell einer bäuerlichen Kooperative, wird die Verteilung des Wassers für die einzelnen Reisfelder geregelt. Und die schmalen, plätschernden Bächlein zwischen den Feldern sind eine nette Abwechslung im Grün. Vielleicht kreist die eine oder andere Libelle über dem Wasser, sicher steht an der nächsten Ecke ein kleiner Schrein zu Ehren der Reisgöttin Dewi Sri. Wer die Kamera oder den Selfie-Stick noch nicht parat hat, wird spätestens jetzt ein Foto machen und die Magie der Reisfelder einfangen wollen.

## Abwechslungsreiche Anfahrt

Schon bei der Anfahrt zeigt sich bald die ganze Schönheit des Berglands: Aus dem Süden kommend verlässt man in Wongayagede die Hauptstraße, die weiter Richtung Pura Batukaru führt. Die Straße wird zunehmend schmaler und ein wenig holpriger. Sie führt durch Wälder und kleine Straßendörfer, in denen man vom Tourismus noch

**Oben:** Touristen bestaunen die Reisfelder, Einheimische schauen ihnen dabei zu.
**Mitte:** Nach der anstrengenden Besichtigungstour locken die heißen Quellen in Angseri.
**Unten:** Den Pura Yeh Gangga sollte man nicht verpassen.

# Infos und Adressen

nicht viel spürt. Spätestens im Dorf Angsri wird klar, dass man die Reisterrassen erreicht hat. Das versteht man schnell beim Blick aus dem Fenster auf die Landschaft und vor allem dann, wenn das Auto oder der Bus anhalten muss. Die Dorfgemeinschaft hat längst verstanden, dass die Gelder aus dem Tourismus nicht am Dorf vorbeifließen sollten. Daher wird pro Fahrzeug eine Eintrittsgebühr fällig. Diese diene, so heißt es, in erster Linie der Erhaltung der Reisfelder und des Dorfes. Wer mit einem geführten Tagesausflug kommt, für den ist die Gebühr meist inklusive. Wer selbst anreist, muss das Portemonnaie zücken. Hinter dem Dorf führt die Straße Hügel hinauf und hinunter, man kann sich gar nicht sattsehen. Und bald ist die eigentliche Aussichtsterrasse über den Reisfeldern in Sicht. Ein bekannter Spot zum Anhalten und Schauen ist Billy's Terrace Café. Hier stoppen auch viele Tagestouren. Ab dem Café kann man sich zu Fuß weiter durch die Reisterrassen bewegen oder einfach nur schauen und genießen.

# 180-Grad-Panorama

Von links nach rechts und so weit das Auge reicht, eröffnet sich jetzt ein 180-Grad-Panorama mit sanft abfallenden Hängen, die wiederum szenisch von Reisterrassen unterbrochen werden. Diese zeigen den Reis in den verschiedenen Stufen des Anbaus – von Schlammflächen vor dem Pflanzen des Reises über die bekannten üppig grünen Reisfelder bis hin zu abgeernteten, strohig-braunen Flächen. Grün aber ist die vorherrschende Farbe, und man mag sich gar nicht sattsehen. Wer jetzt Heißhunger oder Durst bekommt vor lauter Schönheit, der kann sich in einem der zahlreichen Warungs entlang der Straße versorgen lassen. Die Mahlzeiten sind eher auf den vermeintlichen Geschmack der Touristen ausgelegt, aber das tut den magischen Ausblicken keinen Abbruch.

### SEHENSWÜRDIGKEITEN

**Jatiluwih-Reisterrassen.** Jatiluwih, Penebel, Tabanan.

**Kemenuh Butterfly Park.** Was man schon immer über Schmetterlinge wissen wollte, die Antworten gibt es hier. Hier kommt man den Tierchen ganz nahe und kann ihre Schönheit umso intensiver erleben. Tgl. 8–17 Uhr. Jalan Raya Kemenuh, Kemenuh Tel. 0851/00 02 19 35, www.kemenuhbutterflypark.com

### ESSEN UND TRINKEN

**Billy's Terrace Café.** Der Klassiker über den Reisterrassen von Jatiluwih. Die Ausblicke sind grandios, die Küche hat ein wenig unter dem zunehmenden Tourismus gelitten. Tgl. 9.30–16 Uhr. Jatiluwih, Penebel, Tel. 0819/36 53 79 99.

### ÜBERNACHTEN

**Bali Mountain Retreat.** Hoch in den Bergen und weit ab von der Hektik des Südens oder Ubuds bietet das Mountain Retreat zahlreiche Workshops, Yoga, Musikunterricht, ein Spa und nette Bungalows. Banjar Biahan, Wanagiri, Tel. 0828/360 26 45, www.balimountainretreat.com

**Bali Silent Retreat.** Inmitten der Reisfelder und im Dorf Mongan liegt das Silent Retreat. Und in der Tat wird hier geschwiegen – bei Meditation oder Yoga. Die Bungalows sind hübsch anzusehen, und die ganze Hotelanlage wird unter biologischen Gesichtspunkten geführt. Banjar Mongan, Penatahan, Penebel, Tel. 0822/47 13 93 53, www.balisilentretreat.com

# DER SUBAK
## Reisanbau als Weltkulturerbe

Seit Juni 2012 steht der Subak, die balinesische Bewässerungsgemeinschaft, auf der UNESCO-Liste des geschützten Welterbes als »die Kulturlandschaft Balis – das Subak-System als Verkörperung der Tri-Hita-Karana-Philosophie«. Damit erkennt die UNESCO die 19 500 Hektar Kulturlandschaft der Insel mit ihren zahlreichen Tempeln als schützenswertes Erbe der Menschheit an. Mit gutem Grund.

## Grundlage Tri Hita Karana

Ohne Tri Hita Karana geht auf Bali nichts. Die mehr als 2000 Jahre alte hinduistische Philosophie beschreibt die Regeln des Zusammenlebens auf der Insel mit den »drei Ursachen des Heils«. In der Neuzeit gehen die Balinesen ein wenig praktischer mit der Philosophie um und sagen, dass Tri Hita Karana nicht mehr die drei Grundlagen des Heils darstelle, sondern die des Reichtums. Die Grundlagen heißen:
1. Harmonie zwischen den Menschen
2. Leben im Einklang mit Natur und Umwelt
3. Verbundenheit mit Gott

Die Balinesen glauben daran, dass sich Harmonie zwischen den Menschen am besten dadurch herstellen lässt, dass man sie eng einbindet in die Zusammenarbeit auf Familien- und Dorfebene. Nächstenliebe wird großgeschrieben, man hilft einander. Kein Mitglied der Dorfgemeinschaft, dem Banjar, soll sich jemals ausgestoßen oder allein fühlen.

Die Verbundenheit mit Gott wird durch Gebete, Opfergaben und Zeremonien täglich aufs Neue hergestellt. Und in der Tat vergeht auf Bali kein Tag, an dem nicht ein Tempelfest oder ein anderes Ereignis im Jahreskalender gefeiert wird. Die ganze Dorfgemeinschaft ist an den Vorbereitungen beteiligt, die etliche Tage dauern können. Und wer nicht aktiv mitarbeitet bei der Tempelausschmückung, wer kein Gamelan spielt oder sich auf den Tanz vorbereitet, der oder die kocht die Mahlzeiten für die vielen Fleißigen.

Das Leben im Einklang mit der Natur soll laut Lehre durch den rechten Umgang mit der Umwelt geregelt werden. Was allerdings auf Unglauben stoßen kann, wenn man die Müllberge im Hinterland sieht. Häufig wird der Müll des Dorfs in die nächste Schlucht geschüttet. Diese gehört offensichtlich nicht zum Dorf und ist somit eine Art rechtsfreie Zone. Doch im Subak gelingt auch die Harmonie mit der Natur ganz hervorragend.

Die Arbeit in den Reisterrassen ist anstrengend, hat aber eine lange Tradition.

# Was der Subak macht

Bali überragen mehrere Vulkane, die mit ihren Asche-Ausschüttungen für fruchtbare Böden sorgen. Dazu kommt das tropisch-feuchte Klima, und beides im Einklang sorgt für hervorragende Anbaubedingungen – für Pflanzen aller Art. Der Subak, wörtlich übersetzt »verbundenes Wasser«, hat diese Landschaft Balis geprägt. Dank ihm und bereits seit einem königlichen Edikt aus dem Jahre 1022 gelingt es den Dorfgemeinschaften, das herabfließende Wasser aus den Bergen zu kanalisieren und damit die Sawah (»Reisfeldterrassen«) zu bewässern. Somit machen die Reisterrassen und die zahlreichen Tempel, die zum Bewässerungssystem gehören, heute nicht nur den Reiz der Insel, sondern auch ihren Reichtum aus. Reichtum in kultureller und finanzieller Hinsicht. Der Subak ist ein

zutiefst demokratisches System, bei dem auch dem ärmsten Reisbauern im Dorf genau die Menge an Wasser zukommt, die er zur Bewässerung seiner Felder braucht. Gut 1200 dieser Wasserkollektive gibt es auf Bali. In jedem Kollektiv sind 50 bis 400 Bauern damit beschäftigt, die Wasserversorgung für die Felder sicherzustellen. Sie leiten das Wasser um und reinigen die Kanäle. Auf den Feldern wird normalerweise balinesischer Reis angebaut – keine genmanipulierte und schnell wachsende Importware – ohne Kunstdünger und ohne Einsatz von Insektenvertilgungsmitteln. Dabei ist der Subak ein ganzheitliches System, das sich die Eigenschaften von Bali in idealer Weise zunutze macht.

# Wassertempel, Wälder und Reisterrassen

Da das Wasser immer von oben kommt, auf Bali konkret aus den Bergen, ist der für den Subak wichtigste spirituelle Teil der Tempel Pura Ulun Danu Batur am Batur-See. Hier, so heißt es, entspringe jede Quelle für jeden Tropfen Wasser auf der Insel. Ihm gilt es also zu huldigen, damit das Wasser nie ausgeht. Auch auf den Feldern begegnet man vielen kleinen Schreinen und Tempelchen, die meist der Göttin des Reisanbaus, Dewi Sri, gewidmet sind. Und jede Subak-Gemeinschaft, die sich um den Reisanbau rund um den Ort kümmert, verfügt über einen eigenen Subak-Tempel. Hier wird gebetet und den Göttern geopfert, um das nötige Gleichgewicht zwischen Mensch, Natur und Gott herzustellen.

Bei bis zu drei Reisernten im Jahr müssen regelmäßig Jungpflanzen gesetzt werden.

Im Tempel Pura Ulun Danu Batur, so heißt es, entspringe alles Wasser für Bali.

Ab dem Pura Ulun Danu Batur fließt das Wasser durch die kühlen Wälder, die es rein halten und beschützen. Ab hier hat der Mensch früh eingegriffen und Kanäle sowie Tunnel gebaut, um das wichtige Nass auf wirklich jedes Reisfeld zu bringen. Die Reisfelder selbst wurden aus den Wänden der Schluchten quasi herausgeschnitten und als Becken angelegt, damit dort das Wasser zum Stehen gebracht werden kann. Nur so herrschen ideale Anbaubedingungen für den balinesischen Reis.

## Geschütztes Welterbe seit 2012

Der Subak funktionierte immer und tut das auch heute – politische Wirren in Indonesien hin oder her. So überlebte die Idee des Subak auch die Grüne Revolution von Staatschef Suharto, der seinem Land in den 1960er- und 1970er-Jahren nach chinesischem Vorbild einen Masterplan für Wirtschaftswachstum aufdrücken wollte. Der staatlich gesteuerte Nassreisanbau zur Ernährung der Massen sollte dazugehören. Doch das ging daneben, die Planwirtschaft entpuppte sich als Misswirtschaft. Sofort nach Ende der Herrschaft von Suharto wurde der Subak Ende der 1990er-Jahre wiederbelebt und funktioniert seitdem wie vor 1000 Jahren. 2012 wurde die ganze Welt auf die Einzigartigkeit des balinesischen Reisanbaus aufmerksam gemacht, als die UNESCO (United Nations Educational, Scientific and Cultural Organization) den Subak aufnahm in die Liste des geschützten Welterbes.

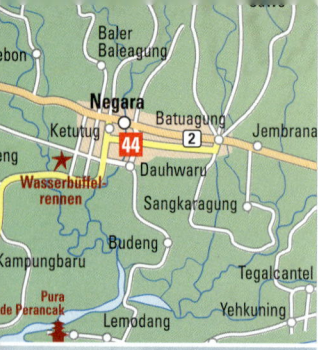

# 44 Negara
## Spektakuläre Büffelrennen

**Die Gegend um die Stadt Negara, auch Jembrana genannt, wird von Urlaubern kaum besucht. Höchstens auf der Durchreise, für einen kurzen Augenblick. Was aber nicht heißt, dass es nichts zu sehen gäbe. Denn auch hier gibt es schöne Reisterrassen, den prächtigen Tempel Pura Rambut Siwi, der den Strand überblickt, und Makepung – die berühmten Wasserbüffelrennen.**

Die Region Jembrana zieht sich an der Westküste Balis entlang. Der Großteil der Landfläche ist dicht bewaldet und gehört zum Nationalpark Bali Barat. Neben dem Reis-, Kokosnuss-, Kaffee- und Vanilleanbau ist die Fischerei die Haupteinnahmequelle der Menschen. Auffallend sind die vielen Moscheen. An der Küste von West-Bali leben meist aus Sulawesi eingewanderte muslimische Bugis. Ihre farbenprächtigen Fischerboote liegen auf dem schwarzen Sand des Strandes und sind immer ein Hingucker.

## Der Pura Rambut Siwi

Auf halber Strecke zwischen Negara und Medewi Beach – einem beliebten Spot für Surfer – befindet sich der Tempel von Rambut Siwi. Er steht auf einem Felsvorsprung über dem Meer. Auf der einen Seite sieht man die grünen Reisfelder, auf der anderen Seite den schwarzen Strand und dahinter die stürmische See. Der Tempel wurde erbaut von Dang Hyang Nirartha, zu dessen Bauwerken beispielsweise Tanah Lot, der Pura Uluwatu und der Pura Pulaki an der Nordküste gehören. Die Legende sagt, dass Nirartha dem Pura Rambut Siwi

**Mitte:** Die prächtigen Fischerboote der Bugis sieht man vor allem im Hafen Pengambengan.
**Unten:** Wie in balinesischen Orten üblich, gibt es auch in Negara einen bunten Markt.

Vorne die rasenden Büffel, auf dem Wagen der Jockey – die Rennen sind spektakulär.

eines seiner Haare vermacht habe. Daher auch der Name, der so viel bedeutet wie »Anbetung des Haares«.

## Makepung – die Wasserbüffelrennen

In der Gegend um Negara findet Makepung statt, die traditionellen Wasserbüffelrennen. Diese werden an sieben Orten in der Region abgehalten, wie in Tuwed, Awen, Kaliakah oder Delod Berawah. Für die Rennen werden Wasserbüffel zu Paaren zusammengebunden und dann von ihren Jockeys in Ausscheidungsrennen gefahren. Ziel ist es, in die Endrunde zu kommen, dem Jembrana Regent's Cup oder dem Governor's Cup.

Die Wasserbüffelrennen werden abgehalten von Juli bis November und an verschiedenen Orten von Jembrana. Gefahren wird immer am Sonntagvormittag, um 7.30 Uhr geht's los. Am besten besucht man solch ein Rennen im Rahmen einer geführten Tour. Die Reisebüros und Führer wissen, an welchen Sonntagen und an welchen Orten die Spektakel stattfinden.

## Infos und Adressen

### ESSEN UND TRINKEN

**Pasar Senggol.** Der Nachtmarkt von Negara wird rund um die Busstation der Stadt (Negara Bus Terminal) aufgebaut. Ab Sonnenuntergang brutzeln hier die Saté-Spießchen auf dem Grill. Ein wenig Erdnuss-Soße dazu, und dem gelungenen Abendessen steht nichts im Wege.

### ÜBERNACHTEN

**Jati Hotel.** Eine der wenigen Möglichkeiten, in Negara zu übernachten. Einfache Zimmer, freundliches Personal. Ein paar Brocken Indonesisch können nicht schaden. Jalan Udayana, Kaliakah, Negara, Tel. 0623/654 38 59.

# 45 Pura Luhur Batukaru
## Idyllische Tempelanlage mit Charme

**Der Tempel Pura Luhur Batukaru ist einer der wichtigsten heiligen Tempel von Bali. Er liegt auf luftigen 817 Metern Höhe, und hinter ihm ragt der Vulkan Batukaru mit seinen 2270 Metern eindrucksvoll in die Höhe. Um den Tempel herum liegt eine wunderschön verwunschene Landschaft mit Gebirgs- und Nebelwäldern, Reisfeldern und weiten Blicken über den Westen der Insel.**

Der Batukaru ist ein heiliger Berg und dazu der zweithöchste Balis. Seine Abhänge sind dicht bewachsen. Hier bleibt der Regen hängen, hier ist es oft neblig und feucht. Die mythische Stimmung spürt man insbesondere bei einem Tempelbesuch. Andächtig bewegt man sich auf dem Gelände, die nahen Bäume flüstern, und die kleinen Bäche, die das Tempelgelände kreuzen, plätschern ruhig. Das ist auch so gewollt. Denn der Tempel wurde der Hindugottheit Mahadeva geweiht. Und zu Mahadevas Zuständigkeitsbereich gehören die Luft, das Wasser und die Pflanzen. All das kommt im Pura Luhur Batukaru als Gesamtkunstwerk zusammen.

## Geschichte des Tempels

Der Tempel wurde im 11. Jahrhundert erbaut. 1605 allerdings fiel er einer Belagerung durch das benachbarte Königreich von Buleleng zum Opfer und wurde zerstört. Die Ruinen überdauerten die Jahrhunderte, bis 1959 der Versuch gestartet wurde, den ursprünglichen Zustand wiederherzustellen. Das ist gelungen. Und wer sich den Tempel anschaut, wird kaum glauben können, dass hier im

**Mitte:** Der Vulkan Gunung Batukaru ist der zweithöchste Berg auf Bali und überaus heilig.
**Unten:** Nicht nur zum Tempeljubiläum wird im Tempel Pura Luhur Batukaru gebetet.

## Pura Luhur Batukaru

20. Jahrhundert Menschenhand angelegt wurde. Denn die zahlreichen Schreine, die Statuen, die Reliefs und Mauern sind überzogen mit grünem Moos. Das verleiht dem Tempel den Anschein, seit dem 11. Jahrhundert unverändert und unangetastet die Zeit im Dschungel verbracht zu haben.

## Heiliges Wasser

Das Tempelgelände ist über mehrere Terrassen angelegt. In der Mitte liegt der Hof des Haupttempels. Hier gibt es eine Quelle mit heiligem Wasser, das für Zeremonien verwendet wird. Das Wasser einer anderen Quelle auf dem Tempelgelände nutzen die Balinesen für Reinigungszeremonien.

Frauen tragen Opfergaben durch das gespaltene Tor des Pura Luhur Batukaru.

## Infos und Adressen

### SEHENSWÜRDIGKEITEN
**Pura Luhur Batukaru.** Tgl. 8–17 Uhr. Jalan Raya Batukaru, Wongayagede, Penebel, Tel. 0361/23 56 00.

### ESSEN UND TRINKEN
Auf dem Parkplatz vor dem Tempel gibt es zahlreiche Warungs und Imbiss-Stände, an denen man sich stärken kann.

### ÜBERNACHTEN
**Prana Dewi Mountain Resort.** Die elf schönen Bungalows mit ihren 14 Zimmern werden umrahmt von bio-bewirtschafteten Reisfeldern, und in den Fischteichen ziehen Karpfen ihre Kreise. Wongayagede, Penebel, Tel. 0823/41 74 55 00, http://balipranaresort.com

### INFORMATION
Die beste Zeit, den Pura Luhur Batukaru zu besuchen, bietet sich zum jährlichen Tempeljubiläum. Dieses findet immer am Donnerstag nach Galungan statt. An diesem Tag pilgern Familien aus den umliegenden Dörfern zum Tempel, um sich seinen Segen zu erbeten. Die nächsten Termine: 31. Mai 2018, 27. Dezember 2018 und 23. Juli 2019.

# LOMBOK

46  Die Gilis                    240

47  Kuta auf Lombok              248

48  Gunung Rinjani               254

49  Senggigi                     264

50  Nord-Lombok                  266

# 46 Die Gilis
## Beliebte Inselchen zwischen Bali und Lombok

**Die Gilis sind längst kein Geheimtipp mehr. Tag für Tag drängen sich während der Hochsaison mehr als 2500 Urlauber durch den kleinen Hafenort Padang Bai auf Bali, um sich anschließend per Speedboat auf die Gilis katapultieren zu lassen. Denn hier, nach gut zwei Stunden rasender Überfahrt, so heißt es, liege ein tropisches Paradies im Miniaturformat – zum Baden, Schnorcheln, Tauchen und Party machen.**

Die drei Gilis bilden eine kleine und sehr überschaubare Inselgruppe in der Balisee vor der Nordwestküste von Lombok. Überschaubar, da man jede der Insel in ein bis zwei Stunden umwandern kann und diese Sandinseln mit ihren wunderschönen Stränden nur wenige Meter aus dem Meer herausragen. Gili Trawangan, Gili Meno und Gili Air heißen die drei Tropenparadiese. Jede hat ihren Reiz: Gili Trawangan, von Fans auch Gili T. oder schlicht

## GUT ZU WISSEN

### KEINE POLIZEI, KEINE DROGEN

Auf den Gilis gibt es zwar keine Polizei, aber eine Art Security, die SATGAS. Gili Trawangan ist bekannt für seine Magic Mushrooms, die in Shops angeboten werden. Wer noch keine Erfahrungen gemacht hat, sollte die Finger davon lassen. Daneben gibt es auf der Partyinsel alle Drogen, die das Herz begehrt. Wer erwischt wird, muss allerdings heftig büßen: Die indonesische Rechtsprechung reizt auch bei Urlaubern gerne ihre Möglichkeiten aus, und es droht die Todesstrafe.

**S. 238:** Begegnung am Nipah Beach – meist aber sind die Strände von Nord-Lombok unberührt.
**Mitte:** Weißer Sandstrand mit Beachbar auf Gili Air
**Unten:** Partyparadies: Die Shishabar auf Gili Trawangan

# Die Gilis

Trawangan genannt, ist bekannt als die Partyinsel. In der Tat kann man jeden Abend bis in den Morgen feiern. Muss man aber nicht: Die Nord- und Westküste der Insel ist deutlich ruhiger – wenn das abendliche Antrommeln vor der Exile-Bar vorüber ist, mit dem der farbenprächtige Sonnenuntergang eingeleitet wird. Gili Meno bildet die Mitte der drei und ist anders als die beiden anderen. Hierher zog es 2004 die Schriftstellerin Elizabeth Gilbert, um etliche Passagen ihres Bestsellers *Eat Pray Love* zu schreiben. 2010 wurde das Buch erfolgreich mit Julia Roberts in der Hauptrolle verfilmt. Im Buch lässt Gilbert ihre Geschichte auf Gili Meno enden, im Film kommt die Insel nicht vor. Ein Glück für die Urlauber, die Ruhe suchen. Denn auf Gili Meno ist es deutlich ruhiger als auf den Nachbarinseln. Hier kommen meist Paare her, die viel intensive Zeit miteinander verbringen wollen. Daher wird sie auch die Hochzeitsinsel genannt. Gili Air ist Gili T. im Kleinformat, ein paar Jahre hinterher, aber mit aufsteigender Tendenz. Hier wird nicht jeden Abend getanzt, außer in der Space Bar, aber es gibt reichlich Bars, Restaurants und ein reges Nachtleben. Gili Air ist die Insel, die Lombok am nächsten liegt.

## Anreise ab Bangsal

In den »guten alten Zeiten«, als es noch keine Schnellboote ab Bali gab, kam man hier an, um die Gilis zu erobern – mit einem kippeligen Fischerboot, das in Bangsal auf Lombok in See gestochen war. Es gab auf Gili Air keinen Anlegesteg, man musste die letzten Meter im warmen Wasser über das Korallenriff und den Sand waten. Den Rucksack über dem Kopf, die Turnschuhe in der Hand. Und es gab keinen Strom auf den Gilis – eben ein tropisches Paradies im Miniaturformat. Heute ist das ein wenig anders, aber Autos und

*Geheimtipp*

### SONNENUN-TERGANG MIT SCHAUKEL

Die Exile-Bar an der Westküste von Gili Trawangan ist ein idealer Ort für den Sundowner bei Sonnenuntergang. Sobald die ersten Gäste eingetroffen sind und sich am Strand verteilt haben, werden die Trommeln angeworfen. Urlauber können gerne ihr Geschick probieren. Die Sonne geht normalerweise farbenprächtig im Westen unter, was Abend für Abend Hunderte von Fans anlockt. Vor einiger Zeit hat das Exile eine weitere Attraktion ins Wasser gestellt: eine große Schaukel. Hier stehen Urlauber aus aller Welt morgens und abends Schlange, um sich allein oder zu zweit auf der Schaukel fotografieren zu lassen. Und wer den richtigen Wasserstand erwischt, der steht quasi auf der Wasseroberfläche. Nach Sonnenuntergang wird es wieder ruhig an der Westküste.

**The Exile.** Gili Trawangan, Tel. 0819/07 22 90 53, http://theexilegilit.com/beach-bar

**Oben:** Der Cidomo umrundet jede Insel der Gilis.
**Mitte:** Morgens fahren die Boote hinaus zu den Tauchspots rund um Gili Trawangan.
**Unten:** Um die Inselchen lässt es sich gut schnorcheln – die Ausrüstung kann man leihen.

Mopeds gibt es immer noch nicht. Man bewegt sich zu Fuß, mit dem Leihrad oder mit einer Kutsche, dem Cidomo. Und gelangt immer schnell dorthin, wo die eigentlichen Attraktionen der Gilis warten: am und unter Wasser. Denn auf allen Gilis gilt: Baden, Schnorcheln und Tauchen.

## Umweltschutz auf den Gilis

Damit das so bleibt, haben sich die verantwortlichen Tourismusbetreiber zusammengeschlossen und im Jahr 2000 den Gili Eco Trust gegründet. Das war auch dringend nötig. Mit den Massen der Urlauber, vor allem in der Hauptsaison Juli und August, hatte das Volumen des anfallenden Mülls längst beeindruckende Ausmaße angenommen. Die Abwässer flossen ungeklärt ins Meer und zerstörten die Unterwasserwelt. Dazu kam die Korallenbleiche Ende der 1990er-Jahre, die El Niño mit sich brachte. Auch der Tauchtourismus, der zur selben Zeit großen Aufschwung erfuhr, trug zu massiven Schädigungen der Korallen rund um die Gilis bei. Denn die Bootsführer warfen ihre Anker einfach ins Meer, ohne Rücksicht auf Beschädigungen. Die Leiter der Tauchcenter und die Dorfgemeinschaft setzten sich also zusammen und gründeten den Gili Eco Trust. Mit seinen Maßnahmen will der Verein sicherstellen, dass die Korallenwelt nicht mehr weiter beschädigt, sondern ihr Wachstum gefördert wird. Dafür gibt es mittlerweile ein Biorock-Projekt, bei dem das Wachstum der Korallen an Metallstrukturen und durch fließenden Strom gefördert wird. Der anfallende Müll wird offiziell getrennt und so weit wie möglich recycelt. Schildkröten werden aufgezogen, und Urlauber können Patenschaften übernehmen. Bojen wurden an den bekannten Tauchspots gesetzt, damit keine Anker mehr geworfen werden müssen. Und, ganz nebenbei: Der Verein kümmert sich um die Pferde, die tagein tagaus die klin-

**Bali Sea**

**Bali Sea**

**Bali Sea**

## Gili Trawangan

Jl. Pantai Gili Trawangan

Jl. Kakatua

Jalan Vila Kelapa

Jl. Penyu

Jl. Karang Biru

Jl. Ikan Todak

Jl. Manta

Jalan Vila Kelapa

Jl. Ikan Kima

Jl. Pantai Gili Trawangan

Jl. Pantai Gili Trawangan

Masjid Agung Baitur Rahman

Gili Eco Trust

Art Market, Night Market

Blue Martin Dive

Tir Na Nog

Sunrise Rinjani

Gili Trawangan Viewpoint

Sunset View

The Exile

Pink Coco

Jl. Pantai Gili Trawangan

Jl. Lumba-Lumba

Jl. Pantai Gili Trawangan

## Gili Meno

Gili Meno Lake

Mosque Masjid Gili Meno

Snorkling Trip Boat Agency

Ya Ya Warung

Gili Meno Bird Park

Fantastic Cottages Gili Meno Lombok

Mallias Bungalows

Bolong's Turtle Sanctuary

Blue Martin Dive

## Gili Air

Blue Martin Dive

Pachamama Organic Café

Space Bar

Budha Way

Masjid Nurul Yaqin

Villa Resota Gili Air

Scallywag's Beach Club

Shady Lane

Jalan Pantai

Jalan Pantai

Lucy's Garden Hotel

Jalan Pantai

0    300 m

N

## PARTY IM TIR NA NOG

*Nicht verpassen*

Zum Tir Na Nog an der Ostküste von Gili Trawangan gehören ein Restaurant unter britischer Leitung, ein Hotel und ein Irish Pub. Der Pub wurde 2000 eröffnet und hat seitdem nichts an seiner Anziehungskraft verloren. Was früher als kleine Holzhütte in der Nähe des Strands mit einem Ausschank begann, ist heute eine lautstarke Party-Location mit vier Bars, zwei davon am Strand. Spätestens nach dem Dinner werfen die DJs die Plattenteller an, und die eiskalten Bierflaschen flitzen im Fließbandtempo über die Bartheke. Berühmt und berüchtigt ist die Partynacht am Mittwoch, die jeder Gili-Trawangan-Urlauber miterlebt haben sollte. Bei der Ladies Night am Sonntagabend zahlen Frauen nur 50 Prozent für ausgewählte Cocktails.

**Tir Na Nog.** Tgl. 7–2 Uhr. Jalan Raya. Gili Trawangan, Tel. 0370/613 94 63, www.tirnanogbar.com

gelnden Cidomos über die Inseln ziehen müssen. Der Gili Eco Trust bezahlt einen Tierarzt, der sich die geknechteten Tiere regelmäßig anschaut. Finanziert wird der Verein über die sogenannte Reef Tax, die jeder Taucher zahlen muss.

## Ein Paradies wird gemacht

Die Gilis sind nicht natürlich gewachsen, sondern sie wurden zum Paradies »gemacht«. Hier lebte bis in die 1970er-Jahre niemand, vielleicht schauten ein paar Fischer aus Lombok vorbei. Dann beschloss die indonesische Regierung, im Rahmen ihres Transmigrasi-Programms, muslimische Familien aus Sulawesi hier anzusiedeln. Sie bekamen ein Stück Land und sollten das ordentlich bewirtschaften. Es gab kein Trinkwasser, keinen Strom und nur gelegentlich ein Boot, das mit den Dingen des täglichen Lebens von Bangsal herüberkam. Doch schon in den 1980er-Jahren hörte man Gerüchte in Traveller-Kreisen über diese drei verwunschenen Inseln, so ursprünglich, so neu auf der touristischen Landkarte. Also ging man hin. Die Regierung spürte diesen Trend und wollte ein Stückchen vom Kuchen. Also wurde ein Erschließungsplan für die gesamte Region von Lombok entwickelt. Erste primitive Bungalows entstanden, Frühstück gab's bei der Mama des Hauses, und am Strand verkauften die Söhne Ananas. Ging die Sonne unter, ging der Generator hinter dem Guesthouse an, um die Besucher noch bis 21 Uhr mit Licht zu versorgen. Dann war Schweigen – bis zum Sonnenaufgang am nächsten Morgen. Das typische nächtliche Hundegebell, wie man es aus Bali kennt, fehlte und fehlt bis heute. Auf den Gilis ist die Hundehaltung aus religiösen Gründen untersagt. Bald kamen immer mehr Sonnenhungrige auf der Suche nach ihrem persönlichen Stückchen Strand. Der unregelmäßige Schiffsverkehr

Zeit für den Sonnenuntergang auf der Westseite von Gili Trawangan.

*Einfach gut!*

ab Bangsal wurde zum regelmäßigen Fährverkehr, und der Ort verlor viel von seinem Ruf, ein Rip Off zu sein. Denn hier wurden die Urlauber regelmäßig abgezockt, wenn es darum ging, ein Boot für die Überfahrt zu chartern. Doch diese Art der Anreise war gut für Lombok: Die Traveller mussten erst mit der Autofähre ab Padang Bai auf Bali nach Labuhan Lembar auf Lombok schippern. Dann ging es weiter mit dem Bus bis zur Hauptstadt Mataram. Der folgende Bemo-Trip führte nach Senggigi an der Küste. Hier musste man übernachten, dann am nächsten Morgen weiterfahren nach Bangsal, ab hier übersetzen. Alles in allem gut 1,5 Tage Anfahrt, auf denen Urlauber essen, trinken und übernachten mussten. Senggigi blühte auf. Es wurde investiert, gebaut, Restaurants, Warungs, Guesthouses und Hotels wurden eröffnet. 2008 entstand mit Nord-Lombok ein neuer politischer Bezirk (Kabupaten), zu dem die Gilis gehören und der schnell zum reichsten Bezirk auf Lombok avancierte. Und irgendwann kamen die Schnellboote, Speedboats genannt, die die lange Anreise auf die Gilis zu einem kurzen Hopser machten. Ab Ost-Bali, Padang Bai, Sanur oder Amed konnte man jetzt übersetzen. Lombok bleibt seitdem außen vor. In Senggigi ist es wieder ruhiger geworden – auf den Gilis dagegen immer lauter.

## FANGFRISCHER FISCH

Scallywags Beach Club auf Gili Air ist der perfekte Ort, um die Zeit vergehen zu lassen und dabei hervorragend zu speisen. Der Beach Club ist ein Ableger des Scallywags auf Gili Trawangan, aber das Konzept ist dasselbe: Gemütliche, offene Räume mit einfachen Stühlen und Tischen aus heimischem Holz, davor ein wunderschönes Stückchen Strand mit klarblauem Wasser, und im Hintergrund brutzelt auf dem Grill der Fang des Tages. Das Team von Scallywags sagt ganz unbescheiden, dass es hier die größte Auswahl an frischem Fisch direkt aus dem Meer gebe. Dazu ein kühler Weißwein oder ein Cocktail, und dem gelungenen Abend steht nichts im Wege.

**Scallywags Beach Club.**
Tgl. 7–23 Uhr. Gili Air,
Tel. 0878/65 84 73 09,
scallywagsresort.com/beach-club

245

# Infos und Adressen

Gili Trawangan gilt auch als die Partyinsel – reichlich Getränke gibt es überall.

## SEHENSWÜRDIGKEITEN

**Bolong's Turtle Sanctuary.** Hier kümmert man sich um die bedrohte Meeresschildkröte. Damit die Eier der Schildkröten nicht mitgenommen oder gefressen werden, sammelt man sie im Herbst ein und brütet sie in der Station aus. Hier wachsen die kleinen Schildkröten in Meerwasserbecken heran und können nach gut einem Jahr in die Freiheit entlassen werden. Urlauber können eine Schildkröte »kaufen« und sie dann am Strand in die Freiheit entlassen. Gili Meno, Jalan Pelabuhan, Tel. 081/339 59 96 44, www.gilimenoturtles.com

**Gili Meno Bird Park.** In dem Park, der zum Gili Meno Bird Park Resort gehört, kann man die Vogelwelt erleben, mit Papageien, Pelikanen, Fasanen, Pfauen und Adlern. Allerdings streiten sich die Geister, ob die Tierhaltung hier wirklich artgerecht ist. Gili Meno, Tel. 0821/44 51 36 30.

**Gili Trawangan View Point.** Von hier oben genießt man einen exzellenten Ausblick über die Gilis und Richtung Lombok mit dem imposanten Vulkan Gunung Rinjani. In der anderen Blickrichtung liegt die Balisee und dahinter Bali mit dem Gunung Agung. Der Viewpoint liegt auf dem einzigen Hügel von Gili Trawangan

im Südosten der Insel, unterhalb des weithin sichtbaren Funkmasts.

### ESSEN UND TRINKEN
#### Gili Trawangan
**Art Market.** Direkt am Anlegesteg werden jeden Abend die Imbiss-Stände aufgebaut und bereichern die umliegenden Warungs mit ihrem Angebot. Hier bietet sich eine gute Gelegenheit, für günstiges Geld frischen Fisch zu genießen und den Köchen bei der Arbeit zuzuschauen.

#### Gili Meno
**Ya Ya Warung.** Ein Klassiker direkt am Strand von Gili Meno, oberhalb der Anlegestelle. Hier kommt indonesische Küche auf den Tisch, und unterm Strohdach kann man beim Genießen schön aufs Meer und Gili Air schauen. Tgl. 8–22 Uhr.

#### Gili Air
**Pachamama Organic Cafe.** Nicht ganz günstig, aber hier kommen auch Vegetarier in schönem Ambiente auf ihre Kosten. Die Smoothies sind auf der ganzen Insel bekannt. Tgl. 10–22 Uhr. Jalan Svea, Tel. 0878/64 15 21 00, www.facebook.com/pachamamagiliair

### ÜBERNACHTEN
#### Gili Trawangan
**PinkCoco.** Das im April 2016 eröffnete Haus am Sunset Beach ist in der Tat pink angestrichen und fällt allein deswegen schon aus dem üblichen Rahmen. Die Lage ist hervorragend, das recht laute Zentrum von Gili Trawangan ein paar Gehminuten entfernt. Die Zimmer sind geschmackvoll eingerichtet, hinter dem Haus lädt der Pool zum Verweilen. Zum Strand sind es allerdings auch nur ein paar Schritte. Jalan Raya, Sunset Beach, Tel. 0370/619 74 36. www.pnkhotels.com/gili-trawangan

#### Gili Meno
**Mallias Bungalows.** An der Ostküste der Insel gelegen, nur ein paar Schritte von der Anle-

gestelle und Bolong's Turtle Sanctuary, liegen die nicht nur von außen schönen Bungalows. Von der Terrasse samt Hängematte aus genießt man den Blick aufs Meer und den schönen Strand davor. Tel. 0853/37 65 90 39, http://malliasgili.com

## Gili Air

**Lucy's Garden Hotel.** Liegt an der Westküste von Gili Air, und der Sonnenuntergang über dem Strand ist in greifbarer Nähe. Lucy's glänzt mit netten Bungalows, die um einen Pool herum angeordnet sind, und vor allem mit einem aufmerksamen Team. Tel. 0878/64 99 38 41, http://lucysgardenhotel.com

## AKTIVITÄTEN

**Blue Marlin Dive.** Das 1992 auf Gili Trawangan eröffnete Tauchcenter gehört zu den Pionieren auf den Gilis und genießt nach wie vor einen hervorragenden Ruf. Heute hat es neben der Zentrale südlich des Anlegestegs auf Gili Trawangan auch Zweigstellen auf Gili Meno und Gili Air. Von den drei Inseln aus werden dieselben Tauchspots angefahren. Hier kann man sämtliche Tauchkurse machen, Tech-Diving ausprobieren oder Fun-Dives machen. Gili Trawangan: Tel. 0370/613 24 24 Gili Meno: Tel. 0819/07 41 20 24 Gili Air: Tel. 0811/390 88 21, www.bluemarlindive.com

## INFORMATION
### Island Hopping

Zwischen den drei Inseln gibt es einen regelmäßigen öffentlichen Bootsverkehr. Die aktuellen Abfahrts- und Ankunftszeiten erfragt man am besten in den Ticketbüros am jeweiligen Hafen.
Eine sehr gute Adresse für alle Informationen rund um die Gilis ist das Büro des Reiseunternehmens Perama auf Gili Trawangan. Neben dem Nachtmarkt, Tel. 0370/613 85 14.

**Gili Eco Trust.** Wer mehr über die Arbeit des Vereins wissen oder sogar mitmachen will, kann sich im Büro auf Gili Trawangan Informationen aus erster Hand holen. Mo–Fr 10–17 Uhr, Jalan Ikan Hiu, Tel. 0813/39 60 05, 53 http://giliecotrust.com

Im Spa Center Bulan Madu können Besucher mal so richtig entspannen.

# 47 Kuta auf Lombok
## Der nahezu unberührte Süden

**Süd–Lombok hat es noch nicht geschafft, in die Top Ten der Ziele zu gelangen, die man auf Bali und Lombok gesehen haben muss. Dabei wäre das durchaus gerechtfertigt, denn es gibt es eine abwechslungsreiche Landschaft und kilometerlange Strände, an denen man Robinson Crusoe spielen kann. Hier ist es heiß, im Ozean wird gesurft und an Strandbars kaltes Bier getrunken. Kuta auf Lombok, so heißt es, sei wie Kuta auf Bali – nur eben vor 20 Jahren und mit reichlich Potenzial.**

Eingeweihte wissen es längst und langsam spricht es sich überall herum: Im Südwesten von Lombok gibt es mit die besten Wellen in Indonesien und die wollen nicht nur in Bangko-Bangko geritten werden. Vor Belongas liegen mit den Tauchspots Cathedral und Magnet zwei der spannendsten der Region, an denen vor allem fortgeschrittene Taucher gefordert werden. Es gibt etliche Inseln, die längst nicht so weit entwickelt sind wie die berühmten Gilis. Dafür sind diese aber umso ursprünglicher und ruhiger, wie beispielsweise Gili Nanggu oder Gili Gede. Diese Inselchen sind bis jetzt noch nicht vom Massentourismus überlaufen, es lohnt sich daher unbedingt sie zu besuchen. Und es gibt den Ort Kuta. Dieser sollte nicht mit dem gleichnamigen auf Bali verwechselt werden, denn hier ist alles ganz anders. Oder auch nicht: Die Strände sind weiß, das Wasser ist kristallklar, Surfer bestimmen das Bild des Orts. Das haben beide gemeinsam. Aber Kuta auf Lombok, so sagt man, sei Kuta auf Bali gut 20 Jahre in der Entwicklung hinterher. Das aber war nicht so geplant.

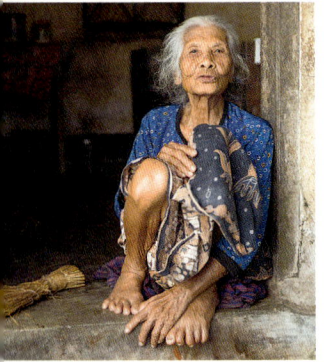

**Mitte:** Der menschenleere Strand von Tanjung Aan ist bekannt für seinen Kugelsand.
**Unten:** Plauderei mit einer Bewohnerin des Töpferdorfs Penujak.

Wild-romantisch ist die Landschaft in Süd-Lombok, der Ozean ist spektakulär.

# Ein Masterplan für Süd-Lombok

Der Süden der Insel wird von der Landwirtschaft bestimmt. Maniok und Kokospalmen werden angepflanzt, Rinder und Büffel gezüchtet, Reis wird geerntet. Es gibt etliche sehenswerte Sasak-Dörfer, wie beispielsweise Sade and Rambitan. Hier kann man noch ein wenig vom ursprünglichen Leben der Sasak erahnen, allerdings ist man auf Touristen eingestellt. Denn beide Dörfer liegen an der breit ausgebauten Hauptstraße, die den Internationalen Flughafen von Lombok mit der Südküste verbindet. Früh hatten die indonesische Regierung und Spekulanten mit Unterstützung der »Bali Tourism Development Cooperation« die Möglichkeiten der malerischen Region und des Örtchens entdeckt und einen Masterplan erstellt, den Mandalika-Masterplan. Laut ihm sollen die Küsten rund um Kuta in mehreren Schritten erschlossen werden. Bis 2021 sieht der Plan vor, dass gut 1000 Hektar Strandgrundstücke touristentauglich für das Mandalika Resort hergerichtet werden sollen. Mit Luxusvillen und Hotels und allem, was der Tourist und die Touristin aus den arabischen Ländern so braucht. Denn die vorherrschende Religion auf Lombok ist der Islam, also würden sich auf Lombok sicher auch wohlhabende Araber wohlfühlen. Bis heute sind etliche Straßen

*Nicht verpassen*

## SURFEN LERNEN

Wer es im balinesischen Kuta noch nicht probiert hat, der sollte es auf jeden Fall in Lomboks Kuta angehen: Surfen lernen. Immerhin gibt es hier die besten Wellen der Insel. Das beginnt im Westen beim Desert Point und geht bis weit in den Osten nach Ekas. Und mittendrin liegt Kuta. Ab hier werden Tagestrips zu den Spots organisiert. Anfänger sind gut aufgehoben in Selong Belanak. Fortgeschrittene zieht es nach Gerupuk, Are Guling, Ekas oder vor das Novotel, und Profis peilen Bangko-Bangko und Desert Point an. Zu den Spots wird man meist mit Fischerbooten gefahren, die mit einem Ausleger ausgestattet sind. Am Strand von Kuta und im Ort gibt es etliche Surfshops, bei denen man ein Board mieten kann. Wer sich nicht traut, der kann es auch mit Stand-up-Paddeling versuchen.

**KimenSurf.** Gute und zuverlässige Adresse für Equipment, Unterricht und Surfpakete. Jalan Raya Kuta-Mawun, Tel. 0370/615 50 64.

**Oben:** Im Dorf Sade kann man ein wenig erahnen vom Leben der einheimischen Sasak.
**Mitte:** Der Mawun Beach ist beliebt in Süd-Lombok.
**Unten:** Auch traditionelle Häuser im Lumbung-Baustil begegnen einem im Dorf Sade.

verbreitert oder geteert worden, einige Restaurants und Unterkünfte haben eröffnet – aber von den geplanten Baumaßnahmen im großen Stil ist noch nichts zu spüren. Der 2011 eröffnete neue Flughafen Lombok International Airport (LOP) musste bisher seine Leistungsfähigkeit kaum unter Beweis stellen. Der große Run auf die erwarteten internationalen Flugverbindungen blieb aus, und damit herrscht noch Ruhe im nur 30 Minuten vom Flughafen entfernten Kuta. Kuta auf Lombok bleibt also vorläufig 20 Jahre hinter Kuta auf Bali zurück. Was die Freunde der Landschaft und des Ortes ganz besonders freut. Die Strände von Selong Belanak, Mawun, Kuta oder Tanjung Aan sind weiterhin weiß, endlos, ruhig und einen Ausflug wert.

## Surfen und chillen in Kuta

Die Fahrt in den Süden von Lombok erzählt viel über die Vielfalt der Insel. Es gibt kleine Dörfer, Bauern sind auf dem Feld unterwegs. Es werden Tabak und Erdnüsse angebaut, und mit ein bisschen Glück sieht man noch einen Wasserbüffel, der vom Bauern geführt einen Pflug durch den Acker zieht. Die beiden Sasak-Dörfer Rambitan und Sade bieten einige historische Bauwerke, die man bei einem Rundgang anschauen kann. Bei Rambitan steht mit der Mesjid Kuno die älteste Moschee von Lombok auf einem Hügel. Bis heute wird an dem heiligen Platz gebetet. In Sade fallen die Wohnhäuser auf, die im klassischen Lumbung-Stil mit seinem auffällig gewölbten Dach erbaut wurden. Ein paar Kilometer weiter südlich folgt Kuta. Hier kommen seit Jahrzehnten Surfer her, um vor den nahen Buchten die Wellen zu reiten. In ihrem Gefolge auch andere Reisende, schnell ist am Kuta Beach ein funktionierendes Dorf mit touristischer Infrastruktur entstanden. Es gibt allerdings auch einen echten Ort mit dem

Von den Hügeln an der Küstenlinie eröffnen sich tolle Ausblicke. Hier: Seger Beach

*Einfach gut!*

Namen Kuta. Dieser liegt am westlichen Ende der Bucht und kündigt sich durch den oft umtriebigen Markt an. In Kuta gibt es nicht viel zu tun: Man kann sich an den Strand legen, schnorcheln, surfen und sich auf die kalten Getränke und warmen Speisen freuen, die die einfachen Strandbars anbieten. Wer ein Fahrzeug hat, fährt vielleicht zum nächsten Strand, Tanjung Aan, mit dem berühmten Kugelsand und noch weniger Menschen. Sobald es dunkel wird, sollte man wieder zurück sein. Denn dann werden die Lautstärkeregler aufgedreht und einige Partys steigen. Doch die Partyszene verläuft sich gut am langen Sandstrand. Die Unterkünfte sind meist recht einfach, aber ausreichend. Das bisher einzige »richtige« Hotel ist das Novotel am östlichen Ende der Bucht. Dieses wurde schon 1997 eröffnet. Der Strand nebenan ist benannt nach der Prinzessin Mandalika, einer beliebten Figur aus der Folklore der Sasak. Hier feiern im Februar oder März und bei Vollmond Tausende von Menschen das Fest Bau Nyale und versuchen, im Meer Nyale-Würmer zu fangen. Diese leuchten, wenn sie an die Oberfläche steigen. Man sammelt sie ein und backt sie eingerollt in Kokosblättern. Anschließend werden sie gemeinschaftlich verspeist.

### EIN NACHMITTAG IM ASHTARI RES-TAURANT

Das Ashtari liegt gute zwei Kilometer westlich von Kuta. Um dorthin zu kommen, muss man steil bergauf fahren. Umso schöner ist es, wenn man von der Terrasse des Restaurants wieder hinunterschauen kann auf Kuta und das blaue Meer. Hier kommen Vegetarier bestens auf ihre Kosten, und auch die Bio-Snacks sind vom Feinsten. Mit einem Healthy Breakfast beginnt der Tag, um dann langsam ins All Day Dining überzugehen. Mit ein bisschen Glück ist von den Sweet Treats noch ein Stückchen selbst gebackener Kuchen übrig. Spätestens zum szenischen Sonnenuntergang und rechtzeitig zu den Sunset Drinks wird es voll. Das Haus bietet auch Yoga-Unterricht mit Aussicht an.

**Ashtari Lounge & Kitchen.** Tgl. 8–22.30 Uhr. Jalan Raya Kuta-Mawun, Tel. 0877/65 49 76 25, www.ashtarilombok.com

## Von Kuta Richtung Sekotong

Mit Zunahme der Investitionen im Süden von Lombok ist auch die Qualität der Straßen deutlich angestiegen. Was früher holprige Feldwege waren, sind heute brauchbare Straßen. Diese führen entlang der Küste ab Kuta Richtung Westen und damit Richtung Belongas. Dabei passiert man wunderschöne Strände, die scheinbar einem Bilderbuch entstammen. Darunter Mawun oder Selong Belanak. Hier gibt es immer einen Parkplatz, ein paar Imbiss-Stände und Warungs sowie Kühlschränke für Kaltgetränke. Verhungern und verdursten muss hier niemand. In Selong Belanak kann man sich entscheiden, ob man Richtung Flughafen weiterfährt, also ins Innere von Lombok, oder an der Küste bleibt. Hier folgt der Ort Sepi, von dem man mit dem Boot zum Tauchziel Belongas übersetzen kann, in der Trockenzeit tut es ein SUV oder ein geduldiges Moped. Ab Sepi geht es auch weiter Richtung Sekotong und die Gilis, die hier die Küste Lomboks zieren und auf ihre Entdeckung warten. Umgeben sind sie immer von Korallenbänken, ideal zum Schnorcheln. Gili Nanggu und Gili Gede gehören dazu, Gili Layar mausert sich gerade zu einem neuen Paradies in den Tropen. Wer jetzt noch genug Energie hat, fährt den Landzipfel Richtung Westen aus und gelangt nach Bangko-Bangko. Desert Point, der Strand vor dem Ort, gilt als einer der besten und forderndsten Surfspots in Indonesien.

**Oben:** Das Dorf Sukarara im Süden Lomboks ist bekannt für seine Webereikunst.
**Mitte:** Ideal für Strandläufer und Sonnenanbeter: der lange Strand von Mawun Beach
**Unten:** Kurze Pause während der Reisernte auf der Halbinsel Ekas

# Infos und Adressen

### ESSEN UND TRINKEN

**Laut Biru Bar & Restaurant.** Die 2014 eröffnete Bar mit Restaurant in Selong Belanak gehört zu den Sempiak Villas und ist ein beliebter Anlaufpunkt für Sonnenhungrige und Wasserratten. Denn das Meer ist nur ein paar Schritte entfernt, und sowohl die Snacks als auch die Cocktails sind ungemein verlockend. Tgl. 8–21 Uhr. Selong Belanak, Tel. 0821/44 30 33 39, http://sempiakvillas.com/laut-biru-bar-restaurant

**Nugget's Corner.** Mitten im Ort, kürzlich renoviert und weithin bekannt für die Thunfisch-Steaks. Es gibt auch einen klimatisierten Speiseraum. Tgl. 7.30–23 Uhr. Jalan Raya Kuta, Kuta, Tel. 087/891 31 74 31.

### ÜBERNACHTEN

**Sempiak Villas.** Hier kann man erleben, was passiert, wenn reichlich Kapital und Geschmack zusammenkommen. Das Ergebnis ist eine Bungalowanlage vom Feinsten. Jeder Bungalow ist an den Hügelhang gebaut und bietet damit tolle Ausblicke auf Strand und Meer. Für den Bau wurden nur heimische Hölzer verwendet, sehr schick. Selong Belanak, Tel. 0821/44 30 33 37, http://sempiakvillas.com

**The LivingRoom Hostel.** Das geschmackvoll eingerichtete LivingRoom wurde im November 2016 eröffnet. Es liegt mitten im Ort Kuta, bis zum Strand sind es drei Fußminuten. Wer mit Hostelcharakter übernachten will, bettet sein Haupt in einem der Schlafsäle. Wer mehr Wert auf Privatleben legt, für den gibt es auch ein nettes Doppelzimmer. Das Haus bietet auch Ausflüge in die Region an. Jalan Mawun 1, Kuta, Tel. 0823/39 42 18 68, http://thelivingroomlombok.com

In den Sasak-Dörfern im Süden ist die Tankstelle oft der Mittelpunkt des Lebens.

# 48 Gunung Rinjani
## Aufstieg auf den Vulkan

**Der Vulkan Gunung Rinjani auf Lombok ist das, was der Gunung Agung für Bali darstellt: der heilige Berg der Insel. Für die Balinesen gehört er zu den drei heiligsten Bergen überhaupt, zusammen mit dem Gunung Agung und dem Bromo auf Java. Hindus und Sasak pilgern gleichermaßen hinauf, um zu beten und zu opfern. Urlauber machen sich auf die anstrengende Tour, um ein Trekking-Abenteuer zu erleben.**

Mit 3726 Metern Höhe ist der Gunung Rinjani der zweithöchste Vulkan Indonesiens. Nur der Kerinci auf Sumatra sticht ihn mit seinen 3805 Metern aus. Der Rinjani ist Teil des sogenannten Sunda-Bogens mit Vulkanen, die zum größten Teil als eruptionsgefährdet gelten. So brach der Tambora auf Sumbawa, ebenfalls Teil des Sunda-Bogens, im Jahre 1815 mit der stärksten vulkanischen Eruption der Geschichte aus. Man nimmt an, dass der Ausbruch das Klima auf der ganzen Welt veränderte.

## Vulkan beeinflusst das Klima

Der Rinjani als Vulkan bestimmt das Bild von Lombok: Er beeinflusst das Klima auf der Insel und sorgt dafür, dass sich an seinen Hängen die Regenwolken ihrer Last entledigen. Ganz nebenbei sorgte und sorgt sein Ascheregen für fruchtbare Böden. Hier wachsen und gedeihen Reis und Tabak, Erdnüsse und Mangos, Sojabohnen und Kaffee, Baumwolle und Zimt, Vanille und Teakholz. Auch die Tierwelt ist vielfältig: Es tummeln sich Affen und Stachelschweine, Leoparden, Schlangen

**Mitte:** Er überragt Lombok und ist für das Klima verantwortlich: der Gunung Rinjani.
**Unten:** Wer in Richtung Gipfel wandert, passiert fruchtbare Wälder, Plantagen und Felder.

Der Kratersee mit dem »kleinen Berg«, der Mitte der 1990er-Jahre entstand

und Mähnenhirsche, Gelbhaubenkakadus oder der Schwarznackenpirol. Ganz davon abgesehen kann man den Vulkan auf Lombok von fast jeder Ecke aus sehen.

## Vulkanausbrüche in der Vergangenheit

Der Gunung Rinjani ist ein aktiver Vulkan, der öfters von sich reden macht. Die erste schriftlich festgehaltene Eruption gab es im Jahr 1847, die letzte am 1. Oktober 2004. Dazwischen lagen einige Ausbrüche, die das Bild des Vulkans geprägt haben. Denn die Eruptionen von 1994, 1995 und 1996 hinterließen einen kleinen Vulkankegel im Inneren des Kratersees. Dieser heißt jetzt Gunung Baru Jari (»Neuer Berg«) und liegt in gut 2300 Metern Höhe über dem Meeresspiegel. Am 23. und 24. Mai 2010 grummelte der neue Berg und stieß Vulkanasche aus. Diese stieg bis zu zwei Kilometer hoch in die Atmosphäre und bedeckte am Boden die Ernte. Die Lava, die in den Kratersee floss, erhitzte diesen kurzzeitig von 21 auf 35 Grad. Auch wenn die umliegenden Dörfer und ihre Bewohner nicht akut bedroht waren, wurde der Zugang zum Vulkan kurzfristig für Wanderer geschlossen oder

*Geheimtipp*

### ERFRISCHUNG IM WASSERFALL

Am Tag vor oder am Tag nach dem Aufstieg auf den Rinjani lockt zurück am Ausgangsort Senaru eine kühle Erfrischung am Hang des Vulkans. Denn rund um Senaru gibt es drei schöne und besuchenswerte Wasserfälle: den von Senanggile, den Tiu Kelep und den Betara Lenjang. Besonders der Wasserfall von Senanggile, der in gut 600 Metern Höhe liegt, ist bei den Einheimischen beliebt. Auch Touristen können ihn bei einer kleinen Wanderung besuchen – mit oder ohne Führer: Ab Senaru geht es in einer gut 30-minütigen Wanderung Richtung Südosten erst steile Treppenstufen hinunter und dann durch ein üppig bewachsenes Tal. Der Weg lohnt, denn das kalte Wasser stürzt hier aus 31 Metern Höhe und über zwei Stufen in die Tiefe. Das Becken darunter dient den Einheimischen als Planschbecken, und Urlauber sind eingeladen, sich hier zu erfrischen.

**Oben:** Der Gunung Rinjani ist ein aktiver Vulkan, an vielen Stellen tritt Schwefel aus.
**Mitte:** Beim Aufstieg locken drei Rastplätze, auf dem Kraterrand kann man übernachten.
**Unten:** Träger bringen Zelte und Verpflegung auf den Berg.

eingeschränkt. Seitdem steht über dem Gunung Baru Jari eine beständige Rauchfahne. Seine Lavaströme ergossen sich in den See mit dem Namen Segara Anak, der in der Mitte der Caldera liegt. Der Kraterrand selbst bildet ein lang gestrecktes Oval mit einer Größe von 6 x 8,5 Kilometern. Der Segara Anak inmitten der Caldera liegt auf gut 2000 Metern Höhe und soll bis zu 300 Meter tief sein. Mutige wagen den Sprung hinein. Innerhalb des Kraters gibt es etliche heiße Quellen.

## Seit 1997 Nationalpark

Bei so vielen Sehenswürdigkeiten ist es kein Wunder, dass der Rinjani seit vielen Jahren Besucher aus der ganzen Welt anzieht. Aus diesem Grund und zu seinem Schutz wurde das Gebiet 1997 zum Nationalpark erklärt. Seitdem darf hier kein Holz mehr eingeschlagen werden, und die Besucherströme sollen in gelenkte Bahnen geführt werden. Was auch nötig ist, denn die Zahl der Wanderer ist in den letzten zehn Jahren stetig gestiegen. Seit 2013 reisen jedes Jahr mehr als 60 000 Menschen an, um den Berg zu erklimmen. Sie ersteigen den Kraterrand, und die fortgeschrittenen Wanderer schaffen es auch auf den Gipfel. Zu den verschiedenen Highlights wie dem Gipfel, dem neuen Berg Gunung Baru Jari oder dem Kratersee Segara Anak führen einige mehr oder weniger gut begangene und dementsprechend markierte Routen. Da es in den letzten Jahren einige Unfälle bei der Ersteigung des Berges gab, darf der Rinjani offiziell nur noch mit einem ortskundigen Führer bestiegen werden. Das kann man umgehen, indem man im Nationalpark-Büro ein dementsprechendes Formular unterzeichnet und auf eigene Verantwortung loszieht. Darüber hinaus sollte man beachten, dass die Wege auch außerhalb der Regenzeit rutschig werden können und dass es auf dem Gipfel kalt ist. Gutes Equipment ist also angebracht.

# Besteigung des Gunung Rinjani

**Anfahrt:** Senaru, am besten mit dem eigenen Fahrzeug oder einer organisierten Tour anreisen.
**Ausgangspunkt:** Senaru – am oberen Ortsausgang liegt das Büro des Rinjani Trek Management Board (RTMB), in dem man die Eintrittsgebühr für den Park bezahlen muss.
**Ziel:** Kraterrand, Kratersee und Gipfel
**Länge:** ca. 8 km
**Höhenunterschied:** ca. 2000 m bis zum Kraterrand, ca. 2800 m bis auf den Gipfel
**Verpflegung:** Bei einer organisierten Tour ist die Verpflegung inklusive.
**Wegbeschaffenheit:** Teilweise steile Anstiege über Geröllhalden, schmale Grate auf dem Kraterrand.
**Variante:** Aufstieg ab Sembalun Lawang (1150 Meter Höhe).

**Ⓐ Rastplatz** – Der Weg führt am ersten Tag ab Senaru bis zum Kraterrand. Zurückzulegen sind gut 2000 Höhenmeter, die man in sieben bis acht Stunden leisten kann. Dabei passiert man die Rastplätze Pos I bis Pos III. Oben und auf 2641 Metern Höhe angekommen, kann man auf dem Rastplatz Pelawangan I übernachten

**Ⓑ Kratersee** – Der zweite Tag führt die Wanderer zu den sehenswerten Ufern des Kratersees.

**Ⓒ Heiße Quellen** – Hier können sich die müden Muskeln der Wanderer wieder ein bisschen erholen.

**Ⓓ Gunung Baru Jari** – Nach kurzer Erholung geht es weiter auf den »neuen Berg«, den Gunung Baru Jari.

**Ⓔ Gipfel des Gunung Rinjani** – Nach einer Übernachtung auf dem Rastplatz Pelawangan II und auf 2680 Metern geht es am dritten Tag in den frühesten Morgenstunden auf den Gipfel des Gunung Rinjani und damit auf 3726 Meter Höhe. Dann wandert man zurück nach Senaru oder schlägt einen anderen Rückweg ein und steigt nach Sembalun Lawang hinab.

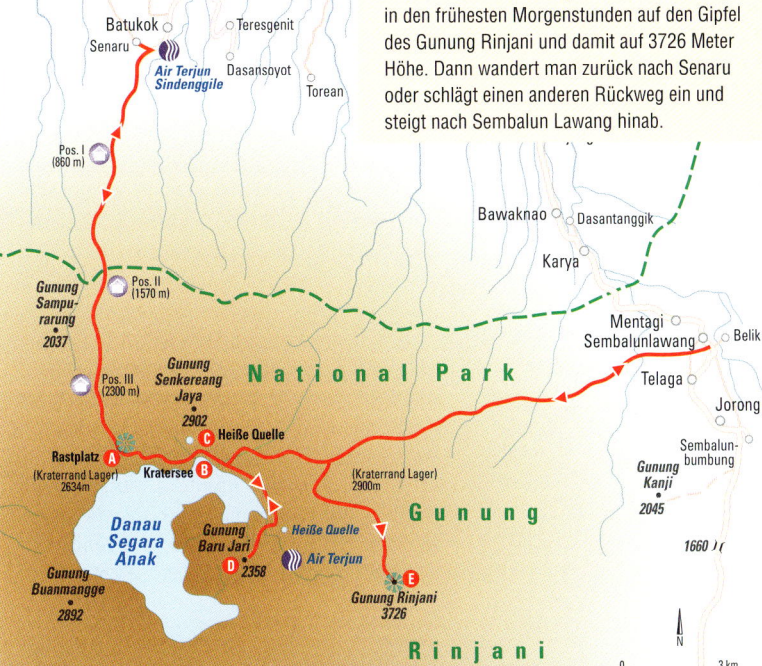

Die Belohnung für den anstrengenden Aufstieg ist der sensationelle Ausblick.

*Nicht verpassen*

## EIN BESUCH BEI DEN SASAK

Wer nicht die Möglichkeit hat, das schöne Sasak-Dorf Teres Genit oberhalb von Bayan zu besuchen, der bekommt in Senaru noch eine Chance: Neben dem Rinjani Trekking Center, wo der Aufstieg auf den Vulkan beginnt, befindet sich ein kleines Vorzeigedorf der Sasak, das Senaru Traditional Village. Hier kann man sich auf eigene Faust oder mit einem Führer in die Welt der Sasak entführen lassen. Man kann sich das tägliche Leben sowie den Glauben der Ureinwohner Lomboks erklären lassen, auch eine Besichtigung der Häuser, Werkstätten und Gärten ist möglich. Hier führen Bauern ihre Kuh auf den Acker, und beide lassen sich durch neugierige Touristen nicht stören. Die Mutter des Hauses kocht das Mittagessen in einem großen Topf, Hunde schlafen im Schatten, Hühner picken Brotsamen auf und Kinder spielen in den Gassen.

## Mulang Pakelem: Prozession zum Heiligtum

Jedes Jahr zum Vollmond im Oktober oder November ist der Rinjani das Ziel einer ganz besonderen Prozession: Mulang Pakelem heißt die Hindu-Zeremonie, die Hunderte von Teilnehmern auf den Berg lockt. Die Geschichte der Zeremonie, bei der am Kratersee um ein erfolgreiches und sicheres Leben gebeten wird, geht wohl auf das 18. Jahrhundert zurück. Damals kamen die ersten Balinesen nach Lombok, um sich hier anzusiedeln. Doch der Start war nicht leicht. Sie mussten sich mit Epidemien und Dürren auseinandersetzen und waren sich bald einig, dass sie den Geist des Berges auf ihre Seite ziehen müssten, um Ungemach zu vermeiden. Also pilgerten sie zum See und opferten hier reichlich Gold und Silber, indem sie es in den See warfen. Offensichtlich konnte so der Geist des Berges wohl gestimmt werden. Heute gilt der Kratersee den Hindus als heiligster Platz Lomboks. Jahr für Jahr wird sein heiliges Wasser nach der Mulang-Pakelem-Zeremonie mit ins Tal genommen, um damit die Tiere und Felder zu Füßen des Vulkans zu weihen. Urlauber, die zu dieser Zeit auf der Insel sind, sollten sich das Spektakel nicht entgehen lassen.

# Infos und Adressen

### SEHENSWÜRDIGKEITEN

**Rinjani Trekking Center.** Hier muss die Eintrittsgebühr entrichtet werden (150 000 Rp. pro Person). Davon gehen 13 Prozent direkt an den Rinjani National Park, 62 Prozent an das Rinjani Ecotourism Program und 25 Prozent in die Erhaltung der Wege und der Rastplätze. Jalan Pariwisata, Senaru, Tel. 0370/63 19 32, https://rinjanitrekkingcenter.com

### ESSEN UND TRINKEN

Die Guesthouses bieten auch Mahlzeiten an. Wer aber neue Erfahrungen machen will, der sucht einen der einfachen Warungs entlang der Straße zwischen Senaru und Batu Koq auf. Hier gibt es Original-Sasak-Speisen wie beispielsweise Sate pusut ayam, gehacktes Huhn, am Spieß gebraten und dann mit Erdnuss-Soße serviert.

### ÜBERNACHTEN

**Horizont Senaru Villa & Restaurant.** Einfach, aber nett. Hier übernachtet man in einem Bungalow mit großen Zimmern und kann den Blick auf den Rinjani genießen. Senaru, Tel. 0818/03 67 60 69, http://horizonsenaru.com

**Pondok Senaru.** Bietet ein bisschen mehr Komfort und ist daher ein wenig teurer als das Horizont Senaru, die Ausblicke aber sind vergleichbar schön. Jalan Pariwisata, Senaru, Tel. 0818/03 62 41 29, www.pondoksenaru.com

### AKTIVITÄTEN

**Rinjani Trekking Club.** Wer nicht extra nach Senaru fahren will, um den Aufstieg auf den Rinjani zu organisieren, sollte sich an das nette Team des Rinjani Trekking Clubs in Senggigi wenden. Hier werden Komplettpakete angeboten, bei denen die Anfahrt ab Senggigi schon inklusive ist – genauso wie die Isomatten und das Zelt. Bei den teureren Wanderungen ist sogar eine Flasche Bier pro Tag dabei. Tgl. 9–17 Uhr. Jalan Raya Senggigi, Senggigi, Tel. 0370/69 32 02.

Wer müde Knochen hat, kann in den heißen Quellen wieder Kraft schöpfen.

# DIE SASAK
## Lomboks Ureinwohner

Sasak lächeln nicht so viel wie Balinesen, Freundschaften kann man trotzdem schließen.

**Die Ureinwohner von Lombok, die Sasak, bilden gut 85 Prozent der drei Millionen Einwohner von Lombok. Die Herkunft des Volksstammes ist bis heute nicht eindeutig geklärt. Trotzdem haben sich die Bräuche, die Architektur, der Glaube und die Sprache bis heute erhalten können. Wer also die Gelegenheit hat, sollte bei einem Lombok-Urlaub den Besuch eines traditionellen Sasak-Dorfs einplanen.**

Die Herkunft der Sasak wird von den Forschern zurückgeführt auf Siedler, die noch vor Christi Geburt von Malaysia weiter Richtung Osten vorstießen und auf hier ansässige Austronesier stießen. Diese waren wohl seit dem zweiten Jahrtausend v. Chr. in der Gegend heimisch. Sicher ist, dass die Sasak schon da waren, als im 14. Jahrhundert die Hindus aus dem muslimisch eroberten Java auf die Inseln weiter östlich flüchten mussten. Doch anders als in Bali fasste der Islam spätestens im 16. Jahrhundert auch auf Lombok Fuß und vermischte sich mit dem Urglauben der Sasak, der wiederum bereits angereichert war durch Hinduismus und Buddhismus. Dabei kam eine einzigartige Mischung heraus mit dem Namen Wetu Tulu.

## Wetu Tulu – Religion der Sasak

Wetu Tulu bedeutet, aus dem Indonesischen übersetzt, »drei Zeiten«. Denn die Sasak beten, anders als im Islam vorgesehen, dreimal am Tag. Damit folgen sie dem Lauf des Lebens, denn die drei Gebete stehen für Geburt, Heirat und Tod. Gleichzeitig aber gelten die islamischen Feiertage, und es werden Zeremonien durchgeführt, die sich auf den Urglauben an die Natur und die Gewalten berufen. In Bayan, im Norden von Lombok, steht die älteste und wichtigste Moschee

der Wetu Tulu. Um Bayan herum wird noch streng nach dem Glauben gelebt. Abseits des harten Kerns hat sich aber eine weitere Annäherung an den Islam und seine strengen Regeln durchgesetzt: Wetu Lima (»fünf Zeiten«). Hier wird, wie bei den sunnitischen Moslems üblich, fünfmal am Tag gebetet. Doch das Religionsleben ist auf Lombok durchaus lebendig und weitgehend von Toleranz geprägt. Wer die Möglichkeit hat, Lingsar in West-Lombok zu besuchen, sollte im einzigen Hindutempel der Welt vorbeischauen, in dem muslimische Sasak und Hindus gemeinsam beten.

## Balinesische Eroberungen

Auf Lombok ging es im 16. und 17. Jahrhundert ähnlich zu wie auf Bali: Die Fürstenhäuser waren untereinander zerstritten. Daher gab es keine große Gegenwehr, als die Balinesen im 17. Jahrhundert an der Westküste Lomboks landeten. Und sie blieben mehr als 150 Jahre, einige Familien sind noch heute da. Die Balinesen brachten den Subak mit, ihre Tänze und die Musik sowie ihre Tempel. Von denen stehen heute noch etliche an der Westküste Lomboks wie beispielsweise der Pura Batu Bolong bei Senggigi. Er ist einer der ältesten balinesischen Tempel auf der Insel – bis heute werden hier balinesische Zeremonien abgehalten.

## Festivals und Zeremonien

Es gibt bis heute einige Festivals und
Zeremonien, die auf Wetu Tulu und den
Urglauben der Menschen zurückgeführt
werden können. Dazu gehört beispielsweise Lebaran Topat, das sieben Tage
nach Ende des Ramadans stattfindet.
Dann pilgern die Angehörigen der Verstorbenen auf den Friedhof von Bintaro
bei Ampenan und verspritzen Wasser
über die Grabstätten, hinterlassen Blumen und andere Opfergaben.

Peresean ist das für Touristen sicher
interessanteste Spektakel. Hierbei handelt es sich um ein Duell, bei dem zwei
Sasak-Männer mit Rattan-Stöcken aufeinander einschlagen und gleichzeitig
versuchen, sich hinter einem Schild aus
Büffelleder in Sicherheit zu bringen.
Die »Schlägereien« finden meist um
den Unabhängigkeitstag am 17. August
herum statt – kurz vor dem Beginn der
Regenzeit. Denn je mehr Blut spritze, so
heißt es, desto mehr Regen würde die
kommende Regenzeit bringen. Allerdings
gibt es auch touristentaugliche Pere-
sean-Wettbewerbe, beispielsweise zum
Senggigi Festival, das jedes Jahr im September abgehalten wird.

## Bis heute erhalten

Es gibt einige Elemente aus der Sa-
sak-Kultur, die bis heute erhalten geblieben sind. Mit ein bisschen Glück kann
man als Urlauber einer Vorstellung bei-
wohnen. Dazu gehört beispielsweise der
Tanz *Gandrung*, der zu Ehren der Frucht-
barkeits- und Reisgöttin Dewi Sri aufgeführt wird. Oder *Gedang Beleq*: Zwei
Trommeln und ein Gamelan-Orchester
begleiten mit gewaltiger Lautstärke
die Sasak-Krieger in die vermeintliche
Schlacht. Auch der Ikat, handgewobener
Stoff, hat bei den Sasak – wie bei den
Bali Aga – eine eigene Geschichte. Als
Songket enthält er Goldfäden und kann
damit ungemein wertvoll werden. Wer
sich einen schönen Ikat oder Songket
zulegen will, ist sicher richtig im Ort
Sukarare bei Praya.

## Traditionelle Häuser und Dörfer

Auch die Architektur der Sasak ist erhalten geblieben und kann in traditionellen
Dörfern wie Teres Genit an der Westküste besichtigt werden. Hier stehen die
geduckt wirkenden Häuser leicht erhöht
und eng aneinandergebaut, damit sie so
wenig Platz wie möglich verbrauchen.
Denn das Dorf kann es sich nicht leisten,

Im Dorf Sade werden alte Bräuche bewahrt –
wie beispielsweise Peresean, ein Duell.

Die Bambus-Moschee Mesjid Kuno bei Rambitan ist die älteste Moschee auf Lombok.

wertvolle Ackerfläche für den Häuser-
bau einzubüßen. Die Dächer sind mit
Alang-Alang eingedeckt und die Wände
sind aus Lehm. Häufig wird der Lehm mit
Kuhmist eingeschmiert. So, sagen die
Sasak, bleiben sowohl die Mücken als
auch die bösen Geister fern. Neben den
Wohnhäusern stehen die strohgedeckten
Reishütten, die mit ihren gewölbten Dä-
chern im Lumbung-Stil erbaut sind. Die
Mitte eines Sasak-Dorfes bildet traditionell die Moschee mit ihrem strohgedeckten Dach in Pyramidenform.

## Kleine Sprachhilfe Sasak

Wer länger auf Lombok unterwegs ist
oder in die dörfliche Welt der Sasak tiefer eintauchen will, der kann sicher ein
paar Brocken Sasak (oder korrekt: Bahasa
Sasak) gebrauchen. Sofort fällt auf, dass
man sich meist nicht mit »Wie geht's?«
begrüßt, sondern mit »Wo gehst Du
(gehen Sie) hin?«, was auf Sasak »Ojok
um bay?« heißt. Die immer passende

Antwort lautet »Lampat lampat«, »Ich
gehe spazieren«.

Ein paar weitere nützliche Phrasen:
**Guten Morgen / guten Tag / guten
Abend** – Sampun
**Wo ist ...?** – Um bay tao ...?
**Wie geht es Dir/Ihnen?** – Berembe
kabar side?
**Mit geht's gut** – Tiang sehat / Bagus /
Solah
**Und Ihnen?** – Berem bay sida?
Wie viele Kinder haben Sie? – Pira kanak
de?
**Bis dann / Auf Wiedersehen!** – Lemaq
ite bedait
**Kein Problem** – Nday kambay-kambay

Zahlen:
| | |
|---|---|
| 0 – Ndarak | 6 – Enam |
| 1 – Skek | 7 – Pituk |
| 2 – Dua | 8 – Baluk |
| 3 – Telu | 9 – Siwak |
| 4 – Empat | 10 – Sepulu |
| 5 – Lima | |

# 49 Senggigi
## Einsame Strände und Party

**Senggigi an der Westküste von Lombok ist die touristische Metropole der Insel. Nicht weit von der hektischen Hauptstadt Mataram entfernt, bietet der Ort neben wunderschönen und leeren Strandabschnitten sowie einem sehenswerten Sonnenuntergang vor allem kulinarische Highlights. Anschließend fällt der fließende Übergang ins ausschweifende Nachtleben Senggigis leicht.**

Die guten Zeiten Senggigis sind wohl vorbei, wie man bei einem Besuch schnell bemerkt. Es gibt etliche Investitionsruinen am Straßenrand, und der Ort macht einen leicht verschlafenen Eindruck. Das ändert sich allerdings mit dem Sonnenuntergang, wenn viele Expats – Menschen aus dem Westen, die sich hier niedergelassen haben – aus ihren Villen in den umliegenden Hügeln in den Ort herunterkommen. Denn in Senggigi locken gute Küche, gute Gespräche und ein Nachtleben, das für Lomboker Verhältnisse geradezu ausschweifend ist. Da die Hauptstadt von Lombok, Mataram, nicht weit entfernt ist, finden sich in Senggigi auch etliche indonesische Großstädter ein, die ein wenig Spaß haben wollen – Islam hin oder her. Dafür stehen die zahlreichen Karaoke-Bars, die die Straße nach Senggigi zieren.

## Ruf reicht bis nach Bali

Der Ruf Senggigis hat sich längst bis nach Bali herumgesprochen. Auch wenn die Dichte an Nachtleben in Senggigi längst nicht mit Süd-Bali mithalten kann. Aber hier kennt einen vielleicht keiner, und für ein Dirty Weekend ist Senggigi

**Mitte:** Freundliche Begrüßung: Touristen sind eine gerne gesehene Attraktion auf Lombok.
**Unten:** Jeden Abend Livemusik – das Happy Café ist weithin bekannt, gute Stimmung inklusive.

# Infos und Adressen

immer eine Reise wert. Umso mehr, als dass die Speedboote zu den Gilis unterwegs auch auf Lombok Halt machen. So kann es durchaus passieren, dass der Restaurant-Chef, den man vorgestern noch in Seminyak hinter der Theke gesehen hat, heute mit seinen Kumpels im Happy Café bis in die frühen Morgenstunden kräftig auf die Pauke haut. Vorher hat er mit einem neuseeländischen Investor königlich im Asmara-Restaurant diniert – der auf Lombok ein Weingut eröffnen will. Daneben sitzen ein paar Rucksackreisende, die morgen die Überfahrt Richtung Gilis angehen und sich zum Abschluss vor dem Inselabenteuer noch einmal richtig stärken wollen. Was kein Problem in Senggigi ist.

### ESSEN UND TRINKEN
**Asmara Restaurant.** Das Asmara ist seit seiner Eröffnung 1997 eine kulinarische Konstante in Senggigi. Die in Bayern geborene Inhaberin Sakinah leitet seitdem das freundliche Haus mit Herz und Verstand. Tgl. 8.30–23.30. Jalan Raya Senggigi, Tel. 0370/69 36 19, www.asmara-group.com

### ÜBERNACHTEN
**Sheraton Senggigi Beach Resort.** Eine gute Wahl für eine komfortable Unterkunft. Das Hotel liegt nicht weit vom Nachtleben entfernt und trotzdem ruhig am Strand. Jalan Raya Senggigi km 8, Tel. 0370/69 33 33, www.sheratonsenggigi.com

### NACHTLEBEN
**Happy Café.** Hier geht allabendlich die Post ab, bei guten Speisen, guter Stimmung und Livemusik. So–Fr 10–1 Uhr, Sa 13–1 Uhr. Jalan Raya Senggigi, Tel. 0370/69 39 84.

**Papaya Café.** Auch hier wird wie im Happy Café Livemusik geboten, aber das Musikprogramm ist deutlich ausgefallener – bis hin zum Jazz-Abend. Tgl. 17–24 Uhr. Jalan Raya Senggigi, Tel. 0370/69 36 16.

Auch Touristen-Bungalows werden im Lumbung-Stil erbaut, hier in Rajas Guesthouse.

# 50 Nord-Lombok
## Leben am Fuße des Gunung Rinjani

**Der vom majestätischen Gunung Rinjani überragte Norden Lomboks wird von Urlaubern wenig besucht. Das ist schade. Denn hier gibt es Reisterrassen, die denen auf Bali in ihrer Opulenz in nichts nachstehen. Man verläuft sich an kilometerlangen, einsamen Sandstränden und kann vom Tourismus nahezu unberührte Dörfer der einheimischen Sasak besuchen. Hier sind Besucher aus dem Westen noch eine Besonderheit. Und wer ein paar Brocken Indonesisch kann, wird schnell Freunde finden.**

Für Urlauber endet die Reise in den Norden von Lombok meist im Ort Bangsal. Ab hier starten die Fähren auf die beliebten Gilis. Bangsal gilt besonders in der Nähe des Hafengeländes als aufdringlich und hektisch.

## Den Norden erobern

Es lohnt sich, auf der Jalan Raya Richtung Norden weiterzufahren. In Nord-Lombok ist der Verkehr längst nicht so dicht und stressig wie beispielsweise auf Bali. Es folgen linker Hand kilometerlange einsame Strände, nur spärlich belebt von einer Handvoll Fischerbooten und ein paar Hütten. Auf der rechten Seite der Straße steigen die Hänge langsam an, und der sattgrün bewachsene Vulkan Rinjani bildet von allen Himmelsrichtungen aus gesehen den Mittelpunkt. Dschungel, Regenwald, Wasserfälle, Mahagoni- und Teakplantagen sowie ausladende Reisfelder bestimmen jetzt das Bild – ideal für Naturliebhaber und Wanderer.

**Mitte:** Die urwüchsige Landschaft Nord-Lomboks glänzt mit unberührter Natur.
**Unten:** Hier kommen Pflanzen-, Tier- und Wanderfreunde sicher auf ihre Kosten.

# Zu Besuch bei den Sasak

Die wahre Attraktion aber sind die Dörfer in den
Bergen. Meist führt nur eine schmale Straße
dorthin, aber eine Expedition lohnt sich immer. So
kann man beispielsweise bei Gondang die Wasserfälle von Kerta Gangga besuchen oder den Tiu
Pupus-Wasserfall 30 Wanderminuten weiter. Das
Sasak-Dorf Kerurak gehört mit ins Ausflugspro-
gramm. Bayan, gut 30 Kilometer Richtung Norden,
ist die Heimat der Wetu Tulu-Religion. Wer hier
der steil aufsteigenden Straße folgt, erreicht bald
eine Unterkunft, die ihresgleichen sucht: Der Rinjani Mountain Garden ist ein schönes Guesthouse
mitten in den Reisfeldern. In Gehweite liegt ein
freundliches Sasak-Dorf: Teres Genit. Besucher
sind immer willkommen.

Ein Besuch in einem der unberührten Sasak-Dörfer des
Nordens lohnt sich immer.

## Infos und Adressen

### SEHENSWÜRDIGKEITEN
**Kerta Gangga-Wasserfälle** und
**Tiu Pupus-Wasserfall.** Die Anfahrt
ist ab Gondang ausgeschildert.

### ESSEN UND TRINKEN
**Rifka Cafe Rinjani.** Auf halber
Strecke zwischen Bayan und dem
Rinjani Mountain Garden lohnt das
freundliche Rifka Cafe zu einen
Zwischenstopp, Jalan Pariwisata,
Bayan, Tel. 0878/64 00 34 17,
www.facebook.com/Rifka-cafe-
rinjani-832804963495844

### ÜBERNACHTEN
**Rinjani Mountain Garden.** Lom-
bok von seiner schönsten Seite:
Die Deutschen Toni und Roland
haben sich hier ihr ganz persön-
liches Paradies geschaffen. Das
Guesthouse liegt an den Hängen
des Rinjani und mitten in den
Reisfeldern. Es bietet grandiose
Ausblicke und sehr schöne
Bungalows. Roland verstarb im
Oktober 2016 unerwartet, aber
seine Lebensgefährtin Toni führt
das Haus weiter. Ein Highlight ist
ein Spaziergang durch die Reisfel-
der zum nahen Sasak-Dorf Teres
Genit. Jalan Teres Genit, Bayan,
Tel. 0818/56 97 30.

# REISEINFOS

### Bali und Lombok von A–Z     270

Anreise, Diplomatische Vertretungen, Einreisebestimmungen, Einkaufen, Feiertage, Fremdenverkehrsämter, Impfungen, Internet/Telefon, Kleiderordnung, Klima/Reisezeit, Medizinische Versorgung, Notrufnummern, Öffnungszeiten, Rauchen und Alkohol, Sicherheit, Sprache, Transport, Trinkgeld, Trinkwasser, Uhrzeit, Währung, Wellness

### Kalender     274

### Bali und Lombok für Kinder und Familien     280

### Kleiner Sprachführer     284

Noch warten die Liegen an einer Strandbar auf Gili Trawangan auf den Ansturm.

Dreamland Beach: Die Surfspots auf der Halbinsel Bukit sind nichts für Anfänger.

# Anreise

Balis einziger internationaler Flughafen Ngurah Rai (DPS) wird von zahlreichen Fluglinien aus aller Welt angeflogen. Allerdings gibt es keine Direktverbindungen von Mitteleuropa nach Bali, man muss einen Zwischenstopp einplanen. Lomboks internationaler Flughafen (LOP) wird nur innerindonesisch oder von Singapur und anderen asiatischen Ländern angeflogen.

Mit Zug und Bus kann man von der Nachbarinsel Java, beispielsweise ab Jakarta, Richtung Bali oder Lombok fahren. Allerdings gibt es weder auf Bali noch auf Lombok Zugverbindungen. Somit endet die Zuglinie in Banyuwangi auf Java, dann heißt es umsteigen in die Fähre nach Gilimanuk auf Bali. Von dort geht es mit dem Bus weiter.

# Diplomatische Vertretungen

**Deutsches Konsulat,** Jalan Pantai Karang 17, Sanur, Tel. 0361/28 85 35. **Österreichische Botschaft Jakarta,** Jalan Diponegoro 44, Menteng, Tel. 021/23 55 40 05 oder 0811/83 37 90, www.austrian-embassy.or.id **Schweizer Honorarkonsulat,** Jalan Ganetri 9D, Gatot Subroto Timur, Denpasar, Bali, Tel. 0361/878 43 43, www.eda.admin.ch/jakarta

# Einreisebestimmungen

Wer aus Deutschland, Österreich oder der Schweiz nach Indonesien einreist, erhält bei der Anreise über die Flughäfen von Jakarta, Bali, Medan oder Surabaya automatisch ein kostenfreies 30-Tage-Visum. Wer länger bleiben will, sollte sich im jeweiligen Heimatland in der indonesischen Botschaft ein Visum beschaffen.

**Indonesische Vertretungen in Deutschland**

Botschaft der Republik Indonesien, Lehrter Straße 16–17, 10557 Berlin, Tel. 030/47 80 72 00, www.kemlu.go.id/berlin

**Indonesisches Konsulat**, Bebelallee 15, 22299 Hamburg, Tel. 040/513 25 70, www.kjrihamburg.de

**Indonesisches Konsulat**, Zeppelin-allee 23, 60325 Frankfurt am Main, Tel. 069/247 09 80, www.indonesia-frankfurt.de

**Indonesische Botschaft in Österreich**

Botschaft der Republik Indonesien, Gustav-Tschermakgasse 5-7, 1180 Wien, Tel. 01/47 62 30, www.kbriwina.at

**Indonesische Botschaft in der Schweiz**

Botschaft der Republik Indonesien, Elfenauweg 51, Postfach 112,

Souvenir, Souvenir: Die Dichte an Shops in den Gassen in Ubud ist gewaltig.

3000 Bern 15, Tel. 031/352 09 83, www.kemlu.go.id/bern

# Einkaufen

Bali gilt als Einkaufsparadies für Kleidung und Kunsthandwerk wie Holzschnitzereien, Masken oder Lederwaren. Auf Märkten sollte man handeln, in Läden gibt es meist einen fixed price, der dementsprechend ausgezeichnet ist. In Lombok ist das Angebot nicht so groß wie auf Bali, aber beispielsweise Stoffe wie Songkets kann man direkt bei den Herstellern in den jeweiligen Dörfern kaufen.

# Feiertage

In Indonesien als muslimischem Land gelten die wichtigen islamischen Feste als staatliche Feiertage. Auf Bali richten sich zusätzlich die religiösen Feste nach dem balinesischen Kalender.

1. Januar: Neujahr
Nyepi: balinesisches Neujahr
Chinesisches Neujahr (Feiertag der chinesischen Minderheit)
Maulud Nabi Mohammed, Geburtstag des Propheten
Karfreitag
Vesak, Buddhas Geburtstag
Christi Himmelfahrt
Lailat al Miraj, Himmelfahrt des Propheten
17. August: Unabhängigkeitstag
Idul Fitri, Ende des Ramadan
Idul Adha, Opferfest
Islamisches Neujahr
25. Dezember: Weihnachten

## Fremdenverkehrsämter

**Informationen für Deutschland, Österreich und die Schweiz**
Visit Indonesia Tourism Office, c/o Global Communication Experts GmbH, Hanauer Landstraße 184, 60314 Frankfurt, Tel. (069) 175 37 10 38, www.tourismus-indonesien.de
**Fremdenverkehrsämter auf Bali und Lombok**
**Bali**
Ngurah Rai International Airport
Kuta: Jalan Raya Kuta 2
Denpasar: Jalan S. Parman Niti Mandala
Bali Tourism Board, Jalan Raya Puputan 41, Renon, Denpasar, Tel. 0361/23 56 00, www.balitourismboard.org
Ubud: Fabulous Ubud – Ubud's Official Tourist Information Center. Tgl.

8–21 Uhr. Jalan Raya, Tel. 0361/97 32 85, www.fabulousubud.com
**Lombok**
Dinas Pariwisata Seni & Budaya, Jalan Singosari 2, Mataram, Tel. 0370/632 27 23, http://pariwisata.lomboktimurkab.go.id

## Impfungen

Für Besucher aus Europa sind keine Impfungen vorgeschrieben. Wer aus Gelbfieberinfektionsgebieten kommt, muss eine Impfung nachweisen.

## Internet/Telefon

In Guesthouses, Hotels und Restaurants gibt es fast überall kostenloses WLAN. Die WLAN-Dichte ist deutlich höher

In den Reisfeldern bei Negara wird noch wie vor Jahrhunderten gearbeitet.

als in Deutschland, Österreich oder der Schweiz. Indonesien verfügt über ein eigenes mobiles Telefonnetz, GSM, es gibt mehrere Anbieter. Für das eigene Smartphone oder Tablet kann man Pre-paid-SIM-Karten in zahlreichen Läden oder Supermärkten kaufen.

# Kleiderordnung

Bei der Besichtigung von Tempeln muss normalerweise von beiden Geschlechtern ein Sarong um die Hüfte getragen wer-den. In manchen Tempeln ist zusätzlich ein Selendang, ein Art Schärpe, Pflicht. Beides kann am Tempeleingang ausgelie-hen werden. Wer schulterfreie Kleidung anhat, muss zusätzlich einen Sarong um die Schultern tragen. Für den Besuch einer Moschee muss man die Schuhe ausziehen. Schultern und Knie sollten genauso bedeckt sein wie die Haare von Frauen. Ansonsten ist die Kleiderordnung auf Bali und Lombok eher sommerlich leicht.

# Klima/Reisezeit

Auf Bali und Lombok herrscht tropisches Klima. Die durchschnittliche Luftfeuch-tigkeit liegt bei rund 80 Prozent, die Durchschnittstemperatur bei 26 Grad Celsius. Die beste Reisezeit ist die Tro-ckenzeit, die normalerweise von April bis September geht. Allerdings kann man sich dank der weltweiten Klimaverände-rung nicht mehr 100-prozentig darauf verlassen, dass es in der Trockenzeit nicht regnet. Dafür kann die Regenzeit von Oktober bis März durchaus trocken aus-

fallen. Die beliebtesten Monate für einen Besuch auf Bali und Lombok sind Juli bis September sowie Weihnachten und Neu-jahr. Dann erobern vor allem Australier den Süden von Bali.

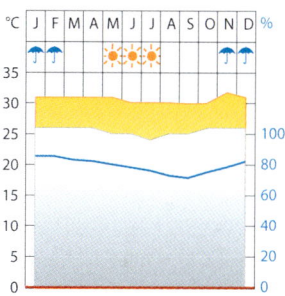

# Medizinische Versorgung

Auf Bali besteht kein Mangel an Ärzten, die größte Dichte besteht in Denpasar und Süd-Bali. Auf Lombok sieht es nicht ganz so gut aus, die Wege zum Arzt wer-den abseits der Touristenorte wie Seng-gigi deutlich weiter. Auf den Gilis gibt es nur auf Gili Trawangan eine kleine Klinik.

**Bali**
International SOS Clinic, Jalan Bypass Ngurah Rai 505, Kuta, Tel. 0361/72 01 00 (mit 24-Stunden-Service).
Karya Dharma Husada Hospital, Jalan Yudistira 7, Singaraja, Tel. 0362/243 56.
Ubud Clinic, Jalan Raya Ubud 36, Campuhan, Tel. 0361/97 49 11, www.ubudclinic.co.id

**Lombok**
Rumah Sakit Umum, Jalan Pejanggik 6, Cakranegara, Tel. 0370/62 34 98.
Risa Clinic, Jalan Pejanggik 115, Cakranegara. Tel. 0370/62 55 60.

Balinesische Feiertage sind – anders als die staatlich verordneten Feiertage – normalerweise nicht nur freie Tage, sondern ein Fest für die Familie, das Dorf oder die ganze Insel. Der jährliche Festkalender folgt dem komplexen 210-tägigen balinesischen Uku-, Wuku- oder Pawukon-Kalender. Daher verschieben sich auch die großen Feste wie Nyepi oder Galungan jedes Jahr auf ein neues Datum. Der Termin für eher private Feste wie Zahnfeilungen, Hochzeiten oder Beerdigungen wird im Vorfeld von einem Priester individuell berechnet. Am besten erkundigt man sich vor Ort, wann welche Feste oder Zeremonien anstehen.

### TYPISCH BALINESISCHE FESTE:

An **Odalan** wird der Einzug der Götter in den lokalen Tempel gefeiert, also ein Tempelgeburtstag. Dieser findet alle 210 Tage seit der Tempelgründung statt und unterscheidet sich somit von Tempel zu Tempel.

**Saraswati** ist eine Feier, die der Göttin der Weisheit gewidmet ist. Hier sind vor allem die balinesischen Kinder gefordert, die im Schultempel Opfer bringen und beten. Nächste Termine: 17. März 2018, 13. Oktober 2018.

An **Pagerwesi** feiern die Balinesen den Tag, an dem die Schlacht zwischen den guten und den bösen Kräften des Universums entschieden wurde. Hier geht es darum, sich selbst gegen das Böse zu wappnen und Kraft zu schöpfen. Nächste Termine: 21. März 2018, 17. Oktober 2018.

### JANUAR–MÄRZ

**Nyepi.** Am »Tag der Stille« sollte man fasten und meditieren. Das muss man auch, oder sich als Urlauber zumindest ruhig verhalten. Denn Touristen dürfen das Hotel nicht verlassen, sogar der internationale Flughafen ist an Nyepi gesperrt. Er ist der höchste hinduistische

Muss man sehen: eine Aufführung wie im Werdhi Budaya Art Centre in Denpasar

Feiertag auf Bali und allgemeiner Feiertag in Indonesien. Gefeiert wird der Tag der Stille am Tag nach Neumond während der Tag-und-Nacht-Gleiche im Frühling. Hier werden die bösen Geister vertrieben, damit das neue Jahr gut anfangen kann. Und still muss es sein, damit die Geister denken, die Insel sei verlassen. Dann ziehen sie weiter und bleiben für ein weiteres Jahr von Bali fern. Nyepi ist damit der erste Tag eines neuen Jahres nach dem traditionellen balinesischen Mondphasen-Kalender Saka. Nächste Termine: 17. März 2018, 7. März 2019.

**Bali Spirit Festival.** Mitte März steht Ubud ganz im Zeichen des Yoga. Beim Bali Spirit Festival feiert sich die weltweite Yoga-Bewegung mit Seminaren, Vorführungen, Kunst, Tanz und Musik.

### APRIL–JUNI

**Vesak.** Für Buddhisten ist Vesak der höchste Feiertag. Gefeiert wird an dem Sonntag im Mai, der dem Vollmond des Monats am nächsten kommt. Die Buddhisten zelebrieren an Vesak Gautama Buddhas Leben und dabei besonders seinen Geburtstag, seine Erleuchtung und seinen Tod. Nächste Termine: 29. Mai 2018, 19. Mai 2019.

**Idul Fitri.** Idul Fitri ist das Fest des Fastenbrechens und wird in den muslimischen Teilen Indonesiens und somit auf Lombok gefeiert. Es findet alljährlich zu Ende des Fastenmonats Ramadan statt mit Prozessionen, Gebeten und viel Essen. Nächste Termine: 14. Juni 2018, 4. Juni 2019.

### JULI–AUGUST

**Bali Arts Festival.** Mitte Juli geht es in der Hauptstadt Denpasar eine Woche lang um balinesische Kunst und Kultur. Es gibt farbenprächtige Umzüge, Tanz- und Theaterveranstaltungen. Zu Gast sind Tanzgruppen aus Balis Provinzen, die hier ihr Können vorführen.

**Bali Kite Festival.** Das Drachenfestival findet im Juli und August am Strand von Sanur statt. Hier treten Ortschaften mit selbst gebauten, bis zu zehn Meter langen Flugdrachen gegeneinander an und versuchen, mit besonders schön gemachten Exemplaren die Jury zu überzeugen.

### SEPTEMBER–DEZEMBER

**Nusa Dua Fiesta.** Eine Woche lang wird seit 1996 im November in Nusa Dua ein buntes Festival begangen, mit Kunstausstellungen, Tänzen und Theateraufführungen sowie sportlichen Wettbewerben.

Ein Highlight ist ein Kecak-Tanz, beispielsweise am Tempel Pura Uluwatu.

**Galungan und Kuningan.** Galungan ist einer der wichtigsten Feiertage auf Bali. Hier feiern die Balinesen in allen Tempeln der Insel die Schöpfung des Universums und den Sieg der guten Götter über die bösen. Nach dem balinesischen Pawukon-Kalender wird Galungan einmal alle 210 Tage gefeiert und leitet eine zehntägige Festzeit ein, die mit dem Kuningan-Fest endet. Nächste Termine: 30. Mai und 9. Juni 2018, 26. Dezember 2018 und 5. Januar 2019.

Das Senggigi Beach Hotel bietet einen 24-Stunden-Arzt-Service, Tel. 0370/69 32 10.
Lombok International Medical Service, Jalan Raya Pantai Kuta 100, Kuta.
Puskesmas, Gili Trawangan (im Dorf).

## Notrufnummern

Feuerwehr: 113
Polizei: 110
Krankenwagen: 118

## Öffnungszeiten

Ämter: Mo–Do 8–15 oder 16 Uhr. Fr bis 12 Uhr.
Banken und Postämter: Mo–Do 9–15 oder 16 Uhr, Fr & Sa bis 12 oder 14 Uhr. Die Öffnungszeiten können allerdings abweichen. Es gibt außerhalb der

Verwaltung keine geregelten Öffnungszeiten auf Bali und Lombok. Märkte und Shops öffnen normalerweise ab 8 oder 9 Uhr und sind bis 20 Uhr oder länger geöffnet.

## Rauchen und Alkohol

Verboten ist das Rauchen in Restaurants, Hotels, Schulen, Bürogebäuden, Flughäfen und öffentlichen Verkehrsmitteln. Ansonsten wird überall und jederzeit geraucht, über alle Altersstufen hinweg.

Menschen islamischen Glaubens trinken normalerweise keinen Alkohol. Auch ist Alkohol in Indonesien teuer. Trotzdem kann man in so gut wie allen Restaurants und Hotels auf Bali und Lombok eine oder mehrere Biersorten, Wein oder Cocktails bekommen. Auch die Super-

Alltagsleben auf Bali: Schach auf dem Puputan-Platz in Denpasar

märkte verkaufen Alkohol, für Spirituosen gibt es meist extra Läden.

# Sicherheit

Grundsätzlich gelten Bali und Lombok heute als sichere Reiseziele. Besonders Bali genießt den Ruf als ideales Ziel für alleinreisende Frauen. Trotzdem sollte man die weltweit gültigen Vorsichtsmaßnahmen einhalten und keine großen Bargeldbeträge mit sich führen oder Handtaschen und Rucksäcke unbeobachtet lassen.

# Sprache

Bahasa Indonesia wird in ganz Indonesien gesprochen. Mit Englisch kommen Touristen auf Bali normalerweise problemlos zurecht. In ländlicheren Gebieten Lomboks können ein paar Worte Bahasa Indonesia nicht schaden. Mutige können sich ein paar Brocken Balinesisch aneignen und damit Eindruck schinden. Allerdings gilt die Sprache mit ihren drei Sprachebenen Hochbalinesisch (singgih), Mittelbalinesisch (lumrah) und Niederbalinesisch (sor) als hochkomplex.

# Transport

### Öffentliche Verkehrsmittel
Bali und Lombok bieten ein gut ausgebautes, öffentliches Transportsystem. Mit ein bisschen Geduld kommt man mit Bussen (Bis) oder Bemos auch in das kleinste Dorf. Neben den öffentlichen Bussen und Bemos gibt es ein hervorragendes Shuttle-Bus-System von privaten

Reichlich Moscheen stehen auf Lombok und in West-Bali, wie hier in Negara.

Anbietern. Auf Lombok und den Gilis kann man sich mit Kutschen von A nach B bringen lassen, die Cidomos genannt werden. Mit den Nachbarinseln Java und Lombok ist Bali mit 24-Stunden-Fähren verbunden. Die Flughäfen von Bali und Lombok werden durch Direktflüge verbunden. Die Flugdauer beträgt ca. 20 Minuten.

### Taxis
Die Bluebird Group – an der blauen Farbe und der deutlichen Beschriftung erkennbar – gilt als die zuverlässigste Taxi-Gesellschaft auf Bali und Lombok. Hier gilt der Taxameter.

### Leihwagen mieten
Auf Bali und Lombok (Linksverkehr!) gibt es ein großes Angebot an Mietwagen. Allerdings sollte man sich überlegen, ob

man nicht gleich für kleines, zusätzliches Geld einen Fahrer dazubucht. Der kennt sich aus und kann sicher so einiges über die zu besuchenden Ziele erzählen. Vielleicht springt für Urlauber auch eine Einladung in das Haus des Fahrers heraus. Denn der hat immer eine große Familie, die sich freut, Menschen aus dem Westen kennenzulernen.

### Moped mieten

Das beliebteste Fortbewegungsmittel für Einheimische und Touristen sind die Mopeds, Scooter genannt. Meist handelt es sich um flotte Flitzer, die bis zu 125 ccm haben. Scooter kann man tages- oder wochenweise mieten. Je länger die Mietdauer, desto günstiger. Der internationale Führerschein Klasse A ist Pflicht, genauso wie der Helm. Falls man ohne Helm oder Führerschein von

der Polizei erwischt wird, lässt sich das offizielle Bußgeld meist mit einer Spende für die Privatschatulle des Polizisten umgehen.

## Trinkgeld

Mittlerweile ist es für Touristen üblich, bei freundlichem Service im Restaurant, Hotel oder bei geführten Touren Trinkgeld zu geben. Zehn Prozent sollten immer drin sein. Allerdings wird in teureren Restaurants und Hotels bereits das Trinkgeld als sogenannte Service Charge auf den Preis aufgeschlagen, hier braucht man dann kein zusätzliches Trinkgeld mehr geben. Auch das Zimmermädchen freut sich über ein paar Rupienscheine zum Abschluss des Aufenthalts, genauso wie der rührige Führer einer organisierten Reisegruppe.

Der »Scooter« ist das Fortbewegungsmittel der Wahl auf Bali und Lombok.

Viele Warungs und Restaurants sind schick und originell eingerichtet.

## Trinkwasser

Auf Bali und Lombok sollte man Wasser immer abgekocht trinken oder besser in versiegelten Flaschen kaufen. Viele Hotels, Restaurants und Cafés bieten an, dass man mitgebrachte Flaschen mit Trinkwasser auffüllen kann. Damit trägt man dazu bei, dass die anfallenden Müllmengen verkleinert werden.

## Uhrzeit

Der Zeitunterschied zur mitteleuropäischen Zeit beträgt auf Bali und Lombok während der Winterzeit +7 und während der Sommerzeit +6 Stunden.

## Währung

Die indonesische Währung heißt Rupiah (Rp.). Der Umrechnungskurs liegt bei

1 Euro = 15 650 Rp. (November 2017). Bargeld kann man auf der Bank oder besser bei Geldwechslern in Rupiah umtauschen. Geldautomaten (ATM) gibt es mittlerweile sogar in entfernteren Zielen wie den Gilis oder Nusa Lembongan. Hier kann man mit der Kreditkarte Bargeld ziehen. Die Kosten hierfür sollte man vorher bei der heimischen Bank erfragen. EC- und Maestro-Karten funktionieren nicht an jedem Geldautomaten.

## Wellness

Wellness ist ein großes Thema auf Bali. So gut wie alle mittel- bis hochpreisigen Hotels bieten eigene Wellness- oder Spa-Programme an. Daneben gibt es reichlich Massageangebote – am Strand wie auch in kleinen Shops. Gleichzeitig gilt Bali und hier besonders Ubud als Metropole des Yoga.

# BALI UND LOMBOK
## für Kinder und Familien

**Bali mit Kindern und Jugendlichen zu besuchen, kann aufregend sein und Spaß machen. Die Insel bietet zahlreiche Möglichkeiten und Aktivitäten für die ganze Familie. Auf diese haben sich etliche Hotels und Resorts eingestellt und bieten Kids-Pools, Betreuungs- und Unterhaltungsservice sowie Kids-Menus. Aber auch außerhalb der auf Familien zugeschnittenen Umgebung gibt es viel zu entdecken.**

Nachdenken sollte man bei der Planung über die lange Anreise. Da es keine Direktflüge ab Europa gibt, muss umgestiegen werden. So ein Stopover kann zu einem angenehmen Erlebnis werden, wenn die Familie ein oder zwei Nächte anhängt. Bangkok und Singapur sind hervorragende Stopover-Stationen. Hier können sich Große und Kleine mit dem Riesenthema Asien erstmals vertraut machen. Auch die Kleinen leiden unter der Zeitumstellung. Also sollten sie gut beschäftigt werden, damit sie sich schnell im balinesischen Rhythmus zurechtfinden und nicht zur »falschen« Tageszeit einschlafen. Falls das aber passiert, auch nicht schlimm: In jedem Restaurant oder Warung findet sich eine Decke, eine Ecke auf einer Bank und die Mama des Hauses, die auf das Kind aufpasst. So können die Eltern unbesorgt ihr Mittagessen ge-

nießen und dabei weitere Pläne für den Tag machen.

## Kinderfreundliche Balinesen

In Bali angekommen, sind die Kinder schnell in guten Händen. Denn Balinesinnen und Balinesen sind ungemein kinderfreundlich. Das werden alle Eltern erfahren, die ein blauäugiges, blondes Baby oder Kleinkind dabeihaben. Schon beim Check-in im Hotel zeigt sich das Personal begeistert über den jungen Erdenbürger und wird sie oder ihn gerne in die Arme nehmen und knuddeln. Schon ist das Eis gebrochen, und die Kids fühlen sich gut aufgehoben.

## Besonders kinderfreundliche Orte auf Bali

Wer auf einen Strandurlaub mit Familie setzt, der sollte Sanur, Nusa Dua, Amed oder Lovina im Norden der Insel ins Auge fassen. Hier fällt das Wasser vom Strand flach ab, und es gibt keine gefährlichen Unterströmungen wie beispielsweise in Kuta. Wer Familienausflüge durch die Reisfelder machen und Kultur erleben will, der ist in Ubud richtig. Hier können alle ländliches Bali von seiner schöns-

Bali und Lombok sind Paradiese für Kinder und Familien – niemand geht verloren.

ten Seite erleben. In allen Orten gibt es Läden, die Kinderkleidung anbieten und Supermärkte, wo man auch Einmalwindeln und Babynahrung im Gläschen kaufen kann.

## Ein paar Gesundheitstipps

Bali gilt als malariafrei. Auf Lombok sind einige entfernte ländliche Regionen gefährlich. Hier kommen aber selten urlaubende Familien hin. Trotzdem sollte man auch auf Bali mit der ganzen Familie unter Moskitonetzen schlafen und regelmäßig Mückenschutzmittel auftragen. Während der Abenddämmerung sind die Stechmücken besonders aktiv. Man sollte also möglichst helle lange Hosen, Socken und langärmelige T-Shirts tragen. Gegen Durchfall und Erkältung gehören Medikamente ins Reisegepäck, genauso wie Wundsalben. Wunden, auch und vor allem bei Kindern, müssen wegen der

In den flachen Gewässern Süd-Balis können die Kids gut unter Aufsicht planschen.

hohen Infektionsgefahr sofort desinfiziert und entsprechend versorgt werden.

## Erlebnisse für Kinder

Ein besonderes Erlebnis für Kinder überall auf Bali sind die bunten Tempelfeste und Tänze. Für Jugendliche können Besuche in den Werkstätten der Holzschnitzer, Bildhauer und Maler in Ubud interessant sein. Der Künstler wird gerne sein Handwerk erklären, und vielleicht können die Kids selbst Hand anlegen. Das ist ihnen sicher möglich in den zahlreichen Kursen und Workshops, die in Ubud angeboten werden. Da gibt es beispielsweise Batik, Schnitzen, Tanz oder Malerei. Auch Outdoor-Attraktionen für Kinder gibt es auf Bali reichlich: Wie wäre es mit einem Ausflug in ein Freibad mit Riesenrutschen? Vielleicht in einen Tier-, Safari- und Schmetterlingspark oder in eine 3-D-Galerie, in der sich die ganze Familie lustig per Spiegel verzerren lassen kann? Die unten genannten Attraktionen sind nicht weiter als maximal eine Stunde Fahrzeit mit dem Taxi vom Hotel entfernt.

### Waterbom-Park

Ein Highlight für die ganze Familie ist der Waterbom-Park in Kuta. Bei 17 verschiedenen Wasserrutschen mit unterschiedlicher Beschleunigung, einem künstlichen Fluss und einer ausladenden Poollandschaft kommen Kinder jeden Alters auf ihre Kosten. Hier können Erwachsene die Kids laufen lassen und sich im Spa oder einem der zahlreichen Warungs entspannen. Tgl. 9-18 Uhr, Jalan

Im Schmetterlingspark gibt es 1000 verschiedene Arten.

Kartika Plaza Tuban, Tel. 0361/75 56 76, http://waterbom-bali.com

### Bali Safari & Marine Park
Der Bali Safari & Marine Park bei Gianyar ist einer der größten und am besten besuchten Tierparks von Bali. Auf 40 Hektar Fläche leben 60 verschiedene Tierarten, quasi in freier Wildbahn. Besuchen und anschauen kann man sie bei einer Safari-Tour mit dem Minibus. Tgl. 9–17 Uhr, Jalan Bypass Prof. Dr. Ida Bagus Mantra, Serongga, Gianyar, Tel. 0361/95 00 00, www.balisafarimarinepark.com

### Dream Museum Zone
Hierbei handelt es sich um eine interaktive Kunstgalerie, in der eine Sammlung von dreidimensionalen Kunstwerken ausgestellt ist. Vor diesen Kunstwerken können die Kids posen oder Faxen machen und dann ein Foto schießen. So surft beispielsweise Sohnemann vor einem Hai davon – ein Spaß für die ganze Familie.

Tgl. 9–22 Uhr, Jalan Nakula 33X, Legian, Tel. 0361/849 62 20, www.dmzbali.com

### Butterfly Park
Der Schmetterlingspark in Wanasari gilt als die größte Schmetterlingsfarm Indonesiens. Hier leben 1000 verschiedene Arten. Auf bunte Kleidung setzen sich die Schmetterlinge besonders gerne. Tgl. 8–17 Uhr, Jalan Batukaru, Sesandan, Wanasari, Tel. 0361/894 05 95.

### Bali Treetop Adventure Park
In diesem Freizeitpark in der Nähe des Botanischen Gartens von Candi Kuning können sich Groß und Klein von Baum zu Baum schwingen. Mutige sausen mit der Zip-Leine durch die Lüfte. Der Kletterpark bietet Parcours mit verschiedenen Schwierigkeitsgraden und für alle Altersklassen (ab vier Jahren). Tgl. 9.30–18 Uhr, Candi Kuning, Tel. 0361/934 00 09, www.balitreetop.com

# Kleiner Sprachführer

## Kleine Sprachhilfe

### Bahasa Indonesia

In Indonesien sprechen 162 Millionen Menschen Bahasa Indonesia, das eine Sprachmischung ist aus dem alten Malaiisch und der »Bahasa pasar«, der Umgangssprache in der damaligen Welt. Im Indonesischen gibt es auch einige Worte, die aus dem Holländischen stammen. »Knalpot«, der »Auspuff« ist ein schönes Beispiel. Oder »Kantor« für ein Büro, Herkunft: »Kontor«.

Das Erlernen der Bahasa Indonesia ist recht einfach, denn die Aussprache entspricht dem Geschriebenen und funktioniert damit genauso wie im Deutschen. Dazu gibt es kaum grammatikalische Herausforderungen wie Zeiten oder Konjugationen. Mit ein paar Worten Bahasa Indonesia kann man sich als Urlauber ganz schnell Freunde machen auf Bali und Lombok. Es lohnt sich also, ein paar Worte zu lernen.

## Allgemein

**Guten Morgen** selamat pagi
**Guten (Mittag)**
**Tag** selamat siang
**Guten Nachmittag** selmat sore
**Guten Abend** selmat malam
**Auf Wiedersehen** selamat tinggal
**Bis bald/tschüss** sampai jumpa
**Danke** terima kasih (Antwort: sama sama **gerne**)
**Entschuldigung** ma'af
**Entschuldigung** (im Sinne von »Gestatten Sie?«) permisi
**sehr gut** sangat baik
**ja** ya
**nein, danke** tidak
**ohne** tanpa
**Viel Glück** semoga sukses
**wie viel** berapa

**Spaß haben** bersenang-senang
**sich wohl fühlen** merasa nyaman
**nicht** tidak
**was** apa
**gibt es** ada
**möchten/wollen** mau

## Unterwegs

**wo ist** dimana
**geradeaus** lurus
**(nach) links** kiri
**(nach) rechts** benar
**Straße** jalan
**Auto** mobil
**Moped** sepeda kumbang
**Zug** kerata api
**Stau** selai
**Bahnhof** stasiun kereta api
**Flughafen** bandara
**Flugzeug** pesawat terbang
**Bus** bis
**Taxi** taksi

## Essen und Trinken

**Das schmeckt gut** énak
**scharf (gewürzt)** pedas
**nicht scharf** tidak pedas
**Die Rechnung,**
**bitte** minta bon
**gebraten** goréng
**gekocht** rebus
**süß** manis
**sauer** asam
**Restaurant** rumah makan
**heiß** panas
**kalt** dingin
**essen** makan
**trinken** minum
**Reis** nasi
**Ei** telur
**Spiegelei** telur mata sapi
**Omelette** telur dadar
**gekochtes Ei** telur rebus
**Obst** buah
**Gemüse** sayur
**Fleisch** daging
**Huhn** ayam
**Schwein** babi

Rind  sapi
Fisch  ikan
Garnele  udang
Krabbe  kepiting

## Übernachten

Hotel  hotel
Zimmer  kamar
Schlüssel  kunci
Moskitonetz  kelambu
Badezimmer  kamar mandi
Frühstück  sarapan

## Beim Arzt

Arzt  dokter
krank  sakit
Krankenhaus  rumah sakit
Medizin  obat
wehtun  melukai
Zahnarzt  dokter gigi
Hilfe  membantu
Medikament  obat

## Zeitangaben

Morgens  pagi-pagi
abends  di malam hari
Mittag  tengah hari
morgen  besok
gestern  kemarin
Montag  senen
Dienstag  selasa
Mittwoch  rabu
Donnerstag  kamis
Freitag  jumat
Samstag  sabtu
Sonntag  minggu
Stunde  jam
Minute  menit

## Zahlen

0  nol
1  satu
2  dua
3  tiga
4  empat
5  lima
6  enam
7  tujuh
8  delapan
9  sembilan
10  sepuluh
11  sebelas
12  duabelas
13  igabelas
14  empatbelas
usw.
20  dua puluh
30  tiga puluh
31  tiga puluh satu
100  seratus
200  duaratus
1000  seribu
2000  duaribu
3000  igaribu
10 000  sepuluh ribu
100 000  seratus ribu
1 000 000  sejuta

## Ein paar Worte Balinesisch
## Allgemein

Hallo  Swastiastu
Wie geht's?  Engken kabare?
Gut, danke  Becik-becik, suksma
Und wie geht es Ihnen/ Dir?  Men yie ken-ken?

Was ist Ihr/Dein Name?  Sira pesengen ragane?
Ich heiße ...  Tiang ...
Bitte  Tempat
Danke  Suksma
Vielen Dank  Matur Suksma
Ja  Nyak
Nein  Sing
Guten Morgen  Rahajeng Semeng
Guten Nachmittag  Rahajeng Sanja
Guten Abend  Rahajeng Peteng
Gute Nacht  Rahajeng Wengi

## Zeitangaben

Montag  Soma
Dienstag  Anggara
Mittwoch  Buda
Donnerstag  Warespati
Freitag  Sukra
Samstag  Saniscara
Sonntag  Radite

## Zahlen

0  kosun
1  besik
2  dua
3  telu
4  papat
5  lima
6  nenem
7  pitu
8  kutus
9  sia
10  dasa

# Register

Alkohol 276
Anreise 270
Atlas Pearl Farm 199

Bahasa Indonesia 277, 284 f.
Bali Aga 152 ff. 182 f.
Bali Barat National- park 208 ff.
Bali Botanical Garden 139 f.
Bali Kite Festival 63, 275
Bali-Museum 50, 53
Balinesisch (Sprache) 277, 284 f.
Balinesische Tänze 38 ff., 108 f.
　Joged 41
　Kecak 35, 39 ff.
　Kris 40
　Pendet 40
Balistar 208
Banjar Hot Springs 220 f.
Batur-See 152 f.
Bedugul 138
Blanco, Antonio 101
Bolong's Turtle Sanctu- ary 246
Bonnet, Rudolf 98 f., 105
Botschaften und Konsu- late 271
Brahmavihara-Arama Klos- ter 221
Bukit Halbinsel 54

Campuhan Ridge Walk 120 ff.
Candidasa 172 ff.
Canggu 76

Denpasar 50
Diplomatische Vertretun- gen 270

Eat Pray Love 56 f., 110, 241
Einreisebestimmun- gen 270 f.

Feiertage und Feste 271, 272, 274 f.

Gala-Gala (Höhlen- haus) 86 f.
Garuda Wisnu Kencana Cultural Park 55
Gelgel 16 f.
Gilis:
　Gili Air 240 ff.
　Gili Meno 240 ff.
　Gili Trawangan 240 ff.
　Gili Meno Bird Park 246
Git Git-Wasserfall 215
Green School 136 f.
Ground Zero 69 f.
Gunung Batur 10, 148 ff.
Gunung Kawi 11, 124 ff.
Gunung Rinjani 254 ff., 266 f.

Hatten Wines 61, 192 ff., 195
Hinduismus 15, 35, 96, 152 f., 231

Islam 16, 261

Jalan Andong 114 ff.
Jatiluwih 9, 226 ff.
Jimbaran 56

Kaffeeplantagen 129, 132 ff.
Kemenuh Butterfly Park 229
Kerta Gangga-Wasser- fälle 267
Kinder 280 ff.
Kleiderordnung 273
Klenteng Ling Gwan Kiong 217
Klima 273
Kubutambahan 212 f.
Kuta (Bali) 72, 42 ff.
Kuta auf Lombok 248 ff.
Kuta Beach 10, 42
Kuta Beachwalk 74

Lebaran Topat 262
Legian 46
Lotus-Lagune 174 f.
Lovina 218 ff.
Luwak-Kaffee 132 ff.

Mähnenhirsch 204
Märkte:
　Candi Kuning Blumen- markt 139, 141
　Lippo Mall Kuta 75
　Mal Bali Galeria 75
　Merta Nadi Art Market 75
　Pasar Badung 51 f.
　Pasar Kereneng Night Market 51
Makepung (Wasserbüffel- rennen) 234 f.
Mengwi 224 f.
Monkey Forest (Ubud) 90 f.
Mulang Pakelem 258

Museen:
  Agung Rai Museum of Art
  (ARMA) 99
  Batur Geopark Mu-
  seum 151
  Blanco Renaissance Mu-
  seum 100 f.
  Museum Le Mayeur 61
  Museum Manusa Yad-
  nya 225
  Museum Manusia Purba-
  kala Gilimanuk 211
  Neka Art Museum 100
  Puri Lukisan (Museum) 98,
  105 f.
  Rio Helmi Gallery 102
  Setiadarma House of
  Masks and Puppets 117
  Subak-Museum 227

Nachtleben 68
Negara 234 f.
Nirartha 82 f., 202
Notrufnummern 276
Nusa Lembongan 84

Öffentliche Verkehrsmittel
  146 f., 277

Padang Bai 184 ff.
Pemuteran 196 ff., 200 ff.
Penestanan 9, 110 ff.
Petitenget-Tempel 67
Pulau Menjangan 10, 204 ff.
Puputan 18
Pura Agung Pulaki 201
Pura Beji 212
Pura Besakih 158 ff.
Pura Danu Bratan 143

Pura Gunung Lebah 122
Pura Kehen 160
Pura Luhur Batukaru 236 f.
Pura Meduwe Karang 213
Pura Melanting 203
Pura Pabean 202 f.
Pura Pasar Agung 162 f.
Pura Rambut Siwi 234
Pura Taman Ayun 224 f.
Pura Tirta Empul 125
Pura Ulun Danu Bra-
  tan 141 f.
Pura Uluwatu 34

Reisezeit 20 f., 273
Reisterrassen 118 ff., 128 ff.,
  164 ff. 226 ff., 231 ff.
Ricefield Walk 119 ff.

Sangsit 212 f.
Sanur 11, 58 ff., 62
Sanur Beach 58
Sasak 248 ff., 258, 260 ff.,
  266 f.
Schnorcheln 84, 175, 186,
  196 ff., 204 ff., 240 ff.,
  251 f.
Seminyak 11, 42, 47, 64,
  68 ff.
Senggigi 264 f.
Senggigi Festival 262
Shopping 72 ff., 114 ff., 271
Sicherheit 277
Sidemen 164 ff.
Sing Sing Wasserfälle 220
Singaraja 214 ff.
Spies, Walter 13, 41, 98 f.,
  105 ff., 167
Stand-up-Paddling 60, 249

Subak 230 ff.
Surfen 42 f., 44, 54 f., 78,
  249 ff.
Susut 132 ff.

Tampaksiring 124 ff.
Tanah Lot 80
Tauchen 176, 178 ff., 186 f.,
  196 ff., 204 ff., 240 ff.
Taxi 277
Tegallalang 128 ff.
Tegallalang Handicraft Cen-
  tre 116
Tenganan 182 f.
Teres Genit 267
Threads of Life (Textile Arts
  Center) 102
Tirta Gangga Wasserpa-
  last 168 ff.
Tiu Pupus-Wasserfall 267
Totenkult 153 f.
Trekking 148 ff., 161, 254 ff.
Tri Hita Karana 231
Trinkgeld 278
Trinkwasser 279
Trunyan 152 ff.

Ubud 11, 96

Verbrennungs-
  zeremonie 112 f.

Wandern 118 ff., 148 ff.
  464 ff.
Waterbom Park 46
Wein 190 ff.
Wetu Tulu 261

Young Artists 106 f., 111

# Impressum

**Verantwortlich:** Claudia Hohdorf
**Lektorat:** Michaela Peischl
**Korrektorat:** Sonja Woyzechowski
**Layout:** graphitecture book & edition
**Repro:** Repro Ludwig
**Umschlaggestaltung:** Frank Duffek,
Nina Andritzky
**Kartografie:** Kartographie Huber, Heike Block
**Herstellung:** Stefanie König
Printed in Slovenia by Florjancic

Sind Sie mit diesem Titel zufrieden?
Dann würden wir uns über Ihre
Weiterempfehlung freuen.
Erzählen Sie es im Freundeskreis, berichten
Sie Ihrem Buchhändler, oder bewerten
Sie bei Onlinekauf. Und wenn Sie Kritik,
Korrekturen oder Aktualisierungen haben,
freuen wir uns über Ihre Nachricht an
Bruckmann Verlag, Postfach 40 02 09,
D-80702 München oder per E-Mail an
lektorat@verlagshaus.de.

Unser komplettes Programm finden Sie unter

www.bruckmann.de

Alle Angaben dieses Werkes wurden von der
Autorin sorgfältig recherchiert und auf den
aktuellen Stand gebracht sowie vom Verlag
geprüft. Für die Richtigkeit der Angaben kann
jedoch keine Haftung übernommen werden.

**Bildnachweis:**
Alle Bilder des Innenteils und des Umschlags
stammen von Christoph Mohr, außer: Akiko
Songket & Ikat, S. 166 o.; Hatten Wines, S. 191,
192 o.; http://biorockbali.webs.com,
S. 197; http://cafe-vespa.com, S. 111; Isabel
Koch, S. 132 o., 180; Lookphotos: S. 116 o. (Kay
Maeritz), 199 (Avalon); mauritius images: S. 114
(Niels van Gijn), 127 (Oliver Förstner), 160 (Mi-
chael Harker), 167 (Edmund Lowe), 178 (Rein-
hard Dirscherl), 204 u. (imageBROKER/Bernd
Bieder), 230 (Hemis.fr/GUIZIOU Franck); Claudio
Okrina, S. 77, 116 u., 134 u., 144, 283; Picture
Alliance: S. 104 (CPA Media Co. Ltd), 111 (Pacific
Press); Louisa Seiler, S. 76 (2), 78 o., 132 u., 133;
Shutterstock: S. 8 (Vladislav T. Jirousek), 78 u.,
148 u., 204 o. (Dudarev Mikhail), 79 (Dewi
Putra), 95 o. (Yulia Mayorova), 97 (Kerstin [L]),
98 (Artem Beliaikin), 101 (ingehogenbijl), 110 u.
(Imagentle), 112 u. (pcruciatti), 119, 170 u. (Iren
Silence), 124 u. (TsieniQ), 126 M. (John_Walker),
126 u. (Marius Dobilas), 128 u. (Worldpics),
134 o. (AKKHARAT JARUSILAWONG), 136, 137
(2) (paul prescott), 146 (hkhtt hj), 153 (Mr.Piya
Meena ), 165 (Gabor Kovacs Photography),
166 u. (IZZ HAZEL), 168 (Fedor Sidorov), 171
(diyben), 175 M. (Vadim Petrakov), 181 (Rostis-
lav Ageev), 198 u. (fenkieandreas), 201 (blue-
sea.cz), 206 (Edmund Lowe Photography), 215
(caminoel), 220 (KeongDaGreat), 235 (Catwalk
Photos), 266 u (NOOR RADYA BINTI MD RADZI);
The Kampung Resort Ubud, S. 131; The Yoga
Barn, S. 94; Warung Biah Biah, S. 102; Warung
Garasi, S. 95 u.; Waterbom Bali, S. 46; www.ca-
femokabali.com, S. 65; www.mimpi.com, S. 207;
www.tandjungsarihotel.com, S. 60

**Umschlag:**
**Vorderseite:** Oben: Sattgrüne Reisterrassen
(Shutterstock/martinho Smart)
Mitte links: Fischereihafen Pengambengan
Mitte rechts: Legong Tantri Tänzerinnen in
Ubud (huber-images.de/Ausili Tommaso)
Unten: Tanah Lot Tempel (Axiom/LOOK-foto)
**Rückseite:** Oben: Badevergnügen am White
Sand Beach
Mitte: Affen am Tempel Pura Uluwatu
Unten: Reisterrassen bei Amlapura
Klappe vorne: Wellenbändiger am Dreamland
Beach auf der Halbinsel Bukit Badung

Die Deutsche Nationalbibliothek verzeichnet
diese Publikation in der Deutschen Nationalbib-
liografie; detaillierte bibliografische Daten sind
im Internet über http://dnb.d-nb.de abrufbar.

© 2018 Bruckmann Verlag GmbH, München
ISBN 978-3-7654-8501-5